大学生
职业规划与就业指导

欧彦麟 陈全文 尹 梅◎主编

首都经济贸易大学出版社
Capital University of Economics and Business Press
·北 京·

图书在版编目（CIP）数据

大学生职业规划与就业指导 / 欧彦麟，陈全文，尹梅主编. -- 北京 : 首都经济贸易大学出版社，2024. 12. -- ISBN 978-7-5638-3815-8

Ⅰ. G647.38

中国国家版本馆 CIP 数据核字第 20245QY245 号

大学生职业规划与就业指导

DAXUESHENG ZHIYE GUIHUA YU JIUYE ZHIDAO

欧彦麟　陈全文　尹梅　主编

责任编辑　韩　泽
封面设计　砚祥志远·激光照排 TEL: 010-65976003
出版发行　首都经济贸易大学出版社
地　　址　北京市朝阳区红庙（邮编 100026）
电　　话　(010) 65976483　65065761　65071505（传真）
网　　址　https://sjmcb.cueb.edu.cn
经　　销　全国新华书店
照　　排　北京砚祥志远激光照排技术有限公司
印　　刷　北京市泰锐印刷有限责任公司
成品尺寸　170 毫米×240 毫米　1/16
字　　数　338 千字
印　　张　16.75
版　　次　2024 年 12 月第 1 版
印　　次　2024 年 12 月第 1 次印刷
书　　号　ISBN 978-7-5638-3815-8
定　　价　49.00 元

编　委　会

主　编　欧彦麟　陈全文　尹　梅

副主编　陈一帆　彭　娟　陈　丹　罗惜春

参　编　李海霞　桓　欢　刘三婷　王亮成
周　丫　吴　双（企业）　丁　华（企业）

前　言

党的二十大报告指出，就业是最基本的民生，要强化就业优先政策，健全就业促进机制，促进高质量充分就业。大学生作为民族的希望、未来实现中国梦的主力军，应主动担当时代使命，为新时代贡献青春力量。

党的二十届三中全会《中共中央关于进一步全面深化改革　推进中国式现代化的决定》提出："发展以高技术、高效能、高质量为特征的生产力。"高技术、高效能、高质量，揭示了新质生产力的基本特征，明确了新时代新征程对发展生产力的新的重大要求。国家明确了到"十四五"期末技能人才占就业人员比例达到30%以上、高技能人才占技能人才的比例达到1/3的目标任务。这是推动形成"人力资本红利"的内在要求，是为推动高质量发展提供人才动力的迫切需要。全面推进中国式现代化，高技能人才使命光荣、大有可为，需要充分激发广大高校学生报国情怀、奋斗精神、创造活力，争创一流、追求卓越，做到有理想守信念、懂技术会创新、敢担当讲奉献，在民族复兴、强国建设的奋斗中实现人生出彩。

本教材根据《中华人民共和国职业教育法》提出的"职业综合素质和行动能力"人才培养目标，从高等职业教育实际出发，结合中国式现代化建设对于人才培养的需要，针对高职学生的特点，引入湖南化工职业技术学院优秀校友职业发展案例，从关注个体发展出发，强化主体意识；从跨界培养模式出发，强化协作意识；从增强适应能力出发，强化自励意识；从注重文化融入出发，强化社会意识；开展职业生涯规划教育，引导高职学生树立积极正确的人生观、价值观和择业观，树立将个人发展和国家需要、社会发展相结合的意识，主动为个人的职业生涯发展和社会发展做出积极的努力。

本教材分为大学生职业规划和大学生就业指导两部分，共12章。其中，第一部分针对大一学生开设职业发展课程，由第1章"大学生职业理念"、第2章"大学生职业能力"、第3章"大学生职业道德"、第4章"大学生职业素养"、第5章"大学生职业规划"、第6章"职业生涯数字化管理"组成；第二部分针对大三（或大四）学生开设就业指导课程，由第7章"就业环境分析"、第8章"就业心态调整"、第9章"就业安全常识"、第10章"求职就业准备"、第11章"职业礼仪与面试"、第12章"职业文化与职业发展"组成。

本教材由湖南化工职业技术学院欧彦麟、陈全文、尹梅担任主编，彭娟、陈丹、罗惜春、李海霞、桓欢、刘三婷、王亮成、周丫等参与了部分章节的编写和资料收集等工作，湖南工业职业技术学院陈一帆参与编写并校对文稿。在编写过程中，教材编写团队参考了大量的资料，广泛借鉴了国内众多专家、学者的研究成果，同时也征求了企业兼职教师吴双（中盐勘察设计院有限公司经济师）、丁华（株洲循环经济投资发展集团有限公司项目主管、高级经济师）的意见与建议，深受启发，在此表示由衷的谢意！鉴于编者水平有限，时间受限，本书还存在许多不足之处，敬请广大读者批评指正，以便我们不断完善和提高。

编者

2024 年 12 月

目　录

第一篇　大学生职业规划

第二篇　大学生就业指导

第一篇

大学生职业规划

第一章　大学生职业理念

学习要点

1. 掌握职业、职业意识、职业价值观的概念与内涵
2. 了解职业的特点、功能及分类
3. 理解培养大学生职业意识和职业价值观的重要性

职业理念是指由职业人员形成和共有的观念和价值体系，是一种职业意识形态。职业理念是保护和加强职业地位的精神力量，是在其职业内部运行的职业道德规范。职业理念包括职业认知、职业意识、职业价值观等，主要内容有职业的概念与内涵、职业的功能与分类、职位与职务之间关系的认知，还有职业意识与职业习惯、职业价值观、职业心态与职商的形成等。

第一节　职业认知概述

"职业"一词最早见于《国语·鲁语下》："昔武王克商，通道于九夷、百蛮，使各以其方贿来贡，使无忘职业。"在我国古代，"职"和"业"是有不同内容且各有所指的。"职"通常是指官事；"业"是指士、农、工、商所从事的工作。职业的产生与发展是人类文明的标志，是社会发展与进步的反映，但职业不是伴随人类社会的形成所产生的，而是社会劳动分工的必然结果，并随着社会劳动分工的深化而发展变化。

【案例 1–1】

勇于挑战自我，职业认知明确

陈宏义，湖南化工职业技术学院 1996 届化工机械专业，后继续不断深造，获得法学硕士后又获取法学博士学位。担任湖南弘一律师集团董事会主席，荣获"全国党员律师标兵""全国律师行业优秀党员"等荣誉称号。2008 年 5 月陈宏义创立湖南弘一律师事务所，担任主任。2018 年 8 月湖南弘一律师事务所实行机构改革，首倡挂靠制与公司制并行的"一所两制"新体制，被推选为董事长、决委会主席委员；现任湖南弘一律师事务所党委书记、决委会主席委员，中华全国律师协会行业规则委员会副主任，湖南省律师协会常务理事、副秘书长，长沙市律

师行业党委副书记，长沙市律师协会会长等行业职务，兼任湖南省政府立法专家，长沙市首席法律咨询专家，中南大学、湖南师范大学、湖南省委党校等高校兼职教授、硕士生导师等社会职务。

案例分析：陈宏义不拘泥于初始专业和学历，职业认知明确。根据自己的兴趣和特长进行科学合理的职业规划，并持续奋斗，一步步深造，不断努力提升自身能力与素质，带领弘一律所秉承“弘扬正义、一心为民”的立所宗旨，迅速成长为湖南省内行业翘楚。他目标明确，方向正确，行动力强，勇于挑战自我，不断丰富学识，使得他的人生呈现一次又一次精彩。

一、职业的概念与内涵

所谓职业，是指人们在社会中所从事的相对稳定、有收入、专门类别的并作为主要生活来源的合法工作。“职”即职责，包含职务、职位、职责、职权，也就是在一定职位上担任一定职务，承担一定职责，掌管一定职权。“业”即业务，包含着行动、做事的意思。

职业是有劳动能力的人为生活所发挥个人能力并为社会作贡献的持续性活动。职业存在于分工之中，在不同工作性质的岗位上，人们从事工作的目标、内容、方式与场所都有很大的区别，也就是说，人们的社会角色是不一样的。一定的社会分工或社会角色的持续实现，就形成了职业。因此，职业是人们的生活方式、经济状况、文化水平、行为模式、思想情操的综合性反映，包括一个人的权利、义务、权力、职责，是一个人社会地位的一般性表征。也可以说，职业是人的社会角色的一个极为重要的方面，不仅如此，职业还往往成为一个人最基本的符号、最主要的特征，反映一个人的身份、社会地位与自身的文化、能力、素质等。

二、职业的产生与发展

职业的概念与时代、社会经济水平和社会政治制度有关，其出现和变迁被视为人类文明进步的标志之一，客观上反映了人类社会的发展与进步。在这个意义上，个体社会化的过程一定程度上也是一个职业化的过程。

可以说，基于劳动分工而产生的职业是人类最神奇、最伟大、最天才的发明，因为广泛分工发挥了个人优势、提高了效率，让现代人类获得了丰富的资源和服务。随着社会需求的推动，社会上新的职业不断产生；那些社会不再需求的过时职业也在不断消亡。大量新兴职业的产生和传统职业的消失不断证明了这一点。

例如，随着信息技术突飞猛进，电话、电脑、手机等现代通信工具不断发展，使电话接线员、电报员等职业近乎消失；工业技术的发展也令铁匠、补锅匠和印刷厂的铅字制版工等成为过时的职业。因此，职业变迁的客观规律需要人们在选择职业类型时不仅要考虑个人职业发展意愿，更要考虑时代发展和技术进步的趋势，了解社会需求变化的长期态势。

三、职业的特点及职位与职务

（一）职业的特点

1. 社会性

职业是一种社会性的活动，是劳动者所进行的社会生产或社会性工作，每种职业都承担了特定社会功能，提供特定社会服务，并与其他活动相关联。作为劳动分工现象，职业体现了劳动力与劳动资料的结合，也体现了劳动者之间的关系，劳动产品的交换也就是不同职业之间劳动者的劳动交换关系。这种劳动过程中形成的人与人之间的关系是社会性的，反映了职业活动的社会属性。

2. 经济性

职业作为人们赖以生存的活动，其劳动过程具有一定的逐利性，与一定劳动报酬相联系，能够满足劳动者的物质需求。职业的经济性体现出无偿劳动与有偿劳动之间的区别，但是无偿劳动并不一定是没有回报的劳动。无偿劳动在心理或精神层面的回报不一定比有偿劳动要少，甚至有可能更高。职业回报涉及外部回报与内部回报。外部回报又分为直接经济回报和间接经济回报。内部回报则涉及心理和精神层面的主观感受和心理体验。人们进行职业活动既满足个人自身的需要，同时也满足社会的需要。

3. 专业性

常言道："隔行如隔山。"每一种职业都有一定的技术含量和技术规范要求。人们在从事某一种职业之前，一般要接受特定的专业知识教育，并进行专门的技能或操作训练。随着经济社会的发展，职业对专业技术的要求越来越高。例如，从工业革命时期占主要地位的纺织行业到20世纪迅猛发展的钢铁汽车和建筑行业，再到今天独占鳌头的电子行业，难以想象，一个行业从产生、发展到成为一个社会的主导行业只用了短短的几十年。

4. 规范性

职业本质上是一种社会角色，劳动者必须按照社会预期的角色规范和角色预期采取行动，是社会分工体系中劳动者通过努力获得的劳动角色。职业的规范性包含两层含义：一是指职业内部操作要求的规范性。不同职业在劳动过程中具有一定操作的规范性，这体现了职业活动专业性的特点。二是指职业道德的规范性。当职业承担社会服务功能时存在伦理范畴的规范性，即职业道德。

5. 时代性

职业的时代性指由于科学技术的变化以及人们的生活方式、习惯等因素的变化，职业被打上那个时代的"烙印"。人类社会从农业革命发展到工业革命经历了数千年，但是从工业革命发展到新的产业革命却只用了200余年。而且，在这

200 多年的历史中，新的行业以肉眼可见的速度层出不穷，不同行业的地位转变日益加速。例如，历史上曾经认为不是任何工作都能成为职业，只有足够重要、足够专业，从而需要劳动者长期投入的工作，才算职业。但是现在，职业分工越来越细，职业的专业性也越来越高，出现了越来越多的职业。

（二）职位的概念与分类

1. 职位的概念

职位即按照职业的社会地位及社会对职业的价值取向所做的职业等级排位。职位是一定数量的人员任职的工作岗位，是具体工作任务、责任和权力构成的统一体。职位是以“事”为中心，并以多数任职者在一定劳动时间内完成任务的多少为标准设置的。

2. 职位的分类

职位分类是管理科学在劳动人事方面的具体体现。近年来，许多企事业单位推行了优化劳动组合、合理调整机构、实行岗位责任制等方面的工作，也包括有关国家公务员实行职位分类的一些具体规定。职位分类涉及以下几个主要概念：

（1）职系和职级。一般来说，一种专门职业就是一个职系，如建筑工程职系。职级是指同一职系内工作的繁简、难易、责任、权力、资格条件等相近的所有职位。同一职系内的每一个职位都可以归入适当的职级，如同属会计类职系的职位有助理会计、会计师、高级会计师等职级之分。

（2）职等。职等是指业务性质不同，但工作的繁简、难易、责任、权利、资格条件等相近的职位。借助于职等，可以比较不同职系之间各职位的级别，如助理级、中级、高级职称就是职等的体现。

（三）职位划分标准与分类方式

1. 划分标准

在一定社会区域内具体的社会组织中，同种职业的职位数量以及全部职业的岗位的职位数量都能比较精确地计算出来。职位分类是政府机关、企事业单位以及其他用人单位将内部诸多工作岗位划分成若干种类和等级的分类方式。它一般是根据组织内部岗位职责与权限大小而进行的人员层次的划分，其划分的标准除了对具体工作岗位的任务定量外，还包括具体工作岗位的性质、责任大小和工作的难易程度等。

2. 分类方式

（1）横向分类。横向分类是根据各种职位不同的业务性质，按照由粗到细的顺序，逐层将它们划分为若干类别。例如，先将所有的职位划分为行政和专业技术两大类，即两大职门。其中，专业技术大类又可以划分为教育、工程、医务、研究等中类，即各职组。而工程这一中类又可划分为机械工程、土木工程、电力工程等小类，即各职系。若干工作性质邻近的职系可归为一个职组，或称职群。

若干性质相近的职组可归为一个职门。

（2）纵向分类。纵向分类是根据每一个职位的责任轻重、业务难易，以及所需的学识、技能、经验水平等因素，对它们进行评价，并据此对各职系进行职级和职等划分。同一职系中的职位，如果职级相同或者不同职系的职位相同，就意味着它们的业务难易、责任轻重以及所需的资格也相近，因而其劳动报酬也相应相近。例如，大学教师包含助教、讲师、副教授、教授等职位；国家公务员包含科级、处级、厅（局）级、省（部）级等职位。

（四）职务的概念与分类

1. 职务的概念

职务是以“人”为中心，为对各行各业职位的称呼，主要介绍做何种工作，如办公室主任、营销部经理、会计部职员等。

2. 职务的分类

（1）专业技术职务。专业技术职务是根据实际工作需要设置的有明确职责、任职条件和任期，需要具备专门的业务知识和技术水平才能胜任的工作岗位。中国从 1986 年起实行专业技术职务聘任制度。

（2）行政职务。行政职务是国家行政机关为实施行政管理而设置的国家公职，包括职权和职责两个方面的内容。公务员职位按照其性质、特点和管理需要，可以划分为综合管理类、专业技术类和行政执法类等类别。国家根据公务员职位类别设置公务员职务序列。公务员职务分为领导职务和非领导职务。领导职务分为国家级正职、国家级副职、省部级正职、省部级副职、厅局级正职、厅局级副职、县处级正职、县处级副职、乡科级正职、乡科级副职。非领导职务在厅局级以下设置，公务员的职务与级别是确定公务员工资及其他待遇的依据。

四、职业的功能与分类

（一）职业的功能

职业由人来从事，职业对于人的功能主要具有以下四种。

1. 满足经济和安全的需要

当今社会，大多数人需要通过职业来获得较为稳定的经济收入，以维持生计和经济上的独立。有了工作收入，我们就可以购买生活所需要的物品和服务。有了职业，我们还可以获得各项劳动保障和福利待遇，也有钱支付各种保险费用。如果通过工作获得较高的收入，还可以提高自己和家人的生活品质，有了一定积蓄，对未来的生活就有了安全感。

2. 满足人格独立的需要

职业可以给人带来经济上的独立，而经济上的独立使得人格上的独立成为可能。一个人因为能够自给自足，不必靠别人养活，所以在生活上也能够有自主决定的权利，不必受他人的控制。职业可以使个人感到自己存在的价值，觉得自己被他人和社会需要，带来自我价值感的实现。而且，职业可以使人获得社会声望，带来一种被人敬重的认同感。

3. 满足社会交往的需求

人是社会性的人，社会交往也是人的基本需求之一。工作场所可以说是人最主要的社会交往场所。通过工作，一个人能够接触到家庭之外的其他人，进而建立自己的社会关系网络。这个社会关系网络，能够起到使人相互沟通、传递信息、相互支持、共同成长的作用。

4. 满足自我实现的需求

职业一旦成为一个人全身心为之投入的事业，人们就能够通过工作来施展自己的抱负。工作能带来产品和价值，因此人能在职业生涯中感受到自己对社会的贡献，自己的社会使命得以实现，由此得到肯定，产生愉悦感和成就感，就满足了自我实现的需求。

（二）职业的分类

1. 职业分类的概念

职业分类是指运用一定的科学方法，对全社会就业人员所从事的各类职业进行分析和研究，按不同职业的性质和活动方式、技术要求及管理范围进行系统划分和归类，以达到劳动力素质与职业要求相适应的活动过程。

我国是最早开展职业分类的国家，这一点从2 500年前儒学经典的记录中就可以看出。如《春秋·谷梁传》写道："古者立国家，百官具，农工皆有职以事上。古者有四民，有士民，有商民，有农民，有工民。"《周礼·冬官考工记》中开宗明义地说"国有六职，百工与居一焉。或坐而论道，或作而行之……"，并且通篇论述了王公、士大夫、百工、商旅、农夫和妇功等不同职业的分工和职责，分类之精细和描述之详尽令人叹为观止。那时，职业分工还有很强的世袭性，人们将一代又一代地传下去，甚至以自己的职业作为自己的姓氏（如姓屠、师、桑、陶、卜、贾等），反映了人们有很强的职业归属感。中国古代先进的职业分类是构筑中国古代灿烂文明的重要制度支柱，也为我们留下了丰富的文化遗产。

2. 职业分类的意义

随着社会发展与时代进步，人类在长期的生产活动中产生了劳动分工。职业是劳动分工的产物，也成为劳动者在社会活动中获取生活来源、实现自身价值的依托。对职业进行分类管理，是现代市场经济条件下实现社会化管理的必然选择。尤其在当前我国经济发展进入新常态、完善国家治理体系的大背景下，职业分类在适应和反映经济结构（特别是产业结构变化）、社会结构（特别是人口、就业结构变化）、人力资源开发与管理（特别是人力资源配置需求）等方面，都具有重要意义。

3. 现代职业分类标准

2015 版《中华人民共和国职业分类大典》（以下简称《大典》）延续职业分类的大类、中类、小类和细类结构，细类是最基本的类别，即职业。调整后的职业分类结构为 8 个大类、75 个中类、434 个小类、1 481 个职业。与 1999 版相比，2015 版维持 8 个大类不变，增加 9 个中类、21 个小类，减少 547 个职业（新增 347 个职业，取消 894 个职业）。新增职业包括网络与信息安全管理员、快递员、文化经纪人、动车组制修师、风电机组制造工等。取消职业包括收购员、平炉炼钢工、凸版和凹版制版工等。同时，对职业信息描述内容和职业信息描述项目进行了相应调整，增加了绿色职业标识。结合我国实际，对具有环保、低碳、循环特征的职业活动进行研究分析，将部分社会认知度较高、具有显著绿色特征的职业标示为绿色职业，这是我国职业分类的首次尝试，旨在注重人类生产生活与生态环境的可持续发展，推动绿色职业发展，促进绿色就业。绿色职业活动主要包括：监测、保护与治理、美化生态环境，生产太阳能、风能、生物质能等新能源，提供大运量、高效率交通运力，回收与利用废弃物等领域的生产活动，以及与其相关的以科学研究、技术研发、设计规划等方式提供服务的社会活动。2015 版《大典》共标示 127 个绿色职业，并统一以“绿色职业”的汉语拼音首字母“L”标识，如环境监测员、太阳能利用工、轮胎翻修工等职业。

进入新发展阶段后，国家经济实力、科技实力、综合国力跃上新的台阶，新技术、新产业、新业态发展迅猛，行业发展变革引发社会职业结构较大规模的变迁。为适应新时代我国人力资源管理的需要，2021 年 4 月，人力资源社会保障部会同国家市场监督管理总局、国家统计局启动了《大典》修订工作。这次修订以 2015 版《大典》为基础，将近年来已发布的新职业纳入其中，保持大类体系不变，增加或取消了部分中类、小类及职业（工种），优化调整了部分归类，修改完善了部分职业信息描述。2022 版《大典》将职业划分为 8 个大类、79 个中类、449 个小类、1 636 个细类（职业）、2 967 个工种。其中，绿色职业 133 个（标注为 L）、数字职业 97 个（标注为 S）、既是绿色职业又是数字职业 23 个（标注为 L/S）。新版《大典》的一个亮点就是首次标注了数字职业。数字职业是从数字产业化和产业数字化两个视角，围绕数字语言表达、数字信息传输、数字内容生产三个维度及相关指标综合论证得出的。标注数字职业是我国职业分类的重大创新，对推动数字经济、数字技术发展以及提升全民数字素养具有重要意义。

【学思融合】

职业的基本要素有三个：一是劳动；二是有固定的报酬收入；三是承担一定的职责并得到社会的承认。这些要素充分体现了职业是社会与个人、整体与个体的联结点，社会整体依靠每一个个体通过职业活动来推动和实现发展目标，个体则通过职业活动对整体做出贡献并索取一定回报以维持生活。被誉为管理领域哲学家的大师查尔斯·汉迪，将自己的工作分为有薪工作、学习工作、家庭工作和义务工作4个部分，其中有薪工作占50%，学习工作占25%，家庭和义务工作占剩下的25%（家庭占17%，义务占8%）。他将工作和生活进行有机的结合，而非将工作和生活对立起来，有了这样的观念，就能更好地处理工作、家庭和个人发展之间的平衡了。通过本节学习可以看出，作为职业，谋生是基础，发展是追求，价值认同是目的。职业的存在与发展，既是社会分工和科学技术发展的产物，同时也受政治、经济、文化等因素的影响。因此，只有将个人发展与国家需要、社会发展相结合，才能更好地实现职业目标。

【思考题】

1. 请说一说职业对个人发展有什么作用？

2. 请想一想以下这些是职业吗？

（1）小王喜欢自由自在的生活，他凭借自己的一技之长，每天骑着小电摩，守候在各大酒店，为他人代驾。

（2）小佳是一个拥有百万粉丝的网红，她每天更新作品并带货。

第二节　职业意识的形成

一、职业意识的概念与内涵

（一）职业意识的概念

所谓职业意识，是指人们对职业的认识、意向以及对职业所持的主要观点。职业意识的形成不是突然发生的，而是经历了一个由幻想到现实、由模糊到清晰、由摇摆到稳定、由远至近的产生和发展过程。职业意识是一个人将来能否胜任所从事职业的一种自我调节的主观能动，也是自己在学习活动中的一种动力和自我价值追求的体现，职业意识的觉醒影响着一个人职业生涯所取得的成就。

【案例1-2】

收获一种职业成长的快乐

小范是某高职院校电子商务专业的毕业生，她性格开朗，爱好广泛，在校期间曾担任学院文艺部部长，热心组织院系文艺活动。小范不但多才多艺，组织能力强，学习成绩也很突出，各门功课成绩都很好，还以较好的成绩通过了英语四级考试。面临就业，许多同学犹豫不决，内心充满困惑：到底做技术工作还是做销售工作？什么样的工作才是好工作？这时，一家知名物流公司来学校招聘文员兼外联人员，公司马上举行的产品推介会需要一些组织能力强的人员参与，但公司位置在远离市区的一个郊区小镇。因为位置偏远，许多同学放弃了选择的机会。小范认为这个岗位很适合自己，不但能运用所学的商务知识，还能把自己的组织能力发挥出来，工作的外向性特点与她的性格很相符。入职一年多的时间，小范凭借高度的工作热情和出色的工作表现，已经成为企业的重点培养对象，大批同届毕业生还在左顾右盼的时候，她的职业成长路径已经展开了。

案例分析：我们身边有各种不同个性的人，他们从事着技术、营销、管理、服务等千差万别的工作。性格对于职业道路的选择有着深远的影响。性格活泼的人适合有挑战性的工作，性格内向的人适合稳定的工作；有的人适合与物打交道，有的人则擅长与人打交道。小范对自己的性格认识清晰，找到了最适合自己的工作，一入职就迈进职业成长通道，不但能为今后的职业成长打下坚实基础，还会大大加快职业成长的速度。

（二）职业意识与特性

培养职业意识首先需要了解职业的特性。职业的特性主要体现在三个方面。

1. 带来经济收入

有经济收入是职业工作的一个最显著的特征。这些经济收入包括工资、奖金、加班费等现金收入，还包括一些相应的经济福利保障，如医疗保险金、失业保险金、养老保险金、住房公积金等。通过从事职业工作我们获得维持生活的经济保障，“挣钱养家糊口”可以说是职业工作最基本的功能，它满足了我们的基本生活需求。

2. 体现社会身份

职业在给我们带来经济收入的同时，还赋予我们一定的社会身份。一般人们初次相识时，寒暄中首先就会提到诸如“你是做什么工作的?”“你学的什么专业?”“你毕业后打算做什么?”等问题，这些都是有关职业或者未来职业的问题。而人们在做自我介绍的时候，一般都会这样说：“我是一名教师”“我是一名警察”“我是银行职员”“我是工人”。这里的“教师”“警察”“银行职员”“工人”其实也就代表了我们的社会身份。当我们拥有了一份职业时，也就意味着我们扮演了一定的社会角色，承担了一定的社会责任，并得到朋友、同学、家庭以及社会的认同。不同职业的社会声望有所不同，它与经济收入并不一定成正比。声望高的职业不一定收入高；反之，收入高的职业也不一定就声望高。

3. 具备专业技能

职业是一种社会分工，从事一定职业要求人们具有相应的知识与技能，不具备职业技能是无法胜任职业工作的。专业水平的高低，往往决定着一个人在职业领域发展的高度。同时，职业工作又给我们提供了发挥才能的重要舞台，在从事职业工作的过程中，个人将获得更多的资源来发展自己的专业技能，实现自我的价值。经济收入、社会身份和专业技能构成了我们审视职业的三个要素，在我们职业选择和职业生涯发展中，需要根据自己的特点和条件对它们进行综合考量。

（三）职业意识的构成

职业意识是人们对职业劳动的认识、评价、情感和态度等心理成分的综合反映，是支配和调控全部职业行为和职业活动的调节器，它包括责任意识、沟通意识、服务意识、创新意识、竞争意识、协作意识和奉献意识等方面。以企业为例，职业意识主要包含以下几个方面。

1. 职业形象意识

随着社会的发展，形象的包装已不再是明星的“专利”，普通职场人士对自己的形象也越来越重视，因为好的形象可以增加一个人的自信，对个人的求职、工作、晋升和社交都起着至关重要的作用。一个人的完美职业形象需要根据他的文化修养、职业道德、言谈举止、个人素质来判断。

2. 职业责任意识

当工作出现问题的时候员工不会相互推诿，而是能清楚地认识自己的职责和责任。对企业有良好的责任感，员工才会更加主动地承担工作责任，在工作中善始善终。

3. 职业主动意识

企业的管理者最怕的是什么？最怕员工没有工作意识，不能积极主动地工作；到了工作场所，既不主动熟悉环境，也不主动了解工作性质和工作要求，不主动与上级和老员工交流，不向上级和老员工学习。缺乏工作的主动性，其实也是职业意识缺乏的表现。

4. 职业沟通意识

企业在乎的是员工的工作效率，而其中自然少不了沟通。工作交办下来之后，要形成一个闭环。如果员工不主动汇报工作，上级要么被迫主动来询问他，要么总是不知员工在忙什么。这会造成上下级之间的不默契，影响企业效率和效能。

5. 职业服务意识

现在已经不是商品的时代，而是服务的时代。强烈的自我意识会使人忽略客户的感受，如果一个人在工作中自我意识过强，会影响企业服务客户宗旨的实现。

6. 职业团队意识

现代职业活动不仅需要竞争，也需要团队合作。竞争与协作相伴而得，相离而失。社会生产力高速发展的今天，职业分工越来越细，劳动过程更趋专业化、社会化，更需要加强合作，而产业之间相互依托、相互制约、相互促进的发展趋势，也要求一个单位内部各部门之间、员工之间必须团队合作。

7. 职业创新意识

创新是一个民族的灵魂，是一个国家兴旺发达的不竭动力，是一个企业勇立潮头的资本，勇于创新是一种极其宝贵的精神。科学发展离不开创新，经济发展也离不开创新，我们的职业发展更离不开创新。

8. 职业竞争意识

竞争是一个国家发展的基础，正是因为竞争的存在，社会才有活力，人才能在激烈的社会竞争中，不断地更新自我，发挥潜力；只有重视竞争，企业才能不断超越自身，走在时代前列。充满竞争的市场需要具有竞争力的人才。只有竞争才能激发活力，只有竞争才能激发创造性，也只有竞争才能发展。

9. 职业诚信意识

市场经济实际上就是诚信经济，企业发展需要诚信守法。诚实守信既是做人的根本，也是做事的根本。因此，诚实守信品质的培养应该从工作中点点滴滴的小事做起，遵守承诺，谨言慎行。

10. 职业奉献意识

我们在工作、生活中奉献，在奉献中工作、生活。敬业是奉献的基础，乐业是奉献的前提，勤业是奉献的根本。奉献是一种崇高的人生境界，是一种融于事业的高尚人格。奉献是职业道德的最高境界，可以在实际工作中、在平凡岗位上创造出不平凡的业绩来。

二、大学生职业意识培养

职业意识有社会共性的，也有行业或企业相通的，它是每一个人从事工作最基本的职业素养，也是必须牢记和不断强化的。职业意识包括就业意识和择业意识，就业意识指人们对自己从事的工作和任职角色的看法，择业意识指人们对自己希望从事的职业的想法。培养职业意识既要社会化，又要个性化，社会化是为更好地适应社会需求，个性化则说明个人发展领悟到的职业要求各不相同。

（一）职业意识培养的必要性

职业选择—职业准备—职业适应—职业发展—职业满足，这是一个职业人的社会角色演化过程。事实上，工作环境因职业性质的不同而千变万化，即使是在高级写字楼里工作的“白领”，职业生活也远不如外表看上去的那样光鲜和轻松。在选择职业时，如果由于不清楚自己的个性特征而选择了一份不合适、不喜欢的工作，那将影响个人职业发展的进程。了解自我，明晰个性特点，确定兴趣方向，可以帮助我们更好实现职业发展。

1. 职业意识影响个人择业方向

一般说来，大学生毕业后开始工作都会经历一段适应期来适应工作任务和工作环境的要求。这种适应是全方位的，主要包括作息时间的适应、职业角色的适应、知识结构的适应和人际关系的适应等几个方面。在校期间，如果能够注意培养自身的职业意识，学会运用职业思维，那么在毕业具备了社会人的社会身份后，作为一个完全独立的社会人，就能够为自己的一言一行负责，符合社会对于职业人的角色规范要求。职业意识决定着择业者对职业的认识、对职业的评价。每个从业者都自觉或不自觉地以某种就业观指导自己选择职业的行为。人们生活、学习环境的不同，如老师、家长对职业的认识不同，社会择业指导水平的差别等，都影响着择业者，使他们产生了不同的择业方向、不同的职业行为。有人择业方向正确，有人进入误区；有人在职场中成绩卓著，有人却毫无作为，甚至屡次在择业竞争中失败。

2. 职业意识影响个人就业质量

在职场中有两类人：一类人踌躇满志，觉得自己是一步登天的淘金者；另一类人踏踏实实从小事做起。事实证明，淘金者更像赌徒，很多人由于不切实际的幻想，最终赔上了自己的未来。后者尽管看上去毫不起眼，但身在其位，心“谋”其政，在努力踏实中迎接瓜熟蒂落、水到渠成的结果。任何事情都有积极和消极两种对待方式，用不同的观念去对待，对职业人的驱动力也就不一样，自然会得出不同的结果。具有积极的职业意识的职业人随时能准确地抓住机遇，不断寻求新的发展，不断提高自身就业质量。

3. 职业意识影响整个社会的就业状况

职业意识对从业态度有着特殊的影响。现实社会中，有些人读了大学却不想就业，怕吃苦、怕受累、怕委屈、怕失败，出现“躺平族”“啃老族”，这些都是职业意识不强造成的。一个职业人积极性的高低和完成任务的好坏，在很大程度上取决于他的职业意识。职业伦理学研究表明，先进生产者的职业态度指标最高。做任何事情，其成败进退，与职业人所采取的态度密切相关。严谨客观、精益求精的从业态度，使职业人有积极强烈的使命感去打造敬业、乐业、专业的个人职业信誉品牌；反之，从业态度不端正，人就会过分追求短期利益，谁给的钱多就为谁“打工”，不知爱惜自己的名声、前途与个人品牌，甚至为了钱置道德与法律于不顾，发生诸如携款潜逃之类的恶性事件。因此，确立正确的职业意识是职业人做好本职工作的前提。

（二）职业意识培养的着力点

1. 适度职业危机感

职场竞争是激烈的，无论你如何优秀，业绩如何出众，面对人力被现代化的设备和技术所替代，以及蜂拥而至的职场新人和多变的职业环境，都很难稳定心情。这固然令人焦虑，甚至会对心理和身体造成双重的伤害。然而，危机感并不是一件彻底的坏事，适度的危机感可以激发出职业竞争意识。

身在职场，特别是在一个相对稳定的公司，员工之间往往会有意想不到的表现差异，大致可分为两种：一种是仍在拼命工作、努力寻求发展机会的人，另一种是或多或少抱着混日子态度得过且过的人。久在这样的环境中，有几种危险：或者让人如井底之蛙，对自己的职场竞争力盲目自信；或者让人内心堕落，再无当初的奋斗之心。其实，这世界上没有绝对稳定的环境。对于一个以经济利益为目的的公司而言更是如此。这是一个不断变化的世界，不稳定才是常态。拥有危机感，其实是内心当中对自己有一个较高的期望，相信自己在未来能变得更好。

2. 培养职业责任感

大学生都是毕业要进入社会工作的人，大学不仅要培养学生的知识技能，更重要的是培养大学生的职业责任感，这样才能使他们在工作岗位上爱岗敬业，对工作负责，在全面履行责任的过程中使自己的潜力得到充分的挖掘和发挥，在推动社会的进步中实现自我的价值。

3. 加强职业自律性

一个学生转变为职业人后，其他的角色内涵也相应发生了改变，要承担更多的责任和义务。作为子女，在学生时代，更多的是接受父母的呵护和关照，走向社会则要把心理上的依赖降到最低，要考虑如何扶助父母长辈等。在学校，有些“孩子气”的情绪还比较容易被宽容，工作之后，就没有理由在工作上逃避或者撒娇、耍小孩脾气了。

美国一位著名的思想家说过，你在哪个位置，就应该热爱这个位置，因为这里就是你发展的起点。对一个喜欢自己的工作并认为它很有价值的人来说，工作便成为生活中能带来愉悦的部分，只要对自己的工作有发自内心的热爱，即使在平凡的岗位上也能创造出奇迹。

三、职业意识的训练

为了提高大学生的职业意识，可以从以下几个方面着手训练。

（一）团队合作意识的训练

在这个快节奏的时代，一个人的能力再强也有力所不及的时候。单打独斗的英雄主义时代早已经过时了，很多情况下一个人孤军奋斗的结局总是失败。

一项工作的完成往往是很多人共同协作的结果。在平时完成老师布置的分组作业时，就应该有意识地极力配合其他同学，把作业做得更完善。职业活动中不仅需要竞争，还需要主动合作精神，竞争与协作相伴而生。在生产力高速发展的今天，职业分工越来越细，劳动过程更趋专业化、社会化，因此更加需要加强联合。

（二）自主学习意识的训练

经过十多年的学习，大学生早已形成了自己的一套学习方法，无论这种方法的差异如何，至少不能等着老师来手把手地教。只有具备学会学习的能力，才能不断进行技术的创新，适应时代的要求。学习包括更新自己原有的专业知识，掌握新技能，结合各门学科知识来发展和完善自我。不但要“学会”，而且要“会学”，掌握正确的学习方法，把有用的知识转化为自身素质的提高，真正成为时代所需要的高素质人才。

(三) 服务与奉献意识的训练

服务意识是指企业全体员工在与一切企业利益相关的人或企业的交往中所体现的为其提供热情、周到、主动的服务的欲望和意识，即自觉主动做好服务工作的一种观念和愿望，它发自服务人员的内心。服务意识有强烈与淡漠之分，有主动与被动之分。这是认识程度的问题，认识深刻就会有强烈的服务意识。有了强烈展现个人才华、体现人生价值的观念，就会有强烈的服务意识。有了以公司为家、热爱集体、无私奉献的精神，就会有强烈的奉献意识。这是一种只有付出不求任何回报、不计个人得失的精神和理念，是一种真诚自愿的付出行为，是一种能鼓舞和激励人们奋发向上的巨大力量。

(四) 能力与创新意识的训练

创新意识是一个民族进步的灵魂，也是国家兴旺发达的不竭动力。创新能力其实是一种综合能力，它要求具有强烈的创造欲、敏锐的观察力、准确的记忆力和良好的思维能力。要从传统的观念中解脱出来，对新思想持开放态度，积极思考未经检验的假设。创新意识的培养需要深厚的知识积淀，需要用科学的方法进行思考，更需要锲而不舍的毅力。在校期间，应特别注意科学思维的训练。主要是发散性思维方法，即从不同角度、应用不同的方法解决同一问题，研究新情况，揭示新规律。

(五) 敬业与企业文化意识的训练

做一行就要爱一行，在校期间要密切关注专业的动向，看看自己适合去哪一种企业工作。爱岗敬业是指热爱自己的本职工作，用一种恭敬严肃的态度对待自己的工作。企业文化是企业在经营活动中形成的经营理念、经营目的、经营方针、价值观念、经营行为、社会责任、经营形象等的总和，既是企业个性化的根本体现，也是企业生存、竞争、发展的灵魂。要培养敬业与企业文化意识，大学生首先要到公司、到企业、到社会中去经受实践的锻炼，去体验、去感悟企业文化。其次要注重职业岗位的操练，要在特定的职业环境中强化专业技术的训练，这样既能了解本专业的知识动态，做到学以致用、提高专业技能，又能在企业文化环境中增强职业意识，培养职业综合素质，从而为成为卓越的员工奠定良好的基础。

(六) 质量与效率意识的训练

质量与效率是企业的生命。质量能为企业赢得客户的认可，增强市场竞争力，扩大市场占有率进而扩大生产规模。效率的提高使产品成本降低，可获得比同行业企业更高的利润。在企业内部推行质量与效率意识，可使企业的生产水平取得长足的进步。大学生的职业教育也应包括质量与效率意识，即有计划地在教学和实习活动中全面推行质量标准，培养学生养成严格遵守标准生产的习惯，并鼓励他们创造新的方法提高质量与效率。

【知识拓展】

人工智能与未来职业

在不久的将来，做什么工作最有可能被机器人淘汰？做什么最不容易被淘汰？

英国广播公司（Brilish Broadcasting Corporation，BBC）基于剑桥大学研究者 Michael Osborne 和 Carl Frey 的数据体系分析了 365 个职业在未来的“被淘汰概率”，具体分析如下：

“电话推销员”被机器人取代的概率最大，为 99.0%，接近 100%。可以想象，即使没有机器人的出现，这样一个单调、重复、恼人又毫无效率可言的工种也是迟早要消亡的。

绝大多数来自第一产业和第二产业的工作都被英国广播公司的研究人员列为高危职业。比如，工人以及瓦匠、园丁、清洁工、司机、木匠、水管工等第一、第二产业工作，被取代的概率为 80%~60%。

一个令我们稍感安慰的数据是，程序员、记者、编辑等职业被人工智能取代的概率仅为 8.4%。相比人工智能，人类的一个无法被机器模仿的特质就是同情心和情感，因此在保姆这类真正需要情感投入的职业中，机器人尽管能完成大部分工作要求，但终究很难代替人类，所以保姆被取代的概率只有 8%。

艺术家、音乐家、科学家被取代的概率分别为 3.8%、4.5%、6.2%。无论技术如何进步，人工智能如何完善，对人类而言，创造力、思考能力和审美能力都是无法被模仿、被替代的最后堡垒。

律师、法官被取代的概率为 3.5%；牙医、理疗师被取代的概率为 2.1%；建筑师被取代的概率为 1.8%。

心理医生被取代的概率为 0.7%。机器无法理解人类的情绪，但依然可以学会用某些方法来处理与情绪有关的问题，就好像不理解“什么是诗”的机器依然可以写出不错的诗来。从这个角度来说，机器确实可以胜任心理咨询的工作，因为这原本就建立在这样一种信念之上——人类的情绪可以被有效地处理。

教师被取代的概率是 0.4%。但哪怕人类教师真的输给了“教学机器人”，也不能就此否认人类教师的存在意义。我们在之前提到的那些人类独有的、被视为最后堡垒的能力，都恰恰是机器所无法拥有的。

令人感到意外的是，酒店管理者被取代的概率为 0.4%，与教师一样，是最不容易被机器人取代的职业。

【学思融合】

职业意识（Professional Awareness）是作为职业人所具有的意识，以前叫作主人翁精神。职业意识是一个人将来能否胜任所从事职业的一种自我调节的主观能动，也是自己在学习活动中的一种动力和自我价值追求的体现，职业意识的觉醒影响着一个人职业生涯所取得的成就。2020 年，83 岁的钟南山先生，本来可以避开病毒的威胁，安度晚年，但是他在人民最需要他的时候站了出来，就跟 17 年前 SARS 病毒暴发的时候一样，他曾坚定地说："把病人都送到我这里来！"这斩钉截铁的话语，带给全世界无比的震撼。17 年来，这颗为人民服务的心始终未改，为人民的安全逆行的志愿始终不变。由此可见，正确的职业意识是"全心投入、尽职尽责"的前提。职业无高低贵贱之分，不论从事的是何种工作，都应该全身心地热爱，全身心地投入，对本职工作保持积极乐观的态度和高度负责的精神，而不应该以对本职工作没兴趣为借口得过且过，也不应该以本职工作经济效益低为托词，消极怠工。

【小测试】

你有职业危机感吗？

请对以下问题做出选择。一头乳牛正从牛舍里出来吃草，请你凭直觉判断，它将走至哪一处？

A. 山脚下

B. 栅栏农舍旁

C. 河流旁边

D. 大树下面

选择 A：你有很强的危机意识，甚至有些杞人忧天，应该放开心胸。

选择 B：你有一定的危机意识，不过你所担心的事的确有担心的必要。

选择 C：你的危机意识不强，总是要别人提醒你才会有危机意识，但过后，又完全不记得危机意识是什么。

选择 D：你几乎没有危机意识，一天到晚无忧无虑，你认为船到桥头自然直，没什么好怕的。

【思考题】

1. 职业意识的构成主要有哪些？（任意说出三个）

2. 在不久的将来，做什么工作最有可能被机器人取代？做什么最不容易被机器人取代？

第三节　职业价值观的培育

高校学生职业理念的培育重点是形成正确的职业价值观，从而拥有健康的职业心态，将来在职场面对问题与困难，始终保持稳定的职业情绪。

一、职业价值观的概念

职业价值观是人生目标和人生态度在职业选择方面的具体表现，也是一个人对职业的认识态度，以及对职业目标的追求和向往。理想、信念、世界观对职业的影响，集中体现在职业价值观上。每种职业都有各自的特性，不同的人对职业意义的认识不同，对职业的好坏也有着不同的评价和取向。

【案例 1–3】

做“人民满意的公务员”——李鹏飞

小个子，戴副眼镜，文质彬彬，很难将这样一个人与信访局长联系在一起。这就是1994年毕业于湖南化工职业技术学院化机9202班的李鹏飞，他曾扎根乡镇16年，从事过计生、综治、武装等工作，干一行爱一行，兢兢业业、勤勤恳恳为群众办事，在平凡岗位上创造了不平凡的业绩。2011年3月担任湖南张家界市武陵源区信访局局长以来，他坚持“抓班子，带队伍，强素质”，打造了一支为党分忧、为民解难的“攻坚队”，化解矛盾150多起，解决各种重点信访问题23个，他所在的信访局连续多次被评为省市先进单位，得到了广大群众的认可。2013年12月17日，由中组部、中宣部、人力资源社会保障部和国家公务员局组织的在北京召开的第八届全国“人民满意的公务员”和“人民满意的公务员集体表彰大会”上，李鹏飞被授予全国“人民满意的公务员”荣誉称号。

案例分析：李鹏飞是湖南省信访系统唯一获此殊荣的个人，也是武陵源区首位获此殊荣的个人。他实现了毕业离校时对母校的承诺——毕业后绝不给学校丢脸，绝不给老师丢脸。这是一种职业价值观的体现。2013年12月16日，中央电视台《朝闻天下》栏目对“人民满意的公务员”李鹏飞的先进事迹进行了专题报道。2014年1月3日，国家信访局门户网站转载了《人民日报》对他事迹的报道。

二、职业价值观的分类

根据不同的划分标准，人们对职业价值观的种类划分也是不同的。美国心理学家洛特克在其所著《人类价值观的本质》一书中，提出13种价值观：成就感、审美追求、挑战、健康、收入与财富、独立性、爱、家庭与人际关系、道德感、欢乐、权力、安全感、自我成长和社会交往。我国学者阚雅玲则将职业价值观分为收入与财富、兴趣特长、权力地位、自由独立、自我成长、自我实现、人际关系、身心健康、环境舒适、工作稳定、社会需要、追求新意等12类。日本学者田崎仁则把人的职业价值观分为9种类型，包括独立经营型、经济型、支配型、自尊型、自我实现型、志愿型、家庭中心型、才能型、自由型。

综合而论，可以将职业价值观分为以下 6 种类型。

(一) 财富需求型

财富需求型的人往往将薪酬作为选择工作的重要依据。其工作的目的或主要动力来源于对财富的追求，期待以收入来改善生活的质量，以此显示自己的身份和地位。

(二) 权力欲望型

权力欲望型的人有着较强的权力欲望，希望影响或控制他人，使他人照着自己的意愿去行动。同时，这类型的人希望通过手中的权力获得相应的利益，认为有较高的权力地位就会受到他人尊重，带来一定的财富，从中可以得到较强的成就感和满足感。

(三) 自我实现型

自我实现型的人通常以自己的兴趣和特长作为选择职业最重要的因素，认为这样能够扬长避短、趋利弊害、择我所爱、爱我所选，可以从工作中得到乐趣、获得成就感。他们希望工作给予自己受培训和锻炼的机会，使自己的经验与阅历在一定的时间内得到丰富。工作还能够提供一定的平台和机会，使自己的专业和能力得到全面的运用和施展，从而实现自身价值。

(四) 自由独立型

自由独立型的人希望工作有弹性，不想受太多的约束，可以充分掌握自己的时间和行动，自由度高，不想与太多人发生工作关系，既不想治人也不想治于人。

(五) 舒适安逸型

舒适安逸型的人往往看中工作的环境，包括办公环境和人文环境，希望工作环境舒适宜人，渴望在一个和谐、友好甚至被关爱的环境中工作。他们特别注重身心健康，希望工作免于危险和过度劳累，免于焦虑、紧张和恐惧，压力不要太大，使自己的身心健康不受影响。

(六) 家庭中心型

家庭中心型的人满足于过十分平凡而又安定的生活，他们非常重视家庭，为人踏实，生活态度保守，不愿意冒险，对职业生涯的选择很慎重。

三、职业价值观的特征

(一) 因人而异

由于每个人的先天条件和后天所处的环境不同，人生经历也不尽相同，每个人价值观的形成都会受到不同因素的影响，因此每个人都有自己的价值观和职业价值观。在同样的客观条件下，具有不同价值观和职业价值观的人，其动机模式不同，产生的职业选择行为也不同。

（二）相对稳定

价值观是人们思想认识的深层基础，它形成了人们的世界观和人生观。与价值观一样，职业价值观是随着人们认知能力的发展，在环境、教育的影响下，逐步培养而成的。因此，人们的职业价值观一旦形成，便是相对稳定的，具有一定持久性。

（三）因时因势而变

由于环境的改变、经验的积累、知识的增长，人们的职业价值观有可能会发生变化。体现在行动上，就有职业转化和重新选择职业的可能。

四、职业价值观的重要性

（一）职业价值观影响大学生的职业选择

职业价值观具有主观性，代表了个人对什么是好坏、什么是对错的看法。职业价值观通常是与职业选择相关联的，换言之，职业价值观体现了一个人最期待在工作中获得什么。

职业价值观是个人追求的与工作有关的目标，即个人的内在需求及在谋求职业时追求的工作特质或属性，是个人价值观在职业选择上的反映。如果我们十分在意工作的稳定性，那么当公务员或者进入事业编单位可能是不错的选择；如果我们看重创造性，那么市场营销、广告设计等工作会很有吸引力。每一个人所受的教育不同、所处的环境不同、成长的轨迹不同、对职业的目标和要求不同，因此在职业活动中，当人们要做出选择时，起到决定性作用的往往就是个人的职业价值观。

（二）职业价值观推动职业发展

有崇高的追求就有巨大的精神动力，职业价值观能让我们在面临困境时仍保持斗志。当工作与个人价值观相冲突，工作就会变成痛苦的来源；当工作与个人价值观相一致，即使其他的条件并不如意，我们往往也能乐在其中。

一个清楚自己职业价值观的人，知道自己在工作中真正想要的是什么，能够将自己最强烈的需求与工作联系在一起，比较容易做出明智的选择，最终找到适合自己的职业。

（三）职业价值观决定职业幸福感

所谓的职业幸福感，是指个体在从事某一职业时因基本需求得以满足、潜能得以发挥、力量得以增长所获得的持续快乐体验。职业幸福感既是对企业或组织的满意度、忠诚度的体现，也是个人生活质量和自身价值实现程度的一个衡量标准。

一个人对待工作的态度，决定了他的职业幸福感。如果一个人把工作当作任务，工作又仅是赚钱的手段，那么他期待的将是薪水和休假；如果一个人把工作当作职业，那么他期待的就是事业发展，如权力和名望；如果一个人把工作当作事业甚至使命，那么他期待的是工作中的快乐和成就感，也就是自我价值的实现。

【知识拓展】

如何培育职业理念?

第一，要适应国家和社会需求。一定的职业理念要和一定的社会经济发展水平相适应，要适合企业所在区域的社会文化。脱离了企业所在区域的社会文化价值观，生搬硬套所谓某种“先进”的理念，一定会碰个头破血流。

在美国这样崇尚个人主义社会价值观的国度中，企业的员工崇尚个人主义、英雄主义是很自然的。但在中国的企业中，我们更主张个人主义融入团队中，立足本职岗位，发扬敬业精神，为企业作贡献，为个人谋发展。脱离国情的职业价值观是不能得到企业认同的。

第二，要符合时代发展需要。任何超越或滞后的职业理念都会影响员工的职业发展。任何人的职业理念都应该是与时俱进的。企业处在不同的发展阶段，员工就应该奉行适合企业发展阶段的职业理念。当企业管理改变时，如果员工的职业理念仍停留在原来的阶段，不学习也不改变，这样的员工不是被企业所淘汰，就是被自己所淘汰，因为他会感到与企业格格不入，他会厌倦工作。当然，员工的职业理念也不能太超前，脱离了企业发展的现实而对企业提出许多苛刻的要求，其结果也是一样的，要么自己感到郁郁不得志，要么被企业所淘汰。

【课堂活动】

关于工作的一分钟联想

假如你有机会获得自己梦寐以求的工作，那你希望工作……

1. 请在一分钟时间内尽可能多地写出你头脑中所能联想到的短语。

2. 思考以下问题：

（1）你在工作中寻找的是什么？

（2）你判断工作好与不好的标准是什么？

（3）你希望工作给你带来什么？

【学思融合】

共性化职业价值观

尽管职业价值观是因人而异的，受到形成过程中客观条件的影响，但是在一定环境的影响下，相同组织中的不同个体也会形成共性化的职业价值观，即对某项职业的价值判断和希望从事某项职业的态度倾向具有一定的共性，具体体现在择业观更趋理性化和科学化。

第一，根据社会发展的需要来选择职业。自主择业要看个人的需要，更要看到社会的需要；要顾及眼前的需要，更要注重长远的需要。

第二，将能充分运用所学知识作为首要条件来选择职业。考虑择业条件时要懂得分清主次，合理取舍，把充分运用所学知识作为首选条件，更多考虑自己究竟能做什么这个问题。

第三，靠自身主观能动性来选择职业。择业前要注重全面提高自身的职业素质，在择业过程中具有思维的灵活性和行动的敏捷性。

在这样的择业观引领下，大学生能以健康的择业心态来选择职业，做到既重视毕业时的择业，又不把择业目标与人生理想画等号，而是把个人命运与祖国的前途、民族的未来连在一起。作好择业成功与择业失败两手准备，当自己难以适应选择的职业时，善于审时度势，再次选择，力争实现职业理想。

【思考题】

1. 职业价值观的概念及其重要性是什么？
2. 你的职业幸福感来源于什么？

第二章　大学生职业能力

学习要点

1. 掌握职业能力的概念与分类
2. 了解职业能力的特点、功能及分类
3. 理解培养大学生职业能力的途径及重要性

在竞争如此激烈的时代，能力是我们能够在社会上立足的根本因素。我们进入大学进行专业学习，主要目的是获得一技之长，毕业后能够顺利就业，继而融入社会。如果我们把人格比作“身份证”，那么能力则是我们在社会上的“通行证”。职业能力是人们从事其职业的多种能力的综合，通常是指人们能够胜任某种工作、承担某种职业任务的能力，它是一个人综合素质在职业岗位上的具体体现。

第一节　职业能力概述

一、能力的概念与分类

（一）能力的概念

能力是指顺利完成某一活动所必需的条件，能力是人依靠自我的智力和知识、技能等去认识和改造世界所表现出来的身心能量。能力直接影响活动效率，并使活动顺利完成，它和人完成一定的活动相联系在一起，离开了具体活动既不能表现人的能力，也不能发展人的能力。但是，并非凡是与活动有关的并在活动中表现出来的心理特征都是能力。只有那些完成活动所必需的直接影响活动效率的并能使活动顺利进行的个体特征，才是能力。

能力是直接影响人们的工作效率、保证人们顺利完成某种工作所必需的个性心理特征。能力是与人的工作、学习密切相关的，人的能力在工作、学习中形成、发展，并且在工作、学习中表现出来，如学习能力、交流合作能力、组织能力等。能力的强弱决定工作效率的高低，所以从事某种工作又必须以具备一定的能力为前提条件。

（二）能力的分类

能力有一般能力和特殊能力之分。一般能力是指观察、记忆、思维、想象等能力，通常也叫智力。它是人们完成任何活动所不可缺少的，是能力中最主要也最一般的部分。特殊能力是指人们从事特殊职业或专业需要的能力。例如，音乐工作中所需要的听觉表象能力，军人与运动员所需要的强于一般人的体能，等等。

人们从事任何一项专业性活动既需要一般能力，也需要特殊能力。二者的发展也是相互促进的。能力与大脑的机能有关，它侧重于实践活动中的表现，即顺利地完成一定活动所具备的稳定的个性心理特征。能力可以在运用智力、知识、技能的过程中经过反复训练而获得。各种能力有机结合后能够起质的变化的能力称为才能，才能高度发展后创造性地完成任务的能力称为天才。

二、职业能力的概念与分类

（一）职业能力的概念

职业能力是指人们在某种职业活动中逐渐培养和发展起来的能够胜任某种职业活动、完成某种职业任务并决定效率高低的能力。职业能力是在学习活动和职业活动中发展起来的直接影响职业活动并使职业活动得以顺利完成的个性心理特征。

职业能力表现在相应的职业活动中，是指顺利完成某项活动的心理条件、技术条件和知识条件。职业能力在职业活动中表现出来，我们每个人的成长环境不同，人生观、价值观、职业观、职业兴趣、知识水平、知识结构、心理素质、技能素质、职业兴趣不同，那么所表现出来的职业能力也不同。另外，由于社会分工、职业类别的存在，个体所处的社会地位不同，拥有的职业权力不同，职业能力也表现不一。

（二）职业能力的分类

从事同一职业的人们在相同的条件下，职业兴趣和职业性格的不同造成了职业能力的差异。一般职业能力又称共有职业能力，是指不管从事什么职业活动都必须具备的职业能力。对于没有真正走上社会的大学生而言，需要掌握的职业能力主要包括以下几种。

1. 求职应聘能力

大学生要把自己的职业理想转变为职业现实，从“我想做什么”到“我能做什么”，再到“我是做什么的”，一开始就会面临职业能力的测试——笔试+面试。面试即毕业生与企业直接接触，企业通过一看、二问、三回答等形式，看求职者的身体状况、精神面貌和气质等是否适合应聘岗位，通过问、答、听，考查应聘者知识水平、知识结构、专业技能与专业素质能否胜任某种工作。应该说，应聘能力是每位求职者的首要能力，直接关系到能否求职成功，这是大学生职业生涯面临的第一道关口。

2. 转换角色能力

从一名在校大学生到一名单位员工，是人生旅途中的一次重大转折。在校时的职业理想与社会职业现实会出现巨大的反差，如严格的劳动纪律、繁重的劳动任务、差强人意的工作环境、长时间的注意力高度集中、枯燥单调的工作内容、不得不面对的全新的生活、复杂的人际关系、激烈的竞争等，如何尽快转换角色适应环境，是职业生涯所面临的第二道关口。从以往就业情况来看，毕业生频繁跳槽，一个根本性原因就是角色转换太慢，适应不了新的角色要求。有的怕苦、有的怕累、有的不知道如何与人交往，有的还无法胜任独立工作就想拿高薪。更有甚者，面对新的环境新的情况不知所措，无所适从。其实，无论做什么，要想取得成功，首先必须认清形势、认识自我，进入角色。

3. 协调交往能力

美国著名教育家卡耐基曾说过：现代人的成功，15%靠真本事，85%靠人际关系。现代社会的大学生，正处在一个知识、经济、科技、生产全球一体化的伟大变革时代，职业种类越来越复杂，社会分工越来越细，单打独斗的生产方式使其生存概率很低。社会化程度越来越高的情况下，成员之间既有分工，又有协作，无论是企业还是个人，相互支持、相互协作都显得尤其重要。因此，进入职场就必须学会提高与人沟通与人协调的能力，努力做到谦虚谨慎、诚实守信、团结协作，用实际行动赢得领导和同事的信赖与支持，为自己的职业前途铺就平坦的道路。

4. 自控反省能力

自控反省能力其实也就是自我心理调适能力。它是一个人情商高低的表现，人们通过自我情绪的调控来确定“我为什么要做?”“我能做什么?”“我怎样去做?”。也可以说，自控反省能力是个人行为的方向盘和制动器。人生活在现实当中，随时可能遇到这样或那样的状况和问题，有的让你高兴，有的让你气愤，有的让你伤心，有的让你失落。开心的时候也许会得意忘形，悲哀气愤的时候也许会产生冲动，心绪平淡的时候也许无动于衷或者波澜不惊。面对各种各样的问题，合理调控个人情绪，坦然面对和巧妙恰当地去处理这些问题，是每一位求职者和职业人必备的素质。

5. 处理信息能力

现在是一个网络信息十分发达的时代，从经济到军事，从教育到科技，从生产到生活，人们对于网络信息的依赖性越来越强。采用各种有效手段去收集、处理、运用信息，成了人们高质、高效生存和发展的重要手段。我们只有根据所学的专业知识，根据自己将来职业发展的需要，提高收集整理信息的能力和对信息判断处理的能力，才能通过对网络信息的有效运用，提高决策的科学性。

6. 开拓创新能力

我们现在处于一个科技飞速发展、人工智能化、信息网络化、新质生产力迅猛发展的伟大变革时期。而开拓意识、创新精神是一个国家、一个民族、一个人的生命活力所在，是人类文明与进步的强大动力。面对未来、面对职业，我们应该勤奋好学、自强自信、开拓进取、勇于创新。

【案例 2–1】

小赵求职应聘能力的缺失

小赵是某高职院校智能控制专业的毕业生，他品德良好，学习成绩优秀，动手能力强，学的又是热门专业，家人认为他的就业一定不成问题。没想到，大三时，小赵一连应聘了好几个单位，都过了简历关，却过不了面试关。原因为何呢？原来小赵其他方面什么都好，就是口头表达能力差。由于平时长时间埋头于学习，与他人的交往较少，他在面试时显得很腼腆，不敢正视面试官，自我介绍和回答问题时语言很不流畅，声音很小，这就给面试官留下了不好的印象。他过不了面试关是情理中的事情。

案例分析：一部分大学生在求职时缺乏一些基本的求职应聘能力，表现如下：

第一，长时间埋头于学习和手机，使得自身的现实人际交往能力有所欠缺，表现在人际交往中缺乏自信、羞于开口、不敢正视他人、说话声音过小、不懂相关礼仪、不能开展正常的社交活动等。

第二，缺乏口头表达和书面表达能力。这些缺陷表现在与人交流时不敢说话或说话吞吞吐吐，无法控制说话的速度，影响语言的流畅度；语言表达缺乏逻辑性或者词不达意，不能将意思表达清楚；缺乏基本的公文写作能力，书面表达能力比较弱。

第三，在校期间只顾专业学习，从未担任过学生干部或参加过大学生社团活动，缺乏基本的管理能力和社会实践经验，因而在求职应聘竞争中处于不利地位。

因此，大学生应有针对性地参加各种社会调查、校园文化活动、青年志愿者活动等第二课堂活动，在活动中要敢于说话、善于说话，广泛地接触不同行业、不同职业的人群，以此来锻炼和提高自己的人际交往能力和口头表达能力。同时，还要学习一些基本的公文写作知识，具备一定的公文写作、书面表达能力，这样才能在就业竞争中占据一定的优势。

三、能力与职业

（一）能力与职业选择

能力与职业的关系非常密切，是职业选择的重要依据，是大学生开启职业大门的钥匙。因此，我们对于自己的能力要有一个清楚的认识，选择与自己职业能力倾向一致的职业，只有这样才能在社会的竞争中立于不败之地。

正如天下没有完全相同的两片树叶一样，每个人具备的能力不同，选择的职业就会有差异。从能力个性差异的角度来看，在选择职业时应遵循以下原则。

1. 能力类型应与职业类型相吻合

人的能力发展方向存在着差异，职业根据工作的性质、内容和环境也可划分为不同的类型，不同类型的职业对人的能力也有不同的要求。因此，我们在进行职业选择时，首先要注意能力水平与职业类型保持一致，同职业层次对人的能力也有不同的要求。在根据能力类型确定了职业类型后，还应根据自己所能达到或可能达到的能力水平确定相吻合的职业层次。

2. 智力能力应与职业相吻合

智力能力包括注意力、观察力、记忆力、思维能力和想象力等。不同的职业对人的智力能力要求是不同的。每个人都具有不同的能力系统，在这个系统中，每个人各方面能力发展是不平衡的，常常某方面的能力占优势，而其他方面的能力则不太突出。选择职业时应选择最能运用优势的职业。

3. 专业能力应与职业相吻合

专业能力也称为特长，是指从事某项专业活动的能力。要顺利完成某项工作，除了要具备一定的智力能力，还需要具备该项工作所要求的专业能力。例如，数学家需要具备计算能力、逻辑思维能力和空间想象能力，画家需要具备较强的颜色识别能力。一般认为，计算能力、音乐能力、绘画能力、写作能力、动作协调能力、空间想象能力都属于特长能力。

（二）能力与职业发展

1. 能力是获取就业机会的关键

要想获得一份理想的职业，立足于岗位工作，并在职业岗位上做出一些成绩，不仅要具有一定的科学文化知识和思想道德素质，还要具备良好的职业能力。职业能力是就业的关键，是获得职业成功的前提。在优胜劣汰的市场竞争中，不具备一定的职业能力，就意味着就业的失败，就意味着可能失业和再次择业。据调查，我国大学生求职失败的一个重要原因就是没有过硬的技能。

2. 能力是推动职业生涯发展的助力器

能力的高低不但决定了能否成功就业，还决定了个人能否留职升职。具有较好的职业能力，会让自己在工作时游刃有余，获得较强的工作愉悦感和职业成就感。在工作过程中职业能力强的人，一般会取得更好的工作绩效，为组织创造更大的价值，组织满意度提升，所以比能力差的人有更多的职业晋升机会，从而获得更快更好的职业生涯发展通道。随着能力的不断积累和发挥，职业发展空间也会越来越大，而随着发挥空间的增大，能力的提升也会更快，从而形成良性循环，最终取得成功。

【学思融合】

人的学习获取知识的潜力是无限的

中国近代力学之父，著名科学家、教育家、社会活动家钱伟长（1912—2010），江苏无锡人，兼长应用数学、物理学、中文信息学，特别在弹性力学、变分原理、摄动方法等领域有重要成就。但是，钱伟长在中学时期却是一名严重的“偏科”学生，数理化等理科成绩很差。高考时，他的物理只考了5分，数学和化学加起来总共考了20分，英语没学过考了0分，当他以极高的文史成绩考取清华大学历史系时，依然是在数理化方面极度“短腿”的学生。可是，国家的命运改变了钱伟长的人生轨迹。

1931年9月18日，日本发动震惊中外的“九·一八事变”，侵占了我国东北三省。钱伟长决定弃文从理，转学物理系，学习建造飞机大炮，为振兴国家军力做贡献。由于他的基础太差，底子太薄，物理系主任吴有训教授一开始是拒绝了钱伟长的转学要求的，后来被他的诚意所打动，答应让他试读一年。从此，钱伟长废寝忘食，用功苦读，一年后，数理化等理科成绩超过了70分，成功地迈入自然科学的大门。毕业时，钱伟长成为物理系中成绩最好的学生之一。

钱伟长先生的故事告诉我们：人的学习获取知识的潜力是无限的。只要功夫真，铁杵磨成针。世上无难事，只要肯登攀。钱伟长的精神也是一份宝贵的思想财富，供后人永远享用。

【知识拓展】

职业能力是人们从事其职业的多种能力的综合。一般而言，职业能力包括三种能力：一是素质能力（学习能力，社会适应能力，信息能力，表达能力，其他素质能力）；二是专业能力（知识转换能力，专业操作能力，技能提升能力）；三是核心能力（创新能力，团队协作能力）。职业能力可以定义为个体将所学的知识、技能和态度在特定的职业活动或情境中进行类化迁移与整合所形成的能完成一定职业任务的能力。职业能力主要包含三个基本要素：一是为了胜任一种具体职业而必须具备的能力，表现为任职资格；二是指人们在步入职场之后表现的职业素质；三是开始职业生涯之后具备的职业生涯管理能力。

【思考题】

如何发现自己的能力？温馨提示：

1. 请写下自己的成就故事。回忆自己过去曾取得的成就或者曾做过自认为比较成功的事情，可以是学习、艺术、体育、班级管理、社团活动、课外活动、社会兼职、社会实践动、家庭、旅游、爱好等。写出这些成功的经历，越详细越好。

2. 分析成就故事中体现出的能力，并详细罗列出来。

3. 请将以上成就故事中体现出来的能力依次进行分类，填到表 2-1 相应的空格内。

表 2-1 能力分类

我可以做得很好	只要努力 我可以做得好	我可以做 但不会做得太好	我实在做不好

第二节 职业能力培育

中国有句古话“隔行如隔山”，说的其实就是不同行业之间职业能力的差异性。在现代职场中，不同的岗位有不同的工作内容、工作任务、工作责任和职业能力要求、职业标准与职业规范。

【案例 2-2】

龙生九子，各司其职

有一个古老的传说，讲的是龙有九个儿子：老大力气大而且任劳任怨，特别喜欢背负重物，所以我们常常会看见它背上驮着一块石碑；老二的好奇心重，爱冒险，常蹲在险要地方四处眺望，所以我们在古代楼台亭阁的檐角看到的就是它；老三，贪吃贪喝，所以人们用它来装饰铜壶铜鼎的盖子；老四容貌很凶恶，又嗜杀好斗，所以就在刀环、剑柄上站岗；老五疾恶如仇，最憎恨犯罪的人，因此就在监狱门楣上把守着；老六闲着没事就喜欢放烟火玩，所以我们可以在香炉盖子的盖钮上找到它；老七最爱玩水，所以古人造桥的时候就会把他刻在石桥栏杆的顶端；老八性情温顺内向，特别反感别人进入它的巢穴，所以我们经常在大门的门钮上看到它；老九性子急，经不起别人碰，一碰就大吼大叫，所以人们就用它装饰大钟的钟钮了。

案例分析：当今社会，职场风起云涌，可谓八仙过海、各显神通。不同的职业需要不同的职业能力，因为龙之九子具备了不同的性格、兴趣爱好和能力，所以它们站在不同的职业岗位上，也算是职业兴趣成就了各自的职业能力，所以各取所好，各尽所能了。

一、不同类型职业对从业者的职业能力要求

（一）管理类职业要求

管理类职业包含公共管理、工商管理、金融管理、财政管理、外贸管理、行政管理等。从业者在文化素质上除了应具备专业共性以外，还要根据实际需要和管理科学的发展规律，很好地掌握党和国家的方针政策，掌握基本的法律知识。在知识结构中，管理理论和管理知识的要求占较大比例，此外，还应掌握一些心理学方面、语言技巧方面的知识，了解一些工商、税务、银行、海关等方面的管理知识。

（二）工程类职业要求

工程类职业要求从业者牢固掌握所学的专业知识，具有较新的现代专业理论知识，具备并能运用于实际工作中的技术知识和一定的管理知识。

（三）科研类职业要求

科研类职业包含基础理论研究、学科应用技术研究、信息情报研究等职业。该类职业要求从业者具有丰富、扎实的专业基础知识，掌握严谨的科学研究方法，并能够运用于实际研究中；要大量掌握本专业研究领域前沿信息，并能够应用到实际研究工作中。

（四）教育类职业要求

教育类职业包括大学教师、中小学教师以及各类职业教育教师、干部培训教师等。教师这类特殊职业决定了该类从业者应具备较高的文化素养，掌握历史唯物主义和辩证唯物主义的基础知识以及深厚扎实的专业知识，熟悉本专业最新研究成果及其发展趋势，了解本专业及与本专业相近的新兴边缘学科和交叉学科的情况，掌握教育科学的有关知识，包括教育学、教育心理学、教育史、教育法、教材教法等。

二、职业技能三分法

技能三分法把职业技能分成专业知识技能、可迁移技能（通用技能）和自我管理技能。

（一）专业知识技能

知识是人类历史经验的总结，从心理学角度来说，知识以思想内容的形式使人类掌握，个人所掌握的知识就是信息在头脑中的储存。专业知识技能就是你所掌握的理论知识和基本概念，一般用名词表示。这类技能常常与专业学习或工作内容直接相关，需要通过有意识、专门的培训获得，不能迁移。获得专业知识技能是我们走进新行业的第一步，对于求职而言，它决定了简历能否“入围”，它的重要性常常被求职者夸大。

许多大学生由于不喜欢自己的专业，在找工作时往往陷入两难：既不想把不喜欢的专业作为从事一生的职业，又担心应聘专业不对口的职业使得自己缺乏竞争力。在这种情况下，多数学生会通过专升本或考研来改换专业。事实上，专业知识技能并非只有通过正式的专业教育才能获得。除学校课程外，还可以通过课外培训、实习实训、专业会议、专题讲座或研讨会、资格认证考试、上岗培训、社会实践、技能竞赛、专业性社团活动等多种途径获得。此外，很多公司也为新员工提供相关上岗培训。

（二）可迁移技能

可迁移技能即个体所能胜任的活动，具体表现为一个人所能从事的工作内容，一般用动词表示。可迁移技能表现为跨学科、跨领域的技能，表现为可以通用、迁移。它们可以从生活中的方方面面特别是工作之外得到发展，可以迁移应用于不同的工作之中，也称为通用技能。它们不是通过记忆和背诵获得的，而是需要通过实践、练习获得的，如参与实践、归纳总结、观察学习、模仿体会、专业训练、实习培训、业余爱好等，专业知识技能的运用都是在可迁移技能基础之上的。它是求职成功的关键，也就是用人单位最为看重的部分，是我们一生安身立命之本。

（三）自我管理技能

自我管理技能即一个人在工作中所表现出来的特征和品质，一般用形容词或副词表示。良好的自我管理技能能够帮助个体更好地适应周围的环境、应对工作中出现的问题，也被称为“适应性技能”。它通常是通过认同、模仿、内化等途径获得的，如丰富的精神生活、榜样的力量、认同与练习、观念的多元化、社团活动、业余爱好、自我认知提高等。它有时候又被称为职业素养，是影响职业生涯成功与否的关键。它反映个人如何为人处世，涉及个体在不同的环境下如何管理自己：是勇于创新还是循规蹈矩，是认真还是敷衍了事，能否在压力下保持镇定，是否对工作有热情，是否自信，等等。它是个人最有价值的资产。

三、大学生职业能力培育路径

在一个人的职业生涯中，职业能力当中的学习能力和表达能力起着非常重要的作用。学习能力包括学习理念、学习习惯和学习方法，表达能力分为书面表达（写法）和口头表达（说法）。职业能力是大学生职业竞争力的核心，更是入职后行稳致远的关键。因此，大学生要明确职业发展方向，结合不断变化的经济社会需求，培养自身的职业能力。

（一）职业能力培养与专业学习相统一

课程作为人才培养的重要载体，是人才培养质量的支撑和保障。大学生首先应该学好专业课程，专业课程学得是否扎实，对大学生毕业后能否顺利走上工作岗位及长期发展影响较大。大学生掌握必备的专业知识和技能的同时，也要以社会需求为导向，掌握和提升职业岗位需要的相关技能。

（二）“第二课堂”和创新实践相融合

“第二课堂”是大学生根据自己的爱好、特长，在课堂学习之外自愿组织而形成的学习团体，在提升大学生与人合作、交流的能力，提升大学生的综合素质，帮助大学生更好、更快地适应社会等方面具有特殊意义。大学生应积极参与“第二课堂”活动，科学、有效地利用院系社团活动、技能竞赛、模拟职场、创新创业大赛等提升自身的综合素质及创新创业能力。

（三）社会实践和职业能力培养相协同

深化产教融合、校企合作也是党的二十大报告对新时代高等教育提出的重要要求。校企合作，即高校与企业积极配合，建立人才联合培养机制，实现协同育人，促使大学生将在学校所学的知识与在企业的实习锻炼结合起来，提高自身的综合素质，以更好地适应社会变化，成为符合社会需求的人才。

众所周知，在市场经济大潮中，一职定终身的年代已经成为过去时，在激烈的竞争态势下，职业转型、下岗再就业随时都有可能发生。随着产业结构的不断调整升级，新产品新设备的不断引进和更新换代，企业对熟练掌握高精尖设备操作技术、具有技术革新和创造力的高素质技能型人才和技术工人的要求越来越高，需求也越来越大。经济发展方式转变要求协同发展，以协同带动转变，提高劳动者的素质，进行管理创新。在这种形势下，如果一个人只掌握一门技术，其职业生命力就会很短，竞争能力非常低。当今科学技术革命的不断发展和知识的快速更新，使得劳动过程中科技含量和知识含量越来越高，生产工具和设备越来越先进。要想拥有一份理想的职业，就应当认真学好专业知识，养成良好的职业习惯，努力具备相关职业群对职业能力的要求。

【课堂活动】

撰写自我职业倾向分析报告

根据自我认知学习内容，参照以下题目内容，撰写自我职业倾向分析报告。

我的兴趣爱好有__________________，其中有可能成为职业兴趣的是__________________，我的职业兴趣主要类型是__________________，与兴趣相匹配的主要职业有__________________。

我的主要性格类型是__________________，与性格匹配的主要职业有__________________。

我擅长的技能是__________________。

综合以上内容，我的职业定位是__________________。

【学思融合】

党的二十大报告指出："教育、科技、人才是全面建设社会主义现代化国家的基础性、战略性支撑。必须坚持科技是第一生产力、人才是第一资源、创新是第一动力。"中共中央办公厅、国务院办公厅印发的《关于加强新时代高技能人才队伍建设的意见》提出到"十四五"时期末，技能人才占就业人员的比例要达到30%以上，高技能人才占技能人才的比例要达到1/3。力争到2035年，技能人才规模持续壮大、素质大幅提高，高技能人才的数量、结构与基本实现社会主义现代化的要求相适应。

青年强，则国家强。当代中国青年生逢其时，施展才能的舞台无比广阔，实现梦想的前景无比光明。新时代的中国社会经济持续稳固发展，更加需要大批性格坚毅、执着追求、积极创新的高素质劳动者和技术技能人才，因此激励广大青年走技能成才、技能报国之路是当下教育重中之重的任务。

【知识拓展】

职业核心能力

职业核心能力是指人们职业生涯中除岗位专业能力之外的基本能力，它适用于各种职业，适应岗位的不断变换，是伴随人终生的可持续发展能力。德国、澳大利亚、新加坡称之为"关键能力"；美国称之为"基本能力"，在全美测评协会的技能测评体系中被称为"软技能"；在我国大陆和台湾地区，有的称它为"关键能力"，我国香港特别行政区则称之为"基础技能""共同能力"等。1998年，原劳动和社会保障部在《国家技能振兴战略》中把职业核心能力分为八项，称为"八项核心能力"，包括交流、与人合作、解决问题、自我提高、信息处理、演算、创新、外语应用。

以上八项职业核心能力还可以分为职业社会能力和职业方法能力两类。职业社会能力是指与他人交往、合作、共同生活和工作的能力，它既是基本生存能力又是基本发展能力，是劳动者在职业活动特别是在一个开放的社会生活中必须具备的基本素质。职业社会能力包括交流、与人合作、解决问题、外语应用等能力。职业方法能力是指独立学习、获取新知识技能、处理信息的能力，是劳动者的基本发展能力，是在职业生涯中不断获取新的知识、信息、技能和掌握新方法的重要手段。职业方法能力包括自我提升、信息处理、演算、创新等能力。

【思考题】

1. 什么是职业技能三分法？
2. 什么是职业核心能力？

第三节　职业技能提升

知识是取得成就的基础，而职业能力却是取得成就的关键。如何提高职业能力是中国式现代化建设迫切需要解决的问题。职业能力的形成是提高职业竞争能力、增加就业机会、延续职业生命的根本保证，也是职业生涯中占据重要地位的一个发展因素。

【案例 2-3】

敢于挑战未知，善于抓住机遇

奉佑生，1979 年出生，湖南永州人，映客集团创办人、董事长兼首席执行官（CEO），北京蜜莱坞首席执行官、董事兼董事长，湖南省第十三届人民代表大会代表。1997 年 6 月毕业于湖南省化学工业学校化学技术专业，2017 年 7 月通过线上课程毕业于中国地质大学，获计算机应用科技大专学位。奉佑生在 2004 年加入 A8 音乐网，后创办多米音乐。2015 年 3 月决定做视频直播类产品，先后做了蜜 live 和映客。2016 年 8 月及 2016 年 10 月起担任 Next Entertainment Global Holding 及北京未来趣娱科技有限公司非执行董事。

2014 年，奉佑生意识到直播软件的巨大潜力，在多米音乐内部孵化出了第一个音频直播产品——蜜 live，这是一款服务于海外留学生的音频直播软件，大约有一百万的用户数。不过在奉佑生看来，一百万还远远谈不上用户量。他果断停止了蜜 live 的开发，着手做一个真正的全民生活视频直播软件——映客。2015 年 5 月，映客正式上线，“创业总要敢于挑战未知，我做了十多年音乐软件，也没有等来真正的付费音乐时代，是时候换个方向了。”在奉佑生决定全心全意做映客直播时，他拿到了老东家多米音乐 500 万元天使投资。2015 年 11 月，映客再次获得赛富基金领投、金沙江创投、紫辉创投跟投的数千万元的 A 轮投资。谈及为何投资映客时，紫辉创投创始合伙人郑刚透露称，在投资陌陌之后，自己就一直在寻找下一代社交产品，“我心目中的新一代社交一定是颠覆性的、有全新的沟通方式的，看到映客时，我断定直播就是我要找的东西。”

案例分析：奉佑生算是中国最早的一批程序员，那个时候 Windows95 都还没出，但因为对计算机感兴趣，一有机会他就钻进学校机房自学编程。任谁也想不到，毕业后，奉佑生回到湖南老家做了两年基层公务员，发现这并非自己想要的生活，力排众议后，他最终选择了离开。2000 年，他停薪留职前往广州，先做企业资源计划（ERP）系统开发，后又辗转到了 A8 音乐的前身华动飞天公司，一待就是十二年，先后做出了开心听和多米音乐。敢于挑战未知，善于抓住机遇，这是一名创业者需要具备的职业能力和职业素质。

一、夯实职业能力的知识基础

随着社会生产和生活中各个领域的知识含量、科技含量迅猛增长，没有理论基础和实践经验的人很难提高职业能力，更不可能找到理想的职业，也不会有职业竞争能力。要培养和提高职业能力，首要的是打好文化和专业知识基础，优化知识结构。

（一）激发兴趣，学会学习

首先，就专业学习而言，要把理论学习、专业实践和社会实际紧密结合起来，实现零距离的对接，让抽象的理论在专业实践和社会实际中变得具体、生动和形象，从而提高专业理论知识学习的兴趣。当然，有了求知的欲望，并不等于就能学有所成，会学才是学业成功的根本条件。所谓会学，就是在学习的过程中采用科学的方法与手段，不断提高学习质量和学习效率的学习方式。

（二）学以致用，终身自学

学习不单要记住学过的知识，还要理解学过的知识，更重要的是要学会运用学过的知识来分析问题和解决在实践中遇到的问题。在学习中，完整、科学、准确地掌握所学过的每门功课的基本概念和基本原理，是学会知识的首要条件。学会知识的基本要求是科学处理概念与原理之间、原理与原理之间的内在关系，分清主次，掌握知识结构。而科学地处理学科与学科之间、课程与课程之间、主课与副课之间的关系，把握好知识之间的交叉与整合关系，则是学会的重要体现。

二、知识结构力求合理

当今世界，各种知识浩瀚如烟海，各门学科交织渗透，科学技术的发展更是突飞猛进，日新月异。一个人百事皆通是不可能的。现代职业需要从业者拥有较高的知识程度，并能够根据社会的发展和所选职业的具体要求，将自己的知识科学地整合以形成合理的结构。

（一）扎实宽厚的基础知识

基础知识好比知识大树的根系，是知识结构的根基，是每个大学生的就业之本。万丈高楼平地起，无论选择何种职业，也不管未来朝着什么方向发展，都少不了扎实宽厚的基础知识来支撑。特别是现在，随着科技与经济的高速发展，社会产业、行业、职业结构的调整速度加快，人们择业、就业都不可能从一而终，职业岗位的变动状况不可避免。要适应变化，就必须依靠扎实的基础知识。同时，注重基础理论的学习还有助于培养科学的思维方式和良好的心理素质，而这些都是工作中必备的优秀品质，切不可一味注重专业知识的学习而忽视基础知识的学习。

（二）广博精深的专业知识

专业知识就像知识大树的主干，是知识结构的核心部分，也是专业人才知识结构的特色所在。专深博广、专博相济，已经成为当前社会对人才素质的重要要求。我们应对自己所要从事专业的知识和技术具有一定深度、一定范围的认识，有质和量的感知，对专业概念体系、理论体系、研究方法、学科的历史发展和现状、国内外最新信息等都有一定了解。同时，对专业相邻领域的知识也应有一定了解，善于将所学专业领域知识与其他相关知识领域联系起来。

（三）大量实用的新知识储备

现代各类职业要求从业者的知识“程度高、内容新、实用强”。“程度高”是指知识面宽、量大；“内容新”是指从业者的知识结构应反映当今科学技术发展状况；“实用强”是指从业者的知识在生产、管理、经营等工作中有很强的实用价值。

一般来说，建立合理知识结构，可以从以下三个方面入手：一是建立专业核心知识，主要通过参加课堂学习和专业学习，这是将来从事专业工作的理论基础；二是建立本专业的相关知识或边缘知识，这种知识的建立主要靠课堂之外的学习来完成，需要经常接触本学科的学术刊物、文献、相关理论文章或向专业人士请教，将本专业的知识前沿、边缘领域或与其他知识的交叉领域和掌握的基础知识相结合，需要不断接受新事物、新知识；三是建立个人专业以外的外延知识，如学理工科的人要掌握一些经济、文学写作方面的知识；学文科的人要懂得理工科方面的一些知识，加强逻辑性等。总之，要做到一专多能，这样才可以提高求职择业的成功率。

三、培养科学的思维方式

思维能力是人的能力结构的核心，是各种能力中最重要的一种能力。在知识创新、科技创新中，一个人的直觉思维、形象思维和体验能力起着关键性作用，思维能力的高低在一定程度上决定着一个人事业的成败。一个人的思维能力取决于他的智力水平，但在更大程度上取决于他的思维方式。

一般而言，科学的思维应是广阔而深刻、灵活而敏捷、独立而有批判性及理性化的思维。

（一）广阔而深刻的思维

广阔的思维一般表现为善于在不同知识领域和实践领域内完全地、创造性地思考问题，既考虑整体，又关注问题的主要部分；既注重问题的本身，又不忽视与此问题相关的其他因素。而深刻的思维，使人能够抓住问题的本质及其规律性，一般表现为善于思考问题，不满足于对问题的表面认识，善于分析事物的现象与本质、主要与次要、根本与枝节。只有广阔与深刻相结合的思维，才能使人做到全面而深刻的思考，也才能得到完整而准确的结论。

（二）灵活而敏捷的思维

灵活的思维即通常所说的“机智”，一般表现为思维活动依据客观情况的变化而变化，不拘泥于一种方式。这种变化反映了主体在客观情况变化后的主动性、及时性和恰当性，而不是从主观意图出发的随意性。思维的灵活性与思维的敏捷性往往联系在一起，合称思维“灵敏性”。思维灵敏性的最大好处是能够以最快的速度达到最正确的认识。

（三）独立而有批判性的思维

独立的思维就是对各种问题有独立见解，表现为善于提出问题和解决问题，不盲从、不依赖；批判性的思维是一种求异性，在思维的过程中，思维的独立性和批判性也是相互关联的，一个能够独立思考问题的人才会冷静思考问题，独立性和批判性思维是人们进行创造活动的必要前提。

（四）理性化的思维

人类科学文化知识是经过漫长的历史时期由先人反复进行理性思维后，经过归纳、概括、总结而创造的，具有理性思维的人，在现实中表现为考虑问题严密，能调动所有的思维因素，充分利用已有知识储备，深思熟虑，精心推敲，力求结局完美；做事依理而行，以理服人，不轻信和盲从；抽象思维能力强，善于总结，能抓住事物的内在本质。

但是，科学思维方式不是心血来潮的灵感，要掌握正确的思维方式，就要注重科学思维方式的培养。一是需要加强哲学的学习，理性思维其实就是哲学思维；二是需要积累丰富的知识，一个人如果只掌握了较好的思维方式和理性思维的规律，却缺乏丰富的科学文化知识和有益的实践经验作为思维的基础，是不可能有科学思维结果和有效解决问题的办法的；三是需要养成独立思考问题的习惯，善于独立思考的关键在于静下来深思，多思、善问、博学、勤于钻研；四是需要不断调整自己的思维方式，总结思维方式上的经验教训，这是培养科学思维方式的一个重要方面；五是需要提升艺术修养，艺术思维和科学思维是智能之源和创新之路，科学需要艺术，艺术也需要科学。

四、在职业实践中提高职业能力

职业能力的最终形成与不断提高，既不在课堂上，也不在书本里，它只能在职业实践中。因此，要做到以下方面。

（一）注重实践，热爱实践

应试教育的大环境下，人往往容易陷入重教育、轻实践，重分数、轻能力的误区。改革开放以来，我国经济不断发展，高素质技能型人才紧缺，高校扩招后应试教育培养出来的大学生就业矛盾日益突出，能力素质教育成为必然的教育发展趋势，尤其是职业教育需要加大实践力度。延长实践时间，增加实践内容，已经成为提升职业能力的根本途径。

（二）勇于实践，甘于奉献

实践并非一帆风顺，人在实践中会遭遇到各种坎坷与困难。实践要流汗、流泪甚至流血；实践要准备吃苦、要甘于奉献。实践是获取知识的源泉，也是获得职业能力的源泉。实践需要勇气，还需要乐于奉献的牺牲精神，要在实践中虚心学习别人的长处，敢于面对现实，不逃避，认真总结实践中的经验和教训。

（三）挖掘潜力，增强能力

潜能是蕴藏在人们身心深处未被发现并开发利用的潜在能力，它是一个人职业能力形成的重要因素。发现潜能是挖掘潜能的前提，一个人的潜能不是表面现象，它是隐藏在深处的能力和素质，不经过实践是难以发现并显现出来的，对于在应试教育大环境下成长起来的青年学生来说更是如此。要想取得职业成功，最大限度实现自我职业理想和职业价值，认清自我很重要。需要多实践，勤思考；发现潜能以后要有效挖掘利用，这是提高自身职业能力的保障。要把握时机，鼓足勇气，准备克服各种艰难险阻，选择之后就坚持不懈走下去，最终走向成功的彼岸。

五、在与时俱进中培育职业行动能力

职业行动能力培育，应从目标精准导向出发，强化适切意识；从关注个体发展出发，强化主体意识；从跨界培养模式出发，强化协作意识；从增强适应能力出发，强化自励意识；从注重文化融入出发，强化生态意识。

（一）职业行动能力培育的适切意识

增强职业教育的适应性，落实到人才培养中，体现为学生职业行动能力培育的适切性。这既是办好高质量职业教育的基本标志，也是学生职业行动能力培育的根本要求。社会上之所以存在“一方面大学生找不到合适的岗位，另一方面用人单位又找不到合适人才”的现象，说到底就是因为人才供给结构与岗位需求结构不匹配。增强职业教育的适应性，一方面表现为职业教育所培养的人才与经济社会发展需要具有适切性；另一方面要充分考虑人的全面发展需要和全民终身学习需要，在更大场景和更深层面实现学生职业行动能力培育的适切性。

（二）职业行动能力培育的主体意识

一方面，个体之间的差异性和社会职业的多样性，使我们每个人不可能适应社会上的每一种职业。另一方面，在某一个特定时期，各种职业和对职业岗位的任职要求往往相对稳定，学生的个性特征在特定时期也会保持相对稳定，这正是学生个人与职业岗位可能匹配的重要前提。因而，就职者与职业岗位之间的“匹配”、就职者个性特征与职业性质之间的“匹配”，对学生个人和用人单位来说都很重要。

（三）职业行动能力培育的协作意识

全时空开放办学，有效构建职业行动能力跨界培养机制，是职业行动能力培育协作意识的具体实践。建立由政府牵头的“产政学”深度融合体制，通过政府政策给力、企业资源助力、学校培养出力，可以促进各方在有效构建学生职业行动能力跨界培养机制中形成合力。

（四）职业行动能力培育的自励意识

自励是持续行动的动力源。职业行动能力培育，需要从提升大学生自主学习和自我管理的能力着手。“互联网+”时代，学生获取知识和技术的途径越来越多，思维的空间在不断扩大，合理运用信息网络技术进行自主学习、自我发展，成了提升大学生职业行动能力的重要抓手之一。

（五）职业行动能力培育的生态意识

文化生态建设是现代职业教育发展的重要内容，而德行培养又是文化生态建设的首要目标。构建职业行动能力培育的文化生态，并不是对技术技能人才培养可有可无的补充，而是完善高素质人才培养体系的重要基础。同时，构建职业行动能力培育的文化生态，打造有品位的职业教育，也是现代职业教育发展成熟的标志。

【学思融合】

如何提升大学生职业胜任力?

职业胜任力包括个人多层面、多元化的能力，包括可以通过后期培养提升、可以量化的专业知识、专业技能，潜移默化中形成的、难以量化的创新能力、沟通协调能力等综合能力，以及与从事的岗位对应的责任心、领导能力等。第一、第二、第三课堂的平台，以及专业教师、校友、辅导员、企业等可以共同帮助我们提升个人职业胜任力。

第一课堂：理论与实践并重，提升岗位胜任力。第一课堂就是我们最熟悉的专业课程教学。在第一课堂中，同学们将最直接地学习到专业知识、专业技能。不同于高中，大学的专业课程教学中不仅包含理论知识，而且包含实践部分，同学们需要根据教师的引导及课程作业的安排进行岗位胜任力的提升。同时，良好的自学能力是进入大学乃至进入职场后必备的能力，中国大学 MOOC（慕课）网等提供的丰富的网上课程资源可以帮助我们实现自主学习，增强个人素质。

第二课堂：赛教融合项目推动，提升核心胜任力。第二课堂是校园内、课堂外培养我们的综合能力的活动及场所。我们可以根据自己的兴趣、特长和发展方向选择参加工作坊，在工作坊中，校企共建学研共同体，同学们可以开展线上自主研学和线下项目实践，践行“做中学、学中做，做中研、研中创”。不要仅仅把第二课堂中的学习理解为专业知识与技能的提升，第二课堂中的学习还能较好地提升我们的团队合作能力、沟通协调能力等，激发我们的创新意识，提升我们的核心胜任力。

第三课堂：产教融合走进企业，提升角色胜任力。第三课堂就是走出校园，走向企业、社会而进行的与专业相关的实习实践。提升角色胜任力最直接的方式就是进入真实的职场环境，直观了解工作岗位的能力需求、工作内容。在实习实践的过程中，同学们可以根据全面观察、亲身体验来了解目标岗位，有效提升自身的专业知识、技能水平，快速适应职场角色，提升个人的团队协作能力和抗压能力、解决问题的能力等。

【知识拓展】

党的二十大报告强调实施人才强国战略，其内涵更丰富，更具有新时代特色。报告非常明确地把大国工匠和高技能人才作为人才强国战略的重要组成部分。技能人才，特别是高技能人才已成为中国式现代化建设的刚性需求。加快建设国家战略人才力量，既要努力培养更多“大师、战略科学家、一流科技领军人才和创新团队，青年科技人才”，也要努力造就更多“卓越工程师、大国工匠、高技能人才”。

长期以来，我国制造业体量巨大但缺乏核心技术，长期处于产业链条的末端。为此，我国近年来大力推进传统制造业转型升级，但却面临“设备易得、技工难求”的尴尬局面。目前，我国职业培训发展迅猛，既能突出重点群体，如大力实施高校毕业生技能就业行动、开展以提升农民工职业技能为目的的“春潮行动”，又能统筹兼顾，着力提升培训的针对性和有效性，逐步构建面向全体劳动者的职业培训体系，为促进就业创业做出了积极贡献。

【课堂活动】

自信度测试

下面 12 道题目是为测试你的自信度而设的，请以“是”或“否”认真、诚实作答。

1. 我觉得自己有不少优点。（　　）
2. 我喜欢在课堂上回答问题。（　　）
3. 与陌生人相处，我很少局促不安。（　　）

4. 我的小伙伴很喜欢和我一起玩。（　　）
5. 无论学什么，我觉得自己经过努力，一定能学会。（　　）
6. 我常常对自己的表现很满意。（　　）
7. 我比较容易成为别人的好朋友。（　　）
8. 我知道有些人不太喜欢我，但我并不为此而担忧。（　　）
9. 每次坐在考场上，我总是信心十足。（　　）
10. 如果我做了件傻事，我会同在场的那些人一起大笑，不觉得有多难堪。（　　）
11. 我心里觉得我会成为一个很棒的人。（　　）
12. 尽管我还有不少毛病，但我肯定能改掉。（　　）

测评结果：

如果你的答案有9个或9个以上是“是”，祝贺你，你的自信心会帮助你走向成功。

如果你的答案有5~8个是“是”，说明你比较自信，不过有时候不自信的感觉也会置出真棉乱

如果你的答案只有4个或4个以下是“是”，这可不太妙，不过，情况不会更糟的，因为你一定会马上提出一个扭转局面的问题——怎样才能变得自信？

【思考题】

1. 本专业所需要的职业能力有哪些？
2. 你所学的专业将来可以从事哪些职业？

第三章 大学生职业道德

学习要点

1. 掌握职业道德的概念与分类
2. 了解社会主义职业道德的特点、功能及分类
3. 理解大学生职业道德培育的重要性

职业道德既是对本行业人员在职业活动中的行为要求，又是本行业对社会所承担的道德责任和义务。由于职业不同，在特定的职业活动中便形成了各自特殊的职业关系、职业利益和职业义务，以及特殊的职业活动范围和职业活动方式，从而也形成了特殊的职业行为规范和职业道德要求。

第一节 职业道德概述

一、职业道德的概念与内涵

（一）职业道德的概念

职业道德是指在一定职业活动中应遵循的、具有自身职业特征的道德准则和行为规范，是在职业范围内长期形成的比较稳定的道德观念、行为规范和习俗的总和。

（二）职业道德的内涵

职业道德一般包含两个方面的内容。一方面是“知”的内容，即职业道德意识。它包括职业道德观念、原则、规范、意志、情感等。另一方面是“行”的内容，即职业道德活动。它包括个人职业道德素质、职业道德行为和职业道德评价、职业道德教育等。孔子曾经说过：“民无信则不立。”诚实守信是职业道德的根本，是为人处世、成就事业的根本。同时，职业道德又是“知”与“行”的有机统一，两个方面密切联系、互相影响。要形成良好的职业道德素质，必须从“知”与“行”两个方面同时努力，这是职业道德建设的一般规律。

二、职业道德的特点

（一）规范的行业性

职业道德与人们的职业活动紧密联系在一起，各种职业的从业方式、从业内

容和从业要求不尽相同，其所规范的每一种行业的从业人员的职业行为，不具有全社会普遍适用性，只适用于本行业。比如，医有医德，师有师德，从商要讲商德，从事艺术工作要有艺德，不同的行业有不同的职业道德。所以，职业道德具有不同的行业特点。

(二) 形式的明确性

各种职业道德规范一般都采用简洁明了的形式来予以体现，如规章制度、工作守则、奖惩条例、服务公约、注意事项、礼仪规范、统一口号、统一标识等，具有很强的针对性，而且通俗易懂、朗朗上口、易于领会、便于操作。比如，教师职业的"教书育人""传道、受业、解惑"；医疗职业的"救死扶伤、治病救人"；消防部队的"火警就是命令"；服务行业的"童叟无欺""顾客就是上帝"；等等。这些规范几乎达到了人人皆知的程度，不仅本行业的人能够记住并作为履职的标准，社会上的人也普遍知晓，便于监督。

(三) 种类的多样性

社会上的职业是多种多样的，并且随着社会的发展，社会分工越来越细，职业种类也越来越多，有一种职业就有一种职业道德，尽管相关职业之间难免有类似或雷同之处，但是必定有其特色所在，因为职业道德是与职业相联系的。目前我国有近两千种职业，随着社会的发展和社会分工的必然，还会产生更多的职业，相应地就会形成更多的职业道德，所以职业道德具有多样性。

(四) 形成的实践性

职业道德在长期的职业实践过程中逐渐形成，渗透在职业实践活动中。职业道德行为的养成离不开职业实践，因为只有在职业实践中才能熟悉职业、体验职业，明确社会对从业人员的职业道德要求，才能把职业道德认识转变为职业道德行为。社会在变化，职业道德也随之变化。

(五) 作用的约束性

职业道德的产生本质上主要是用来约束从事本行业的人员，以调整本职业集团内部的相互关系的，而且要协调与社会各方面的关系，因此职业道德对于本职业人员具有一定的约束性。

三、职业道德的作用

(一) 维护社会正常运转秩序

职业是社会化分工的结果，人们不可能自己把一切事情都做了，只能做其中的一小部分工作。如果大家把自己从事的那部分工作做好，社会的运转就会正常，效率就会提高。如果各行各业都能严格遵守职业道德，那么整个社会风气就会很好，人与人之间、人与社会之间、人与自然之间就会和谐相处，构建出一个和谐社会。

然而，市场经济条件下，在追求利益最大化这一观念指导下，在监督机制尚欠完善的情况下，有些单位、有些人为了获取更多的金钱和利益，就会不择手段，各种违背职业道德甚至违法犯罪的行为就屡见不鲜，坑蒙拐骗、假冒伪劣、以次充好、短斤少两、污染环境的现象不断发生，使社会经济不能良性运行，无法健康有序地发展。

（二）维护各行业和各单位信誉与形象

一个行业、一个单位的形象和信誉主要靠它的产品质量和服务质量，而从业人员的职业道德是其产品质量和服务质量的重要保证。如果从事生产的人职业道德不高，生产的产品质量不高，销售人员又以次充好推销出去，消费者权益就会受到侵害，反过来也会影响到这个单位、这个行业的信誉和形象。

可以说，哪个行业、哪个单位的员工职业道德素质高，哪个单位在人们心目中的信誉就好，形象就高大。在社会主义市场经济条件下，行业竞争日益激烈，企业之间的竞争在很大程度上来说就是对消费者的竞争。如果某企业人员职业道德高尚，那它的产品和服务就会赢得更多消费者的青睐，其事业也就会不断发展壮大。

（三）规范调节职业交往中的各种关系

职业道德具有一定的调节功能，主要体现在两个方面。一方面，职业道德可以约束职业内部人员的行为，调节从业人员内部的关系，促进职业内部人员的团结和协作。比如，职业道德要求人们团结互助、敬业爱岗、齐心协力，假设每个员工都能遵守职业道德，那么他们之间的关系就会和谐友好。另一方面，职业道德可以调节从业人员与服务对象之间的关系。比如，医生要对患者负责，教师要对学生负责，司机要对乘客负责，等等。

（四）促进全社会的道德水平提高

一个国家的大部分人口是从事各行各业的职业人员，如果这些从业人员都自觉遵守和维护职业道德，那么整个社会的道德水平就会很高，因为职业道德是社会道德的重要组成部分。一个人的职业道德和他的社会公德、家庭美德是密切联系的，一个人的职业道德水平和状况就是他的职业道德素质，而职业道德素质又是公民素质的主要内容。所以，要提高全社会的道德水平和公民素质，就要努力提高所有从业人员的职业道德水平。

【学思融合】

《新时代公民道德建设实施纲要》要求，推动践行以爱岗敬业、诚实守信、办事公道、热情服务、奉献社会为主要内容的职业道德。工匠精神与职业道德有各自特定的内涵，关注点也各有侧重，但二者在价值追求、规范要求以及作用功能方面有着内在的一致性、相融性与互促性。新时代应注重将职业道德教育与工匠精神培育相结合，推动高素质高技术技能人才培养。

【知识拓展】

2016年十大流行语之一工匠精神

2016年12月14日，语言文字规范类刊物《咬文嚼字》公布2016年十大流行语，“工匠精神”入选。

“工匠精神”本指手艺工人对产品精雕细琢、追求极致的理念，即对生产的每道工序、产品的每个细节都精益求精，力求完美。工匠精神是一种职业精神，它是职业道德、职业能力和职业素质的体现，也是从业者的一种职业价值取向和行为，包含奉献、精益、专注、创新等。

2016年《政府工作报告》指出，鼓励企业开展个性化定制、柔性化生产，培育精益求精的“工匠精神”。“工匠精神”一词迅速流行开来，成为制造行业的热词。随后，各行各业都开始提倡“工匠精神”。于是，这个词的使用范围扩展，任何行业、任何人“精益求精，力求完美”的精神都可称为“工匠精神”。

2021年9月，党中央批准了中央宣传部梳理的第一批纳入中国共产党人精神谱系的伟大精神，工匠精神被纳入。

【课堂活动】

一起走进3·15

主题：走进“3·15国际消费者权益日”。

目标：通过了解“3·15”，认识产品质量与每一位消费者都是息息相关的。

建议时间：40分钟。

活动准备：

(1) 知识准备：学生收集“3·15”质量万里行的相关资料。

(2) 教具准备：案例材料、多媒体设备。

活动步骤：

步骤一：收集和活动准备。课前每位学生至少收集3个产品质量侵害消费者权益的案例。

步骤二：个人展示。学生逐一展示案例，从消费者的角度分析质量的重要性。

步骤三：小组讨论。学生分成小组，讨论分析案例的起因及危害，总结产品质量对人们生活的重要性。

步骤四：教师总结。教师针对讨论结果进行分析、反馈、给予评价。

总结评价：如何理解质量是企业发展的生命线？

【思考题】

1. 结合本专业分析，如果从事本专业相关职业，那么应该遵循的基本职业道德有哪些？

2. 你认为职业道德与工匠精神之间的关系是怎样的？

第二节　社会主义职业道德

一、社会主义职业道德的核心与基本原则

《中共中央关于加强社会主义道德建设若干问题的决议》和《公民道德建设纲要》中指出："为人民服务是社会主义道德建设的核心，集体主义是社会主义道德建设的原则"。

（一）为人民服务是社会主义道德建设的核心

为人民服务就是一切对人民负责，一切从人民利益出发，为人民的事业而努力工作，不断满足人民群众日益增长的物质和文化需要。为人民服务是社会主义职业道德的核心和灵魂。人民是历史的创造者，也是物质财富和精神财富的创造者，人民是国家的主人，有权享受优质的服务。在社会主义市场经济条件下，人与人之间的关系呈现出依赖性增强的态势，每一个人在为他人服务的同时，也在享受着他人的服务，几乎可以说，离开他人的劳动就无法生存下去，正所谓"人人为我，我为人人"。在社会主义社会里，只有社会分工的不同，没有什么高低贵贱之分，只要是合法的职业，无论薪酬高低，也无论是动脑还是动手的职业，都是为人民服务的岗位，都应当在各自的工作岗位上尽职尽责，全心全意为人民服务。

（二）集体主义是社会主义职业道德的基本原则

集体是指由许多单个的人按照一定关系或结构组成的社会群体，既可以指小的社会群体（如家庭、单位、社区），也可以指大的社会群体（如民族、国家、社会）。在社会主义社会，个人、集体与国家的利益是一致的，社会主义职业道德的基本原则是集体主义。集体主义是一种先公后私、公私兼顾的思想，是坚持集体利益高于个人利益、兼顾集体利益与个人利益的价值观念和行为准则。在贯彻集体主义道德原则时，要注意以下几个方面。

1. 正确处理好集体利益与个人利益的关系

俗话说："大河有水小河满，大河无水小河干。"离开了国家、集体的利益，个人利益就成了无源之水、无本之木，集体利益是个人利益的基础和源泉。雷锋日记里面有两段话，生动形象地说明了个人与集体以及个人利益与集体利益的辩证关系。他说，"一滴水只有放进大海里才永远不会干涸，一个人只有当他把自己

和集体事业融合在一起的时候才能最有力量”。他还说，“一个人的作用对于革命事业来说，就如一架机器上的一颗螺丝钉。机器由于有许许多多螺丝钉的连接和固定，才成为一个坚实的整体，才能运转自如，发挥它巨大的工作能力。螺丝钉虽小，其作用是不可估量的”。

2. 防止和反对两种错误倾向

要防止和反对两种错误倾向：一是片面强调所谓集体利益与长远利益，而忽视、抹杀甚至否认个人利益；二是以尊重个人利益为借口，为谋取不正当的私利而不惜损害他人利益和集体利益。国家、集体利益应高于个人利益，当个人利益和国家、集体利益发生矛盾时，个人利益要服从国家、集体利益，甚至在必要时不惜牺牲个人利益。当然，国家、集体也应充分尊重和维护个人的正当利益，最大限度地发挥个人才能，实现个体的人生价值。集体都是由个人组成的，只有充分调动和发挥个人的积极性、主动性和创造性，才能使集体和国家更强大。因为社会的进步、集体的发展才能够为个人的发展创造条件，提供平台。也就是说，国家富强了、集体壮大了，人民的物质和文化生活水平就会不断得到提高。

3. 正确区分正当个人利益与不正当个人利益

正当的个人利益是指遵纪守法、依靠诚实劳动，在不损害他人利益和集体利益的前提下所获得的个人利益。而不正当的个人利益则是指依靠非法手段，损害他人利益和社会利益而获得的个人利益，如损公肥私、坑蒙拐骗、贪污盗窃而取得的个人利益。

4. 防止个人主义和小集团主义

个人主义是指一切从个人出发，把个人利益放在集体利益之上，只顾自己，不顾别人的自私自利的错误思想。小集团主义打着“为集体”的幌子，实际上只顾小团体、小单位甚至一小部分人的局部利益和暂时利益，不顾甚至损害国家、集体的整体利益和长远利益。小集团主义只不过是扩大了的个人主义，与集体主义没有共同之处。

二、社会主义职业道德基本规范

《公民道德建设实施纲要》对职业道德基本规范做出了明确的规定，包括爱岗敬业、诚实守信、办事公道、服务群众、奉献社会。

（一）爱岗敬业

爱岗即热爱自己的工作岗位，热爱所从事的职业；敬业就是敬重自己的职业，勤勤恳恳、专心致志、兢兢业业、一丝不苟，严肃、认真、负责、恭敬地对待自己的工作。爱岗敬业是为人民服务和集体主义精神的具体表现，是社会主义职业道德一切基本规范的基础，是职业道德的首要内容，也是人们对待工作应有的态度。

首先，要树立正确的职业观，克服职业偏见。尽管人人都希望从事社会声望较高的职业，但是社会分工和个人的学识、能力、机遇和成长背景决定了不可能每个人都能够从事自己理想的职业。社会分工决定了任何一种职业都是被社会所需要，没有高低贵贱之分，要做到干一行爱一行。一个人的社会成就、社会声誉，并不取决于他从事的是什么职业，只要热爱本职工作并做出成绩来，为社会努力做出贡献，就会得到人们的肯定和赞扬，得到社会的承认和尊重。随着城市化进程的加快和国际金融危机的出现，我国劳动力供过于求，就业压力非常大，面对残酷的社会现实，尚未拥有较丰富的工作经验的大学毕业生一旦拥有了工作机会，尤其是与自己的个人兴趣和所学专业相近、相关的工作，一定要珍惜，要爱岗敬业、忠于职守，否则，就会失去来之不易的工作。

其次，要正确处理职业兴趣与现实工作的关系。目前我国用人制度是“双向选择”，人们可以根据自己的专业、特长、兴趣和爱好来选择职业，用人单位根据需要来选择劳动者。能够从事自己喜欢的职业，那是最理想的，但是现实与理想也会有矛盾，很多人从事的不一定是自己感兴趣的职业。即使如此，也应该理智地树立职业观念，服从工作需要，努力培养自己的工作兴趣，尽可能地做到爱岗敬业。

最后，要努力做到忠于职守、业务纯熟。忠于职守是每一个从业者对自己所从事工作必须尽到的义务，只要在工作岗位上一天，就要明确自己的岗位职责，即使与自己的个人利益出现矛盾，也要首先保证任务的完成。在工作岗位上一天，就应当刻苦勤奋地学习和实践，努力提高自己的工作能力。三百六十行，行行出状元，只要真正爱岗敬业、勤奋努力，不断钻研业务知识，就会成为行家里手，使自己出类拔萃。

（二）诚实守信

诚实守信是为人处事的基本原则，也是市场经济的法则。诚实守信简称“诚信”，是言而有信的意思。诚实就是真诚老实，不虚假、不欺诈，认真履行自己所承担的义务；守信就是遵守承诺，讲究信用，注重质量和信誉。人们无论在社会交往中还是职业活动中，都应该遵守诚实守信的道德规范。一个人、一个单位，只有长期坚持诚实守信、不弄虚作假欺骗他人，才会有信誉，才能得到人们的信任。

信誉的建立来之不易，毁去却是非常容易的。有时候一件小事就会改变人们的看法和信任。“三杯吐然诺，五岳倒为轻。”李白的这句诗，言简意赅地说明承诺的分量比大山还重。如果只是过多地考虑一时之利，总有一天将失去立身之本。而恪守应有的职业道德，却会得到社会的广泛认可和信赖及尊重。

“一诺千金”“一言九鼎”“君子一言，驷马难追”，这些都是用来告诫人们要言行一致、说话算数的格言。社会主义市场经济体制下，更要营造“守信获益、失信失利”的信用氛围，这一靠自律，二靠他律。自律就是要树立诚实守信为荣、见利忘义为耻的道德观，严格按合同办事，树立“质量第一”的观念，同时做到言行一致，兑现承诺。他律就是要建立适合社会主义市场经济的信用体系，用完善的法律、严格的制度来规范各种信用关系；建立与社会主义相适应的道德标准，加强诚实守信的道德教育，强化信用意识。

（三）办事公道

办事公道是在爱岗敬业、诚实守信的基础上提出的一个更高层次的职业道德基本要求。它是指从业人员在处理问题时，要站在公正的立场上，按照同一标准和同一原则办事的职业道德规范，办事公道需要一定的修养基础。不正则不畅，不公则人心倾斜，原则不持则是非难辨，信任殆尽。人们生活在世界上，都要与人打交道，都要处理各种关系，这就存在办事是否公道的问题，每个从业人员都会面临这一问题。例如，服务行业所说的“童叟无欺”，医生提倡“医者父母心”，等等。对领导者来说，谁办事公道，谁的威信就高，号召力就大，群众的积极性就高。对普通从业人员来说，办事公道能够促进彼此信任，加强协作，保证企业运行的各个环节紧密衔接。办事公道是企业高效运转的重要条件，也是抵制行业不正之风的重要内容，是职业劳动者应有的品质。加强职业道德建设，必须将办事公道的职业规范植入每个从业人员的头脑中，使之努力做到：坚持原则，秉公办事；廉洁奉公，不徇私情；平等待人，照章办事。尽力克服和杜绝办事不公道的现象，不以权谋私，不以业寄生，不徇情办事。

（四）服务群众

在社会主义社会，服务是每个劳动者的责任与义务，是一切职业行为的要求。无论从事何种职业、身处什么岗位，都要为广大群众竭诚服务。“服务群众”的历史意义在于它把服务的权利归还于人民，使服务具有普遍性、平等性，使其道德内涵真正得到了发扬。服务者和被服务者在地位上是平等的，服务的过程是相互尊重的。尽管能力有大小，职位有高低，但是都有为人民服务的共同意愿。在这个意愿要求下，服务的质量和水平才是衡量具体职业劳动者为社会提供有效劳动的尺度。

“服务群众”作为职业行为的本质是存在不同层次要求的。有些要求必须做到，做不到的要受到相应的惩罚，这类义务叫“强制性义务”。在职业场所，从业者最基本的强制性义务包括：一是要发挥本职业和岗位职能，如是教师就要按教学安排给学生上课或辅导，机关工作人员就要为前来办事的人提供相应服务，等等。二是要熟悉并严格遵守所从事职业的规则，依照岗位程序办事并承担职责范围内的后果。比如，岗位工人要严格遵守安全条例，如果心存侥幸带电作业，就破坏了职业行为的基本义务，就要承担相应后果，对于工作失误造成的损失要给予补偿等。三是努力做到本岗位之间、本行业之间以及与其他行业之间的有序合作，乘人之需或乘人之危行胁迫之举就有悖于职业义务。任何一个正当职业都是服务群众的岗位，每一个从业者只要在自己的工作岗位上全心全意为人民服务，就是在为社会做贡献，就能实现自我的人生价值。

（五）奉献社会

奉献社会就是自觉自愿把自己的知识、才能、智慧等毫无保留地贡献给社会、人民，有热心为社会服务的责任感，为人民、为社会、为国家做出实实在在的贡献。这是职业道德的最高境界，是社会主义职业道德的最高要求，是为人民服务和集体主义精神的最好体现。

无论是从事什么工作的劳动者，只要在兢兢业业、努力工作，就是在为他人做贡献，就是在为社会做贡献。一切从有益于他人、有益于社会公众、有益于民族和国家的角度出发，不计名利得失、不求索取，只讲奉献，就体现出一种无私奉献的崇高精神，这是每一个从业者应该努力追求的最高目标。

三、行业职业道德规范

人在一生中可能更换几种工作，无论在什么工作岗位，都应当先学习该行业该岗位的具体职业道德规范，才能做好本职工作。俗话说：国有国法，行有行规。这个行规其实就是这一行业的职业道德规范，是职业道德基本规范在某一行业的具体化。行业职业道德规范具有本行业的工作特点，对该行业的从业人员来说具有可操作性，有助于从业者在职业活动中遵从和实践，有利于他们按照本行业道德规范来严格要求自己，成为本行业合格的职业劳动者。

以下是几种具体行业职业道德规范及特点。

（一）生产企业员工职业道德规范及特点

社会绝大多数物质财富的生产是由生产企业来承担的，能否生产出满足人民大众日益增长的物质文化生活需求的品种齐全、质量合格的产品，关系到整个国民经济的发展和社会大局的稳定，而高质量产品的生产又直接取决于生产企业员工的业务素质和职业道德素质。

生产企业员工职业道德规范的特点是：质量第一，精益求精；遵章守纪，服从调度；钻研技术，提高技能；艰苦创业，节约资源。

（二）商业工作者职业道德规范及特点

商业是连接生产与消费的桥梁，属于流通领域。在社会主义市场经济体制下，各个生产企业生产的绝大部分商品要通过商业部门这个中转站。通过商业工作者的服务，商品交换得到实现，满足人们各种不同的生产和生活消费。商业既是国民经济重要的中介部门，又是重要的社会服务窗口行业。

商业工作者职业道德规范的特点是：公平买卖，童叟无欺；文明经商，待客礼貌；提高技能，精益求精；服务热情，周到细致。

（三）财务工作者职业道德规范及特点

财务工作是依据一定的会计法规，通过记账、算账、报账对各单位的经济活动或财务收支进行连续、系统和综合的会计核算；提供加强管理、正确决策和高效管理所必需的会计信息和经济数据；对经济活动的过程和结果实行事先、事中和事后相结合的会计监督，使经济活动全过程正常进行。

财务工作者职业道德规范的特点是：奉公守法，廉洁自律；诚信为本，不做假账；科学理财，讲求效益；当好参谋，严格监督。

（四）公务员职业道德规范及特点

公务员是执掌国家行政权力的行政人员，不仅要以忠于国家和人民为己任，自觉维护国家的声誉和人民的利益，还要坚定不移地执行党的路线、方针和政策。

公务员职业道德规范的特点是：忠于祖国，热爱人民；文明礼貌、公道正派；实事求是，清正廉洁；勤俭节约，勤政爱民。

（五）医务工作者职业道德规范及特点

医务工作者从事的工作是维护人的生命和为人类健康服务，医务人员的职责和义务、医术、态度直接关系到人民群众的生命安危。

医务工作者职业道德规范的特点是：防病治病，救死扶伤；举止文雅，端庄可亲；治病救人，一视同仁；钻研医术，尊重病人。

【案例 3-1】

为人民服务还是只为“人民币”服务

2005 年 3 月 31 日的《工人日报》曾刊登过一篇题为《良心的处方》的文章。一位姓王的医学硕士研究生，毕业后到一家公立医院上班。当时医院有一条内部规定，就是医生的工资、奖金要与自己的业务量挂钩。也就是说，每一位医生所开出处方的多少、患者购买药物和所做辅助检查的费用都会直接影响医生当月的收入。在这种机制的鼓舞下，许多医生不论患者病情是否严重，都会开出全面检查的处方，让患者到各个辅助科室走一趟，做一些原本可能并不需要的这样、那样的化验和检查，并且在开处方的时候尽量开多一点、贵一点的药。

刚开始时，王医生没有感觉到有何不妥，也是这样做的。但是有一天，一个穿着很破烂的农民模样的人走进诊室，随后发生的事情彻底改变了他的观点。王医生诊断后确定，这个人只是因卫生问题而患了常见的肠道寄生虫病。检查完之后，王医生正打算按照惯例开化验单，患者怯生生地问：“医生，我的病严重吗？要治得花多少钱？要是钱多的话，我就不治了。去年孩子他娘得了癌症，治了一年多没有治好，最后还是死了，欠的债到现在还没有还清。不能因为我，让俩孩子这辈子也翻不了身呐!”他嗫嚅着，眼泪顺着那张干枯的脸簌簌地流了下来。面对那张满是皱纹的脸，那一刻，王医生羞愧不已。从那时起，他发誓再也不开“泡沫处方”了。最初几个月，他甚至拿不到别人收入的四分之一。可是一年以后，通过老病人介绍新病人，王医生渐渐有了一批自己固定的病人，许多病人一进医院就点名要找王医生。他体会到了受人信赖和尊重的感觉，这不是金钱能够买得到的。

后来，为了不再继续做特定体制下的异类，王医生辞职，开了一家自己的小诊所。在最初艰难的日子里，许多原来的病人不惜辗转几十里路找他看病，这种深深的信任一次次鼓舞了他不畏艰难地支撑下来。后来，一位被他治好的病人看中他，投资为他建了一所市内第一家私人医院。由于他医术高明又诚信经营，医院越办越好、越办越大，到后来，旗下拥有了九家分院。他每年招收许多医学院毕业生，在他们开始职业生涯的第一天，他都会对他们说：面对病人，请开出你良心的处方！我们医生要为人民服务，为病人服务，而不只为“人民币”服务!

案例分析：现在人们在尊重知识、尊重人才之余，也经常会谈论诸如“医患关系紧张，急需改善”之类的话题，这并非空穴来风。的确在经济利益驱动下，某些地方医院的某些医生违背职业道德而开出了“泡沫处方”。这种现象已经屡见不鲜，轻者花费不小而疗效甚微，重者甚至耽误病情酿成不幸，影响了医疗行业的声誉，造成了社会的不满。面对病人，医生究竟开出“泡沫处方”还是“良心处方”，取决于医生受为人民服务思想还是受为“人民币”服务思想的支配。

（六）教师职业道德规范及特点

教师职责一曰“言传”，二曰“身教”，从教与学的关系，尤其是从学生具有学习、效仿、传承这一特点来看，教师的思想品德、工作和学习作风乃至日常生活细节都会对学生产生耳濡目染、潜移默化的影响，起着“无声胜有声”的作用，教师对学生应该毫无保留地传授。

教师职业道德规范的特点是：教书育人，传道授业；为人师表，诲人不倦；以仁安人，以义正我；以身立教，自爱爱人。

（七）科技工作者职业道德规范及特点

科技工作者是为人类造福、从事科学事业的人，不能把科学研究作为追求财富、满足虚荣、谋取社会政治地位和权力的资本。正如伟大的科学家爱迪生所说：“我的人生哲学是工作，我要揭示大自然的奥秘，并以此为人类造福。在我们短暂的一生中，我不知道还有什么比这种服务更好的了。”

科技工作者职业道德规范的特点是：献身科学，造福人类；淡泊名利，轻视权位；勇于探索，敢于创新；实事求是，科学严谨。

（八）公、检、法等司法人员职业道德规范及特点

公、检、法等司法人员担负着保护人民、打击犯罪、保障国家和人民财产安

全、维护社会治安和社会秩序的重任，除暴安良、惩恶扬善是司法人员的神圣天职。

公、检、法等司法人员职业规范道德规范的特点是：忠于国家，忠于人民；忠于法律，忠于事实；公正执法，刚直不阿；文明办案，严守秘密。

（九）文艺工作者职业道德规范及特点

文艺工作者是社会主义精神文明的代言人，颂扬真、善、美，鞭挞假、恶、丑。优秀的作品和演出，不仅能够提供鉴别是非、善恶、美丑的思想标准，还能激发人们追求高尚的理想和情操，直接影响现实社会中人们的行为，引领社会新风尚。

文艺工作者职业道德规范的特点是：德艺双馨，服务人民；传播真善，塑造美；百花齐放，百家争鸣；切磋技艺，取长补短。

（十）涉外人员职业道德规范及特点

涉外工作无论是大是小，包括军事、政治、经济、科技、教育、文化、体育、卫生等，都具有极强的政治性、立场性、安全性，关系到国家的安全和声誉，外事无小事。

涉外人员职业道德规范的特点是：忠于祖国，忠于人民；热情庄重，不卑不亢；举止端庄，礼貌待人；严守机密，讲究效率；廉洁奉公，拒腐防变。

人的道德品质和修养不是自发形成和自然提高的，必须通过长期的教育和耐心的修炼，才能变为人们的内在品质和自觉习惯。一个人良好道德品质的形成，一方面取决于外界的客观约束，另一方面取决于自己的主观努力，即自己的道德修养。从深层次来说，职业修养是职业道德的一种升华。

【课堂活动】

测试你的服务意识

下面有10道测试题，每道题满分是10分，你可以酌情为自己打分，满分为100分。

1. 在家里，你作为年轻的家庭成员，总能做到尊重、关心、顺从老人，关心老人的心情和健康，让老人高兴，在你的影响下，家庭关系很和睦。

2. 只要家里来了客人，你总能主动为客人沏茶倒水，与客人亲切交谈，让客人舒心、轻松、高兴。

3. 在你工作或学习的单位里，你总是乐于关心和帮助同事或同学，谁遇到困难你都能尽力帮忙。

4. 和朋友在一起时，你总是主动关心每一个人。

5. 得到他人的谅解、赞美和帮助时，你总是心存感激之情。

6. 你经常称赞和夸奖他人。

7. 走在大街上，有陌生人向你问路，你总是不厌其烦地跟他讲清楚。

8. 如果有人请你帮忙，而你却实在无能为力，你可能会感到愧疚。

9. 如果你从事服务业，你感到有义务和责任去帮助每一位客人，让他们高兴和满意。

10. 你总是能看到他人的优点并欣赏他人。

测评结果：

如果你的总分在 80 分以上，说明你已经很有服务意识了，相信你一定能够成为一位了不起的服务明星。

如果你的总分在 60~80 分，说明你只要稍加努力，便会成为服务高手。

如果你的总分在 40~60 分，说明你还需要把自己的爱心扩展到更大的范围。

如果你的总分在 40 分以下，说明你需要经过一定时间的适应性训练，来培养和提高自己的服务意识。

【思考题】

1. 我国《公民道德建设实施纲要》对做出的职业道德基本规范是什么？
2. 什么是社会主义道德建设的核心？

第三节　大学生职业道德培育

一、大学生职业道德培育的重要性

职业道德是同人们的职业活动紧密联系的符合职业特点的道德准则、道德情操与道德品质的总和，它既是对本职人员在职业活动中行为的要求，又是职业对社会所负的道德责任与义务。职业道德是社会上占主导地位的道德或阶级道德在职业生活中的具体体现。

职业道德不是一般地反映社会道德和阶级道德的要求，而要反映职业、行业以至产业特殊利益的要求。它不是在一般意义上的社会实践基础上形成的，而是在特定的职业实践的基础上形成的。因而它往往表现为某一职业特有的道德传统和道德习惯，表现为从事某一职业的人们所特有道德心理和道德品质，甚至造成从事不同职业的人们在道德品貌上的差异。如人们常说的“军人作风”“工人性格”“农民意识”“干部派头”“学生味”“学究气”“商人习气”等，这些就是从事不同职业的人们在道德、品貌差异上的表现。

【案例 3-2】

“杂交水稻之父”袁隆平的倾情付出

2021 年 5 月 22 日，袁隆平院士在湖南长沙逝世，享年 91 岁。在中华古老大地上，袁隆平以自己不懈的努力和才华，创造了一个非凡的奇迹——目前在我国，有一半的稻田里播种着他培育的杂交水稻，每年收获的稻谷 60% 源自他培育的杂交水稻种子。

“共和国勋章获得者”“国家最高科学技术奖获得者”“世界粮食奖获得者”“中国工程院院士”“国家杂交水稻工程中心名誉主任”“中国杂交水稻之父”，这些都是袁隆平生前获得的荣誉和称号。中国人，或多或少，都与他有“一面之缘”，或许在课本里，或许在饭桌上，或许在人世间，大家更喜欢亲切地叫他“袁爷爷”。一个人，一件事，一辈子。袁隆平是我国研究与发展杂交水稻的开创者，“发展杂交水稻，造福世界人民”是他毕生的追求。让全国人民吃饱饭，他做到了。

没有指点江山的豪情壮志，没有功成名就的意气风发，有的只是质朴的表白，有的只是对美丽的特别感悟和无悔执着。一生的付出，为的是战胜记忆中那梦魇般的饥荒。那是一种济世情怀，是对生命真挚的呵护和关爱，让人分明感受到了一位伟大科学家内心的崇高与博大。为了通过科研的力量在实践中一步步接近这个梦，袁隆平以一种义无反顾的精神一头扎进了研究杂交水稻这个世界性的难题中。为此，他所经历的困苦与磨难超出了常人的想象。全世界越来越多的人感受到袁隆平带给他们的蕙泽，很多人在告别饥饿的同时记住了袁隆平！1999 年，国际小天体命名委员会将一颗小行星命名为“袁隆平星”，这颗小行星从此在浩瀚的宇宙中闪烁翱翔。袁隆平，安江农校的一名普通教师，摘得了“杂交水稻之父”的桂冠。然而，不知多少人梦寐以求的辉煌、荣誉、名利，却没有使袁隆平发生丝毫改变，他还是始终如一地恋着杂交水稻事业。从播种到收获，他依然风尘仆仆地骑着摩托车去试验田；从春夏到秋冬，他依然分秒必争地察看着育种基地。

案例分析：是怎样的力量让一个人积极影响着 14 亿人的命运？又是一种什么样的力量促使他执着于杂交水稻的研究而最终走向成功的呢？当袁隆平还是一个农校教师时，他已经具有颠覆世界权威的胆识；当他名满天下时，却仍专注于田畴。他毕生的梦想，就是让所有的人远离饥饿。他以科学精神与人文情怀、专业素养与道德操守、事业追求与社会责任完美结合的风范，赢得了社会的普遍尊重。职业道德在他的身上体现得淋漓尽致。

职业道德主要表现在实际从事一定职业的成人的意识和行为中，是道德意识和道德行为成熟的阶段。职业道德与各种职业要求和职业生活相结合，具有较强的稳定性和连续性，形成比较稳定的职业心理和职业习惯，职业道德兼有强烈的纪律性，以致在很大程度上改变了人们在学校生活阶段和少年生活阶段所形成的品行，从而影响道德主体的道德风貌。

二、大学生职业道德培育的重点

（一）稳定的职业心理

职业心理是人们在职业活动中表现出来的认识、情感、意志等心理倾向或个性心理特征，一般包含以下几层含义。

1. 职业活动伴随着共同的心理过程

人们在职业活动中要经历选择职业、谋求职业、获得职业甚至再就业的过程。在这些过程中必然伴随着认知、情感、意志等共同的心理过程，如对选择的职业进行认识和深入了解，通过思维想象发生情感的过程。当选择的职业符合个人的需要和客观现实，就会产生兴奋、愉快甚至兴高采烈、欣喜若狂的情绪；反之，则让人情绪低落、闷闷不乐，甚至悲观失望，垂头丧气。

2. 职业活动中反映出个性不同和差异

不同个性心理特征的个人适合不同的职业。在选择职业时又有不同的心理表现，认识、情感、意志表现出不同的特点。有的人反应敏捷、迅速，有的人迟钝、腼腆；有的人豁达、开朗，有的人忧虑、退缩。

3. 不同职业阶段有不同的职业心理

职业活动中的心理现象千奇百怪，纷繁复杂，依据职业活动经历的过程，职业心理可以分成择业心理、求职心理、就业心理、失业心理、再就业心理。不同阶段的职业心理对职业发展会产生不同的影响。

4. 不同职业心理特点影响着人们的生活

择业、求职、就业、失业、再就业等不同阶段的人的心理特点，时刻影响着人们的生活态度、生活方式、价值取向。职业心理对大学生的职业选择有着至关重要的作用。

所谓“知己知彼，百战不殆”，这句话道出了在职业选择过程中一个很重要的法则，就是认识自己，了解自己，熟知自己的个性心理特征和心理过程，把个人的职业意愿和自身素质相联系，根据社会的需要和社会职业岗位需求的可能性，评价出个人职业意向的可行性，以积极的态度去选择职业。

【案例 3-3】

“最美导游”文花枝

文花枝 1982 年出生在湖南湘潭韶山，名字来源于毛泽东《卜算子·咏梅》中的诗句“犹有花枝俏”。她中专毕业后进入社会工作，2003 年成为一名导游。与她共事的人说，文花枝永远是旅游团里最热情的导游，对游客服务周到，不带着游客去商店，而是尽可能地去欣赏风景。就业，结婚，生子，文花枝本该有平淡幸福的一生，但一场车祸改变了她的人生轨迹，也让她为大众熟知。

2005年8月28日，洛川发生了一场突然的车祸，撞击之后的大巴车严重变形，文花枝坐在大巴车的前面，受到的冲击最重，左腿受创严重，甚至露出了骨头。可是她看到车内游客惊慌的神情、听到车内游客的呼喊后，告诉游客："挺住，加油。"

救援队伍赶到，文花枝告诉他们："我是导游，我没事，请先救游客。"其实，文花枝是受伤最重的那一个。两个小时的救援行动中，文花枝无数次晕倒，但每次醒来都会给受伤的游客加油鼓劲。文花枝是最后一个被救出来的。她左腿9处骨折，右腿大腿骨折，髋骨3处骨折，右胸第4、5、6、7根肋骨骨折，延误了宝贵的救治时间，医生不得不为文花枝做了左腿截肢手术。当被问到是否后悔，看着自己空荡荡的裤管，文花枝埋头哭泣，而抬起头时，她眼里已经没有了泪水，她认为自己只是做了应该做的事。意外发生的那一瞬间，她选择了坚守在自己的岗位上，牺牲了自己的救援时间用来救回无数游客的生命。

"即使少了一条腿，我也会坚强地生活。我会用微笑面对一切。"经过漫长而艰难的康复疗程，文花枝已经能熟练使用假肢，继续用微笑对待生活。后来，文花枝并没有闲着，而是转而从事公益事业，目的只有一个：让舍己救人的文花枝淡出人们的视野，使掌握了专业知识、热心公益事业的文花枝呈现在人们的眼前。

案例分析：把生的希望让给了游客，把死的威胁留给了自己，这种无私奉献的精神点亮了世界种种美好，直至今日，还有无数人为这种无悔担当震撼。一声"挺住，加油"，显示出意外来临之际，年轻的导游文花枝稳定的职业心理。"我是导游，我没事，请先救游客。"文花枝强烈的职业道德感，促使她在危急关头毫不犹豫地做出选择，给了同车游客在不安全状态下一份安全的心理感受。从"舍己救人"到主动请缨驻村帮扶，文花枝完美呈现"巾帼不让须眉"，用身体力行诠释了"小女子"在这个时代的"大担当"。

（选自红网百年颂 湘女梦丨文花枝：不输男儿的"巾帼担当"）

（二）良好的职业习惯

在校大学生良好的职业习惯养成，必然是与专业需求或者未来职业选择需求相对应的。

1. 什么是职业习惯

职业习惯是人们由于长期从事某种职业，养成的自觉遵从该职业要求的职业规范和职业道德要求，自然体现出来的职业素质。

2. 良好的职业习惯如何养成

在一个人的生涯中，占据时间最多的角色莫过于"工作者"这个角色了，而"职业人"无疑又是其中最主要的一种角色形态。那么，如何把握好这个角色与人的社会地位、身份相一致的权利、义务和行为模式呢？就从以下几个方面着手：

（1）尽快度过适应期。职业选择—职业准备—职业适应—职业发展—职业满足，这是一个职业人的社会角色演绎。事实上，工作环境因职业性质的不同而千变万化，即使是在高级写字楼工作的“白领”，职业生活也远不如外表看上去的那样光鲜和轻松。一般说来，大学生毕业后开始工作，都会经历一段适应期来适应工作任务和工作环境的要求。这种适应是全方位的，主要包括作息时间的适应、职业角色的适应、知识结构的适应和人际关系的适应等方面。

（2）调整心理状态，适应角色改变。具备了社会人的社会身份后，作为一个完全独立的社会人，要为自己的一言一行负责，符合社会对于职业人的角色规范要求。另外，除了职业人的社会角色，其他的角色内涵也相应发生了改变，要求承担更多的责任和义务。作为子女，学生时代，更多的是接受父母的呵护和关照，走向社会则要把心理上的依赖降到最低，要考虑如何扶助父母长辈等。在学校，有些“孩子气”的情绪还比较容易被宽容，工作之后，就没有理由在工作上撒娇、耍小孩脾气了。

（3）调整生活习惯，适应工作节奏。刚进入职场的人通常首先会感觉到“累”，这个“累”一方面是心理压力带来的，另一方面是因为职业对人的体力也是有要求的。从事职业意味着一个人一天中很大一部分时间都要投入工作中，而且通常还有固定的时间要求。这种固定的时间要求往往不一定符合自己原先的作息习惯，这时就要加以调整。比如，做学生时有晚上熬夜、早晨睡懒觉的习惯，工作以后没有这个条件了，就必须尽快调整到比较规律的作息。另外，一些职业对生理还有更多的要求，因为工作对于生活形态的限定往往是决定性的。比如，有经常需要出差的，有需要倒班的，等等。那么，对于其他生活活动的安排就只能在这样的节律框架下进行，如果不能做到很好的调适，就会影响到工作的质量和生活的质量，甚至会破坏身体健康。除此之外，独立的职业人身份也要求我们妥善安排好自己的个人生活。

（4）调整思维方式，适应人际关系。成为职业人后社会接触面有了很大的拓展，在工作单位内的小环境中，有不同年龄、不同背景、不同经历的领导和同事。如果建立了良好的人际关系，相互之间的分工和合作就比较容易进行；反之，则会影响工作成效。单位之外，由于工作关系接触到的人可能更加复杂。相比之下，学生时代的人际关系就较为简单，接触的主要是老师和年龄相仿的同学，沟通起来比较容易，相互之间易于建立纯真的友谊和感情。初入职场在人际关系方面碰壁的新人不在少数，懂得做人尤胜于懂得做事，那些个性突出的人，更容易遭遇人际关系的挫折。

（5）调整知识结构，适应职业要求。人们能否发挥自己的聪明才智和能力解决问题，这是对自身所具备知识和技能的挑战。对于刚刚走出校门、进入职场的新人来说，最主要的挑战是理论知识的综合运用，以及解决实际问题的能力。在工作现场要做到自己发现问题，自己综合运用知识并发挥才智解决问题。智能适应状况直接决定工作绩效，为什么很多在校学习成绩名列前茅的学生，工作以后反而赶不上平时成绩平平的同学呢？原因很多，但是能否很好地学以致用、能否很好地解决现场问题是其中非常重要的因素。另外，对于已经进入职场一段时间的人来说，无论是转换职业还是长期从事某一职业，都应该具备阶段性归零和空杯心态，随时准备为职业需要充电。一方面，应做到全方位的独立。作为一个职业人，首先要做到经济独立，然后是社会行为、情感心理等全方位的独立。从事职业、开始工作是我们真正成人的标志。所谓“成人”，就是成为一个独立的社会人。这意味着从此必须依靠自身力量，为自己的工作和生活全面负责。作为独立的职业人，要明白付出和回报是对等的，要想获得丰厚的回报，就必须先有投入的付出。另一方面，应承担相应的社会责任。作为社会的一分子，我们时时刻刻在享受着他人和社会为我们创造的环境和成果，也同样有义务为他人和社会创造美好环境。职业工作是整个社会分工体系中的一部分，社会的正常运转和良好发展有赖于每一个人很好地“各司其职”。职业人在工作过程中必须承担起社会责任，工作质量的高低会直接影响到工作对象，直接对社会产生影响。因此，作为独立而又融于社会的职业人，要逐步学会平衡好自己的各种角色身份，否则即使能够拿到高薪，也不足以支撑完美幸福的生活。

（三）强烈的职业纪律性

由于各种职业道德的要求都较为具体、细致，因此其表达形式多种多样。每种职业都担负着一种特定的职业责任和职业义务。各种职业的职业责任和义务不同，从而形成各自特定的职业道德的具体规范。同时，因为职业具有不断发展和世代延续的特征，不仅其技术世代延续，其管理员工的方法、与服务对象打交道的方法也有一定历史继承性。如“有教无类”“学而不厌，诲人不倦”，从古至今始终是教师的职业道德。纪律也是一种行为规范，但它是介于法律和道德之间的一种特殊的规范。它既要求人们能自觉遵守，又带有一定的强制性。就前者而言，它具有道德色彩；就后者而言，又带有一定的法律色彩。也就是说，一方面，遵守纪律是一种美德；另一方面，遵守纪律又带有强制性，具有法令的要求。例如，工人必须执行操作规程和安全规定；军人要有严明的纪律；等等。因此，职业道德有时又以制度、章程、条例的形式表达，让从业人员认识到职业道德又具有纪律的规范性。

【学思融合】

职业道德与职业修养

职业修养是指从业人员在职业实践活动中，按照职业道德的基本原则和规范，在职业道德品质方面的“自我锻炼”和“自我改造”，借以形成高尚的职业道德品质和达到较高的境界，包括职业道德意识、职业道德行为、职业道德情感、职业道德信念和职业道德知识等方面的修养。

从业者选择一种职业道德，有意识地培养与这种职业道德要求相一致的道德品质和道德情操。要做到这点：一方面，必须不断克制自己的情欲、意志、行为、习惯等方面的弱点，提高自己的道德品质；另一方面，必须与一切旧的道德和职业观念作斗争，扶正祛邪，形成正确的职业道德修养。职业修养的内驱动力来源于个人内在的道德需要，因此职业修养主体所开展的自我批评与自我斗争，不受某种外界力量的控制，而是由于自己内在道德需要所启动的自觉、自愿、自主、自为的行为。职业修养本质上是一种自我改造、自我剖析、自我陶冶、自我完善的过程。

【知识拓展】

新时代工匠精神的内涵与职业道德的内在一致性

第一，价值取向上的共通性。任何职业都必须忠实地履行其社会职能，通过劳动实现自我价值或人生价值，这是工匠精神的本质内涵，也是职业道德的基本价值。职业道德为人们的职业活动提供伦理准则和道德规范，不仅影响着个人的职业发展，也塑造着整个行业的文化和声誉。“摩顶放踵利天下”“兴天下人民之大利”，这是中国古代班墨匠心文化所积极倡导的利他精神，也是“奉献社会”的职业道德的最高表现。工匠精神鼓励个体不断完善自己的技能，通过提高产品的质量和信誉在其行业、领域内脱颖而出。发扬职业道德和工匠精神，能使人在承担社会义务与责任的同时充分发挥才能与价值。

第二，内容要求上的互融性。当一个人具备执着专注的态度时，就会以高质量和高标准的要求对待工作，达到“诚实守信”“热情服务”的效果。当一个人专注于把每一件平凡的事尽职尽责做好时，就不会因服务对象的不同而提供不同质量的服务，就会体现出“办事公道”的职业品质。“敬业者，专心致志以事其业也”，敬畏所从事的职业，就会表现出专心致志的态度与行为；“志不强者，智不达”，专心致志地做事，聪明才智才能发挥作用。执着专注的态度、精益求精的境界、一丝不苟的行为、追求卓越的品格，工匠精神的核心内涵与新时代职业道德所要求的“诚实守信”“热情服务”“办事公道”等要求有着内在的一致性。“知之者不如好之者，好之者不如乐之者”，当工作不再是一种外在于自身价值和追求的“劳动”，而成为一种乐趣时，追求卓越的工匠精神就与奉献社会的职业道德要求完全融为了一体。

第三，功能作用上的互促性。职业道德将职业知识、职业技能与职业价值融合起来，为工匠精神的培育奠定价值基础。“贡艺既精苦，用心必公平。”做事必须精益求精，做人必须公正公平，中国古代匠人就主张“正德、利用、厚生”。一方面，职业道德是对从事某种职业的群体的道德要求和规范，可以为工匠精神提供价值指引。另一方面，工匠精神所蕴含的执着专注、精益求精、一丝不苟、追求卓越等品质，对培养从业者的敬业意识、乐业精神、精业品质具有支撑作用。熟练掌握技能的人会更完整地感受和更深入地思考他们正在做的事情，有助于深刻理解职业的价值，从而为处理好各种职业之间的关系奠定基础。将凝聚着精益求精、追求完美的工匠精神融入职业道德教育中，培养工匠型人才，对于弘扬劳动光荣的社会风尚和营造精益求精的敬业风气具有重要作用。

【思考题】

1. 从“最美导游”文花枝的身上，我们能够看到怎样的职业道德？
2. 结合你接触过或者了解的职业，谈谈你所理解的职业道德。

第四章　大学生职业素养

学习要点

1. 掌握职业素养的概念与内涵
2. 了解职业素养评价体系、原则、方法
3. 理解培养大学生职业素养培育的重要意义

如果用“大树理论”来形容，那么可以说，我们每个人都是一棵树，原本都可以长成大树，而根系就是一个人的职业素养。枝、干、叶、型就是其显现出来的职业素养的表象，要想枝繁叶茂，首先必须根系发达。随着当前就业竞争压力的增大，大学生除了应该掌握丰富的专业知识与技能外，还应该增强其创新能力与实践能力，增强职业奉献精神，投身于社会主义建设中，充分体现自身的价值。因此，大学生必须在职业素养教育中提升社会适应性，这样将来走向社会工作岗位后，才能够及时转变心态与思想，为职业发展奠定良好的基础。

第一节　职业素养概述

一、职业素养的概念与内涵

（一）职业素养的概念

职业素养是指在实际的工作过程中形成的标准和规范，以及在具体工作过程中体现出来的相应综合素养。职业素养所涉及的领域比较多，内容也相当宽泛，是人们在工作中应该遵循的基本规范，包括职业信念、职业知识、职业技能、职业道德和职业行为、职业习惯等多个方面，可以说，职业素养是人类在职业场所的社会活动中个体行为的总合所构成的自身职业行为规范。职业素养是内涵，个体行为是外在表象。职业素养是一个人职业生涯成败的关键因素，以确保学习者在成长过程中具备创新、协作、务实等方面的能力，从而提高自身的综合素质水准。

【案例 4–1】

用一颗踏实肯干的心去对待工作上的每一件事

2015 年，在浙江巨化集团工作的唐新国获得“浙江省化工总控工第一名”的好成绩，并荣获“浙江金蓝领”称号。了解过唐新国的人并不觉得惊讶，因为这是他一步一脚印努力的成果。

2009年7月，毕业于湖南化工职业技术学院的唐新国进入浙江巨化集团五车间，不善言谈的他给人的第一感觉就是踏实、沉稳。从开始的流程学习、现场熟悉到后面的工艺掌握，唐新国不仅充分利用在岗八小时，且经常在宿舍默画装置流程图，同学贺建新说：“他用业余时间画的图可以装订成一本厚厚的书本了。”认真刻苦的学习态度让他迅速成为车间新员工中的一匹“黑马”。

善于总结和做笔记是唐新国的一个好习惯，他说：“自己整理和记录让我对事故印象更深，使我成长更快。”一次热煤炉异常跳停，情况非常紧急，若在30分钟内未正常开启便会导致反应器因温度低而被迫停车。作为岗位新人，唐新国跟随老师傅们一起到现场排查跳停原因，当时操作面板上有一个异常报警无法复位，大家都非常着急，正要打电话请教工艺员的时候，唐新国想到了以往事故总结里出现的类似情况及解决办法，大胆提出自己的想法，协助大家消除报警，排查出故障缘由，将热煤炉在20分钟内顺利启动起来，让大家对其刮目相看。

立足本职，在平凡的岗位上练本领。2012年11月表现突出的唐新国意料之中被提拔到班长岗位。肩上的担子重了，思维要更敏锐了，唐新国说：“起初会有点小担忧，特别是夜里出现异常事故时，没有工艺员在旁边指导怕判断错误。”在压缩机泄漏、换热器泄漏、热煤炉跳停、反应器再生超温等一次次突发事故磨砺下，事实证明，善于总结的他面对突发情况是可以独当一面的。

案例分析：坚持简单的事情反复做，反复的事情用心做，用心的事情坚持做。他取得的成绩，得益于所在单位的培养和重视，更是他个人长期不懈努力的结果。

（二）职业素养的内涵

一般而言，职业素养主要由思想素养、知识素养和技能素养三大部分组成。具体来看，职业素养包含职业意识、职业道德、职业性格、职业习惯、职业兴趣、职业规范、职业礼仪、职业能力、职业认知等几个方面。

其中，职业意识、职业道德、职业性格、职业习惯、职业兴趣、职业规范属于世界观、价值观、人生观范畴，从一个人出生到退休或至死亡逐步形成，逐渐完善。而职业礼仪、职业能力、职业认知等，是通过一段时间的学习、培训比较容易获得的，我们是可以通过三年左右的时间掌握入门技术、在实践运用中日渐成熟而成为专家的。但是，如果一个人基本的职业素养不够，比如说忠诚度不够，那么技能越高的人，其隐含的危险就越大。

二、职业素养的表征与结构

（一）职业素养的表征

职业素养往往会体现在一个人的工作习惯、工作态度、工作方法以及待人接物等很多方面。而对于不同类别的职业人而言，职业素养则表现在不同的方面。

如对于专业技术类人员而言，良好的职业素养意味着有缜密的思路、清晰有条理的解决问题的方法、执着的钻研精神等；对于中层管理人员来说，应当具备很好的组织协调能力，勇于承担责任，体贴下属以及能够取得下属的信任与支持等。就具体的职业来说，业务人员应具有强烈的企图心和百折不挠的毅力；而一个优秀的心理咨询师，就应该对咨询者的问题非常冷静地看待处理，进行深层次的分析，帮助受咨询人剖析自己，找出问题的症结所在，缓解不良心理症状，同时还要严守对方的隐私秘密；职业顾问则应当根据咨询者目前的实际情况，帮助咨询者建立取得下一步职业成功的充分的信心与付诸行动的动力，而不是简单机械地指出一条所谓的成功发展捷径。

（二）职业素养结构

职业素养细化为显性素质与隐性素质两个层面的内容，显性素质可细分为实践操作能力、专业化知识等，属于技术实践层面的范畴，技术层面的素养可以通过后天的实践和学习获得。后者指的是个体的职业意识、职业态度、职业道德与行为习惯等因素（表 4–1），是一种内在素养。

表 4–1　职业素养

职业素养	二级素养	三级素养	核心内涵
职业技能（显性素质）	专业化知识	知识基础	规律规则
	实践操作能力	操作实践	创新创造
职业技能（隐性素质）	职业道德	思想品质	精益求精
	职业意识	责任意识	严谨务实
	行为习惯	自我管理能力	坚毅不挠
	职业态度	适应社会与自我调节能力	爱岗敬业

三、大学生职业素养培育的做法

加强对学生职业素养的教育有助于将来更好地适应职场环境，在未来的工作岗位上发挥应有的专业技能与综合素质，在道德修养、言谈举止、行为习惯等方面尽可能与职业相契合，进而获得更好的职业发展。

（一）提升学生的就业能力

在校学习主要着重于增强职业能力，如解决工作中各种问题的能力、方式和思维。因此，要培育高职院校大学生的正确就业观，必须通过设置丰富的教学内容，让学生的职业观念、专业知识得到进一步提高，从而使得学生更快地适应社会生活，通过熟悉具体岗位的实际工作流程，以减少学生毕业后的就业困难，缩短在找寻工作岗位上所花费的时间。具有针对性的培养还可以使学生在现实情境中掌握工作岗位所需的专业技能，有助于应用型高校大学生成功上岗，熟悉职场规章制度以及工作技巧，帮助学生建立起完整的职业理念。

（二）增强学生的社会适应能力

在职业素养的培育过程中，需注意提高基本理论知识和专业技能等多方面的能力，通过训练掌握实际操作水平，以便使学生更快地适应实际培训。在教学实践过程中，学生通过学习掌握科学、合理地利用当前所掌握的专业知识，在实践过程中培育职业价值观。

（三）培育学生的创新思维

为了学生能够更加顺利地走向就业岗位，还需要培养一定的创新能力和思维。根据学生的特点加以着重培育，讲解理论知识的实践方式和应用方法，有助于学生发展创新意识，同时还有利于学生在学习中发现自己的不足，有助于较快适应就业岗位，从而在该职业上取得进步与突破。此外，创新、创业意识可以使学生在社会上展现出自己的能力，实现个人价值，进而增强高职院校大学生在就业市场中的竞争力。

【学思融合】

比学识更重要的是什么？

东福来到钢铁公司工作还不到一个月，就发现很多炼铁的矿石并没有得到完全充分的冶炼，一些矿石中还残留着没有被冶炼的铁。如果这样下去的话，公司会遭受很大的损失。于是，他找到了负责这项工作的工人，跟他说明了情况。这位工人漫不经心地说："如果技术有了问题，工程师一定会跟我说，现在还没有哪一位工程师向我说明这个情况，说明现在没有问题。"东福又找到了负责技术的工程师，对工程师说明了他看到的情况。工程师很自信地说："我们的技术是世界上一流的，怎么可能会有这样的问题？"工程师暗自认为，一个刚刚毕业的大学生不懂技术，不过想博得别人的好感而表现自己。

但是东福认为这是个很大的问题，于是他拿着没有冶炼好的矿石找到了公司负责技术的总工程师。他说："师傅，我认为这是一块没有冶炼好的矿石，您认为呢？"总工程师看了一眼说："没错，年轻人你说得对。哪来的矿石？"东福说：

“是我们公司的。”“怎么会，我们公司的技术是一流的，怎么可能会出现这样的问题？”总工程师很诧异。“工程师也这么说，但事实确实如此。”东福坚持道。

“看来是出问题了。怎么没有人向我反映？”总工程师有些发火了。

总工程师来到车间，果然发现了一些冶炼并不充分的矿石。经过检查发现，原来是监测机器的一个零件出现了问题，才导致冶炼的不充分。

总经理知道了这件事之后，不但奖励了东福，还晋升东福为负责技术监督的工程师。总经理不无感慨地说：“我们公司并不缺少工程师，但缺少负责任的工程师。这么多工程师没有一个人发现问题，有人提出了问题，他们还不以为然。对于一个企业来讲，人才是重要的，但更重要的是真正有责任感和忠诚于公司的人才。”

积极讨论：

1. 为什么工人和其他工程师没有发现问题？

2. 东福是如何获得提升的？

3. 这个故事对你有什么启发？

【知识拓展】

近年来，高等院校的就业压力居高不下，虽然党和政府已采取各项政策助力大学生就业，从中央到地方都尽可能多地提供相应的优惠举措，但高校毕业生数量的持续增多带来社会就业压力的提升，二者需要更好地平衡。就业质量作为检验高校人才培养效果的关键指标之一，使高校在无形中承担了越来越重的学生就业压力。高校作为培养大学生职业素养的主阵地，要高度关注学生职业能力、职业知识、职业价值观等方面的教育引导：一是以专业学科为依托，以思想道德为主线，既要适当改变课堂教学的内容结构设计，增加与相关专业密切联系的职业规范、职业要求等内容，潜移默化地在专业教学中向学生渗透职业素养要素，将显性知识与隐性道德结合起来，提高育人效果；二是在教学评价中有意识地将学生的职业意识、对行业规范准则等内容的掌握程度作为成绩的评价指标之一，以“结果导向”倒逼学生主动去了解不同行业、接触职业环境，激发学生提升职业素养的内部动机。职业素养作为一种具有普遍意义的综合品质，高校只有通过各种手段去引导学生不断自我完善，使其将专业知识技能与职业道德情操融为一体，才能真正转化为自身的最大竞争力，在复杂多变的职场环境中实现自己的最大价值。

【思考题】

1. 大学生职业素养培育的意义何在？

2. 如何自我完善，使自己在离开大学校园时具备一定的职业素养？

第二节 职业素养评价

职业素养是一个人在职业岗位上表现出来的道德、职业道德、职业知识和职业技能等多个方面的综合能力。对于每个人来说，职业素养的提升是一个长期的过程，需要不断地学习、实践和反思。一个人的综合素质体现在许多细小的方面，比如平时是否注意保护环境卫生，走路是否遵守交通规则，文档材料是否规整，是否喜欢在职业场所说家长里短，等等。对于一个人职业素养进行评价，虽然不同类型的职业有着不同的评价标准，但是一般而言，大致都是从思想素养、知识素养和技能素养这三个方面来评价的。

一、职业素养评价概述

（一）何谓评价

评价包括两个层面的意思：一是指确定或者修订价值；二是指通过详细、仔细的研究和评估，确定对象的意义、价值或者状态。简言之，评价是从特定的目的出发，根据一定的标准，通过特定的程序对已经完成或正在从事的工作（或学习）进行检测，找出反映工作（或学习）进程的质量或成果水平的资料或数据，从而对工作（或学习）的质量或成果水平做出合理的判断。

它主要有两个含义：

第一，评价的过程是一个对评价对象的判断过程。

第二，评价的过程是一个使用综合计算、观察和咨询等方法进行复合分析的过程。

由此可见，评价是一个非常复杂的过程。它本质上是一个判断的处理过程。

在人类认知处理过程的模型中，评价和思考是最为复杂的两项认知活动。评价就是对一定的想法（Ideas）、方法（Methods）和材料（Material）等做出的价值判断的过程。它是一个运用标准（Criteria）对事物的准确性、实效性、经济性以及满意度等方面进行评估的过程。综合多方面的因素，评价（Evaluation）指的是通过评价者（Evaluators）对评价对象的各个方面，根据评价标准进行量化和非量化的测量过程，最终得出一个科学、可靠的并且具有逻辑性的结论。其中，所谓评价者（Evaluators），也称为评估人，主要是指对某个对象进行评价的主观能动体。

（二）职业素养评价的概念与内涵

职业素养评价是指各类职业对从业人员的品德、学识、技能、才智等素质，采用定性和定量相结合的方法所进行的测量与评定。它是综合相邻学科的研究成果而创造和发展起来的一种科学考核方法，作为一种专门技术，具有相对的独立性，有其特定的含义，其中所涉及的概念有“从业人员”“素养”和“评价”。从业人员指从事专门职业的人员，即具有劳动能力而且有相对固定职业的人。

此处，素养是指一定职业的从业人员所应具备的符合该职业需要的德、能、学、才、绩、识等六个方面要素的有机构成。

“德”——即品德修养，通常包括一个人的政治立场、政策水平、工作作风、原则性、纪律性、责任心、事业心等。

“能”——即能力素养，是指完成本职工作的本领，包括工作能力、处事能力、组织能力、创造能力、设计能力、评价能力等。

“学”——即学习素养，泛指各类知识。作为基本知识修养，一般应当包括四个方面，即知识的精通性、知识的广博性、知识的实用性和知识的更新性。

“才”——即智体素养，它是由先天素质、社会历史与受教育因素、个人后天努力等三个方面相互作用的结果。通常包括知识水平、思维能力、判断能力、观察能力、职业意识、工作持久性和身体健康程度等。

“绩”——即绩效素质，是指工作的质量和数量，包括各种效率、工作成绩、工作质量等。

“识”——即见识经验，包括三个方面的内容：一是生活见识经验，即对生活常识的了解，作为社会的一分子，应当比较完整地接受文化熏陶，完成社会化过程，知晓社会规范，与时俱进，言行能为人们所广泛接纳。二是政治见识经验，是指能把握准时代和社会的发展趋势，坚定正确的政治信念。要做到这些，必须对社会历史发展规律和广大人民的意志有较深入的了解和较准确的预见，同时必须有坚定的政治信念。三是专业实践经验，指的是通过社会实践去摸索、了解和掌握与所从事职业相关的专业知识。生活、政治、专业三方面的见识经验，形成一个见识经验圈。

【案例 4–2】

良好的职业习惯使人受益终身

下面讲述的是一名曾经从事空军地勤工作十几年的机械师的故事。

空军地勤是一个要求技术特别精、作风过硬的特殊专业。空军地勤人员最忌讳的就是“可能”“也许”“差不多”“基本上”之类似是而非、模棱两可的话，从工具的使用和保管的规定就足以证明这一点。飞机上的维修工具是分专业定人保管使用的，打开任何一个专业的工具箱，都会醒目地看到贴在箱子盖背面、标有具体型号和数量的工具清单。在飞机上工作时，只要动用工具，就要严格落实工具“三清点”（即工作前清点，工作后清点，变换工作场所清点）。就像外科医生给病人做完手术清点医疗器械那样，绝不允许把任何一件维修工具遗留在飞机上。因为倘若飞机在飞行中被一个小小的异物卡住，其产生的后果不堪设想。

后来，因工作需要，这名空军地勤机械师改了行，但因为长期遵照执行“工作前想上级规定和要求，工作中想方法和步骤，工作后想有没有遗漏”等烂熟于心的规章制度，使他形成了认真严谨的工作作风。他养成了每天对所做的工作在脑海里过一遍“电影”的习惯。回想起改行后的十几年来，尽管昔日养成的职业习惯让他多做了一些工作，多流了一些汗水，但是他并不后悔。因为良好的职业习惯是维持生命正常运转不可或缺的一种润滑剂，使他终身受益，任何时候都不会改变。

案例分析：播种一种思想，会有行为的收获；播种了行为，便会有习惯的收获；播种了习惯，便会有品德的收获；播种了品德，便会有命运的收获。一个成功的人知道如何培养好的习惯来代替坏的习惯，当一个人好的习惯积累多了，自然会有一个好的人生。

二、职业素养评价的意义

(一) 有利于相关职业人才的发现与使用

我国人口众多，但是还经常有单位抱怨说人才匮乏，其实，在我国人才浪费也是非常普遍的，这就使得本来不足的人才更为匮缺了。也许，这就是古人常说的“千里马常有，而伯乐不常有”。仅凭少数伯乐（这个伯乐往往还必须是领导）来发现人才就不能适应社会发展的需要了。如果有一种科学的职业素养测定方法，就可以避免不识才而浪费人才。

(二) 有利于从业者自身的抉择

有些人喜欢从事某种职业，也已如愿以偿。但实际上，人们对自己的了解往往不够或者并不清楚自己真正想做、能做的是什么，或者现在所从事的工作并非其所长。如果有科学的测定方法，就更容易使他们尽快发现自己的专长、找到通往成功的捷径，从而少走许多弯路。

(三) 有利于有志之人认识自己发展自己

有些人从事某种职业，也具备相应的职业素质，但就是缺乏信心，也缺乏机遇。机遇经常是瞬息即逝的，而自信心能够帮助人们捕捉机遇。如果有科学的评价方法，那么就可以增强人们的自信心，并在认识自己的基础上，努力寻找捕捉机遇，发展自己。

(四) 有利于“伯乐”识才制度化

人们经常把那些善于发现人才的人赞喻为伯乐。尽管伯乐是了不起的识马专家，但其识马方法是经验化的，再者，光靠伯乐进行个别识别、个别推荐和个别选拔，远远不能满足社会上职业需求。一个人的生涯中，尽管人的先天条件并不起决定作用，但事实上，人的先天条件中许多方面的发展并不均等，导致每个人都有不同的“天才区域”（只不过科技发展的限制使我们对这些区域的认识不够透彻罢了），而且有的“天才区域”经过一段时间的后天培养发展了，有的由于得不到开发可能就永远地消失了。因此，职业素养评价本身能帮助人们认识自己有没有这方面的素质，这是于国、于民、于人、于己都有益的事情。

三、职业素养评价体系建构的原则与方法

（一）职业素养评价体系建构的原则

职业素养评价体系的设计需要遵循一定的原则，不是盲目进行的。

1. 科学性原则

评价体系应以心理学、管理学、人才学、领导科学等方面的原理为依据，以科学的方法，如问卷调查法、个案研究法等方法为手段结合特定职业类型要求来确定。

2. 全面性原则

评价指标中既要有德、能、学等基本素养，又要有特定职业所需的知识结构、才能结构和职业习惯和成绩等，不可偏废。

3. 多途径原则

评价应通过多种途径来综合进行，不能过于迷信一种方法，而应采用多种方法。

4. 明确性原则

评价要素的确定与表达应力求精练、通俗、直观，使评价要素既少又精，表达规范、标准，这样可以保证评价工作的顺利进行。

5. 本质性原则

评价应当重视被评价职业的本质，而不能任意抓住一些表面现象来决定取舍。

6. 公正性原则

评价的内容、程序要有严格规定，而且要防止评审人员的心理因素导致的评价偏差。

（二）职业素养评价的方法

1. 定性分析的方法

定性分析的方法比较简单，但往往也比较模糊。一般来说，定性分析的方法有以下几种：

（1）实绩记载法，即将自己从事职业活动过程中的所有成绩均一一记录在案，每半年评价一次。

（2）报告审查法，即填写由审查部门印发的列有有关项目的报告，根据自己的行为逐条填写，每个季度上缴一次，请有关人员测定。

（3）领导意见法，即由顶头上司对从业者的工作进行鉴定，这种方法主观色彩比较强，其客观公正度与领导素质关系极大，但是比较方便。

（4）群众评议法，即由有关人员进行无记名评议。

（5）自我鉴定法，即由从业者本人写出自我鉴定，对自己的工作进行评价。

2. 定量分析的方法

定量分析是在定性分析的基础上发展起来的评价方法，它深入细致，但是对校度、信度的要求比定性分析更高，因而就更加难学，更加难用。常用的定量分析法有：

（1）效益测定法，即通过对从业者的努力导致组织获利情况的统计，来测定从业者的素质。

（2）口试笔试法，即通过考试的方法来评价从业者的职业素养。

（3）要素分析法，即将相关职业的要素分解为各种因子，然后定出加权系数量，从而通过评定、统计来评价相关职业素养。这种方法应是目前最实用的方法。

【课堂活动】

情景判断

活动目的：让学生理解什么是真正的尽忠职守。

活动内容：分组讨论，针对表 4-2 情景中的做法请给出正确的判断并说明理由。

表 4-2　情景判断

情景	判断及理由
小沈在应聘某公司软件工程师时，向面试考官表示，如果能录取他，他可以把在原公司工作时的一项发明带过来	
小方从事医药产品的销售代理，很不满公司的薪酬福利待遇，为多挣点钱，经常想方设法赚取顾客的回扣	
工程师小罗在研究 3D 液晶电视机眼镜时，领导突然通知让他放弃这个项目。但是李德深入顾客之中调研，认为这个产品很有市场，于是抓紧业务时间进行研究开发，弄好了模型，并说服领导把这种 3D 眼镜投入生产，结果为公司赚取了大笔金钱，总经理亲自为他颁发奖章	
销售部小肖为扩大公司产品的影响，经常以低价的形式向亲朋好友出售公司的产品	

【学思融合】

黄大年同志是著名的地球物理学家，生前担任吉林大学地球探测科学与技术学院教授、博士生导师。2009 年，黄大年同志毅然放弃国外优越条件回到祖国，刻苦钻研、勇于创新，取得了一系列重大科技成果，填补了多项国内技术空白，2017 年 1 月 8 日不幸因病去世，年仅 58 岁。

作为首席科学家，黄大年管理着一个全国团队，他会把任务层层分配到每个人，每个星期大家都要更新自己的进度。每晚 11 点，他都要登录检查。这些都是小事，可是黄大年对待每一件小事都一丝不苟，工作上恪尽职守、精益求精。正是因为这份执着，才有了团队工作的蒸蒸日上。黄大年先进事迹所体现的精神核心是至诚报国、爱岗敬业，它看似平凡，实则伟大。干事业、做工作，需要涵养定力、克服浮躁，始终保持一种“爱岗敬业，开拓进取”的精神，埋头苦干，才能干出一番事业、实现人生价值。

党的二十大报告提出，要引导广大人才爱党报国、敬业奉献、服务人民。如果说爱岗是对本职工作的热爱，那敬业就是在对岗位热爱的前提下对事业的兢兢业业，鞠躬尽瘁。敬业的人能充分认识本职工作的价值，具有职业荣誉感和自豪感，严肃认真地对待自己的本职工作，以强烈的事业心、责任感来从事工作，甚至具备牺牲精神。

【知识拓展】

新一代“长征五号”运载火箭是目前我国设计运载能力最大的火箭，是我国火箭里程碑式的产品，也是我国未来天宫空间站建设的主力运载工具。大火箭需要大发动机，而大发动机的制造需要大科学家、大工程师，同样也需要一线动手的大工匠。高凤林就是这样的工匠。他参与焊接发动机的火箭有 140 多发，占中国火箭发射的一半之多，是火箭关键部位焊接的中国第一人。

对高凤林来说，“长征五号”大运力火箭发动机每一个焊接点都是一次全新的挑战，而难度最大的就是喷管的焊接。“长征五号”大运力火箭发动机的喷管上有数百根空心管线，管壁的厚度只有 0.33 毫米，高凤林需要通过 3 万多次精密的焊接操作，才能把它们编织在一起。这些细如发丝的焊缝加起来，长度达到 1 600 米。而最麻烦的是，每个焊点的宽度只有 0.16 毫米，完成焊接允许的时间误差是 0.1 秒。发动机是火箭的心脏，一点焊接瑕疵都可能导致一场灾难。为保证一条细窄而“漫长”的焊缝在技术指标上首尾一致，整个操作过程中高凤林必须发力精准、心平手稳，保持住焊条与母件的恰当角度，这样才能让焊液在焊缝里均匀分布，不出现气孔沙眼。在国际上，火箭发动机头部稳定装置连接的最佳方案是采用胶粘技术，但这种技术会产生老化，因此高凤林选择了用焊接的方式来解决这一难题。发动机头部稳定装置的焊接必须一次成功，高凤林的技艺和他研制的焊丝决定着焊接的成败。由于铜合金的熔点较低，高凤林必须将焊接停留的时间从0.1秒缩短到0.01秒，如果有一点焊漏就会造成稳定装置的失效。最终，高凤林还是成功地解决了这一焊接难题。

（资料来源：快资讯网站《大国工匠人物事迹介绍》）

【思考题】

1. 为什么说大国工匠中的人物“平凡又不平凡”呢?
2. 黄大年敬业精神的核心是什么？从他身上，我们能够学到什么?

第三节　大学生职商培育

职业素养量化而成为“职商”，可以说，一个人一生职场成败看职商。职商是一种包含判断能力、精神气质、积极态度的综合智慧，它关乎自我与工作、现状与发展的契合度。只有把握好这个度，我们才会拥有美好的明天。

一、职商的概念与构成要素

（一）职商的概念

职商（Career Quotient，CQ），全称职业智商，是职业素养的量化，包括职业能力、综合素质等，是一个人职业生涯成败的关键因素。

职商，从字面上来看，也许对于中国的许多人来说是一个比较新的概念。但是我们往往可以看到，在职场当中充斥着有能力却总不能取得成功的人，整天忙碌却无法为企业、为单位创造效益的人……他们是痛苦的，而且单位和领导偏偏又对他们十分不满。假如他们能够把提升自己的职商当作进入职场的首要任务来抓，那么他们便拥有了取得职场成功的金钥匙。

（二）职商的构成要素

职商的构成要素主要有：适应岗位需要的职业能力，爱岗敬业的精神，创新发展的眼光，勇于担当的责任意识，积极的主观能动性，令行禁止的执行能力，是非分明的职业道德意识，团队协作的精神，智慧的头脑，良好的职业形象。

一个人的成功，既取决于个体的素质，又取决于个体所处的环境。社会环境是客观存在的，各行各业的角色都有其特定的要求。我们不能要求环境来适应自己，只有积极主动地转换自己，尽快融入环境而又不被环境所左右，才能开创出适合自身发展的空间，真正有所作为。当人们热爱自己的本职工作，就会干一行爱一行，即使在最平凡的岗位都会全身心投入岗位工作中，安心、稳定、持久地在当中耕耘，恪尽职守。每个岗位都是平凡的，但如果我们把它当成生命来热爱，那么它也能闪耀光芒。敬业从爱岗做起，爱岗从尽责做起，不爱岗就很难做到敬业，不敬业也很难说是真正的爱岗。爱岗与敬业精神是互通的、是相互联系的，两者都是职业道德的基础。因此，我们做好本职工作的前提是爱岗，而做好本职工作的必要条件是敬业。改革开放初期，许多国企遭遇市场经济浪潮的冲击，往日的平静随着改革开放的逐渐深入被打破，从减薪降薪到末位淘汰，再到员工下岗、企业破产，企业文化被浓墨重彩地添上一笔——“今天工作不努力，明天努力找工作”。

【案例 4–3】

让自己成为一个独当一面的人

小奇对好友小杨说：“我要离开这个公司。我讨厌这个公司，领导总给我安排一些无足轻重的任务，一点都不看重我的才能！”小杨建议道：“我举双手赞成你的决定！不过你现在离开，我觉得还不是最好的时机。”小奇问：“为什么？”小杨说：“如果你现在走，公司的损失并不大。你应该成为公司独当一面的人物，然后突然离开公司，公司才会受到重大损失。”小奇觉得小杨说得非常在理，于是开始不迟到早退，对领导交办的工作也不再“挑肥拣瘦”了。为了能独当一面，公司里每一件小事情都有小奇的身影，努力工作，主动帮着同事打印、发文、陪客户、收集资料等。事遂所愿，由于一年多的勤奋努力，他不仅非常熟悉自己岗位上的业务，而且同事们都非常喜欢他。再见面时，小杨看见小奇浑身散发着对工作的热情，滔滔不绝地急着与他讨论公司有哪些需要改善的地方，小杨笑着问小奇：“你不是要离职的吗，现在是个时机，要赶快行动哦！”小奇笑一笑，说道：“暂时没有离开的打算了，公司还有很多地方需要我呢。”再过半年，小奇被破格提拔为公司的副总经理。

案例分析：企业需要员工的能力，更需要愿意为事业全心全意付出的员工。爱岗敬业是一个人基本的工作态度要求，能力可以在工作中逐渐得到锻炼和提高，长此一定能够获得大家的认可和真正的成功。其实，就像小奇的职场成长一样，不光企业需要员工有爱岗敬业的精神，我们个人也需要爱岗敬业来让自己的能力得到提升，让自己的职业生涯走得更远。一个人只要在自己的岗位上几十年如一日地认真工作，勤于思考、勇于探索、善于创新，为企业发展献计献策，勤奋努力，那么他一定可以逐渐成为这一行里的精英，成为最有话语权的人。一个爱岗敬业的人能够从工作中学到更多。爱岗敬业就意味着认真负责，他承担的责任要比一个不负责任的员工多得多，而在承担责任的过程中，自身的能力也能够得到锻炼，因此也就能够学到更多，而这些都将是我们以后的资本。

二、职商在职场中的重要作用

为什么雄心万丈的大学生找不到工作？为什么自己满腹经纶却不受上司重视？

为什么精心经营每个环节却由于某个小疏忽而毁了一世英名？这一切的背后，都是不重视职商所导致的。无论是初入职场者还是取得一定成就的职业经理人、创业者，职商的高低都直接决定了未来前程的远近与明暗。此外，我们在职场中经常会遇到一个误区——自己有能力，理所当然就应该成功。

为了谋求生存和发展，当代年轻人在求职过程中有着许多不断学习、奋斗不息的精彩故事。投身于职场洪流之前，他们是极为普通、带有棱角的石子，经过职场中的种种磨砺，最终成为光泽鲜亮、圆滑饱满的鹅卵石。在这个磨砺的过程中，他们经历了失败的痛苦、妥协的酸楚、跳槽的忧虑、转行的艰辛、辞退的打击、心计的较量……最终完成了从“职场菜鸟”到“职场达人”的修炼和蜕变。

面对职场上的竞争与压力，为了更好地生活，职商前所未有地被我们重视起来。我到底适合什么样的工作？我的人生经验是否丰富？我是否应该跳槽？我是否具备领导能力？我能否自我创业？这些问题无时无刻不在困扰着众多职场人士。由于职商的低下，许多职场人士盲目决策，最后惨败在激烈的竞争之中。有专家指出，很多低职商的人失败的原因就在于没有搞清楚自己是谁，自己处于一种什么样的环境，自己能为这个单位做些什么，自己能为上司提供什么，自己处于职业生涯的什么阶段，未来的职业生涯应该如何规划和管理，等等，这几个问题是职商的重要组成部分。

平凡的日子不等于得过且过的日子，更不是毫无意义的行尸走肉的日子。平凡的日子同样需要学会认识自己，发现自己的价值和意义所在；需要学会自主平衡许多关系；需要探索怎样的职业最符合你心目中的理想生活状态；需要具备适应自己理想职业的基本素质；需要保有工作从而给自己的生活提供保障；等等。这些都不是一个自然而然的过程，也是需要投入心力去规划和经营的。职业生涯规划好之后，如何实现呢？这需要我们用积极的态度去学习，在实践中不断充实自我，提高自身的职业素养，借助科学的方法，为自己的生活和职业生涯提供最有力的保障。

职场如同“八仙过海”这个神话故事里的东海，需要我们各显“神通”，遨游过海。八仙借助的是他们自己的独门宝物，我们则需要借助自己的特长，认识自己怀揣的“宝物”，发掘自己的“宝物”，锤炼自己的“宝物”。这个“宝物”就是我们在实现职业生涯规划目标中需要具备的良好的职业素养和职商。

三、大学生职商培育的路径

（一）工匠精神培育与职业道德教育相结合

职业道德为各行各业的从业者提供与社会发展目标相一致的职业价值与理念，为工匠精神的培育奠定价值基础。新时代，应把工匠精神培育与职业道德教育相结合，在职业道

职商有助于让自己在职场游刃有余

德教育中融入工匠精神，在大国工匠培养中贯穿立德树人要求。

1. 以社会主义职业价值观引领工匠精神培育

崇尚劳动，在平凡的岗位上通过劳动奉献社会实现自身的价值，是新时代职业道德与工匠精神所倡导的职业价值观。当今社会，实业界亟需有理想、懂技术、会创造、敢担当的产业工人大军，打造“中国智造”“中国服务”等品牌，满足人民群众对美好生活的向往。应在全社会倡导劳动光荣、奉献社会的职业价值观，鼓励人们在平凡的岗位做出不平凡的业绩。

2. 将工匠精神融入职业道德教育

每一种职业的存在都是基于其特殊的产品而为社会所需要的。职业道德关注职业与服务对象的关系，其最核心的要求就体现在产品的精益求精上。让职业对象发自内心的满意是职业道德的本质要求，其前提就是产品的质量保障。离开了每一职业所提供的特殊产品，职业存在的必要性也就丧失，也就不需要处理各种职业关系的职业道德。因此，无论从事哪一种职业，工匠精神都是其普遍与基本的要求。将工匠精神培育融入职业道德教育，培养精益求精的职业操守，有助于推动我国制造业转型升级，推动我国科技、教育、经济、文化以及服务行业立于世界先进行列。同时，将工匠精神融入职业道德教育，有助于培养从业者敬业、乐业的态度和品质，让从业者从平凡的工作中体会到非凡的成就，获得自我价值实现的自豪感和幸福感。

3. 职业责任内化为各行各业高素质高技能人才的驱动力

“致天下之治者在人才。”无论拥有多么先进的技术，都必须依赖高技能人才，才能生产出优质的产品。习近平总书记强调，要“加快培养大批高素质劳动者和技术技能人才”。“高素质”内在地包含“有理想”“有责任”“有担当”。职业道德与工匠精神，都是在平平淡淡的日常工作中时刻体现出来的优秀素质，其核心是职业责任。应将在自己平凡的岗位上“做好当班的事”的职业责任培养作为工匠精神培育与职业道德教育的着力点，使之成为各行各业高素质高技能人才的驱动力。

（二）提升个体工作的有效性

一般说来，管理者都具有较高的智力和相当的知识水准，但是一个人的工作效率却未必与他的智力和知识对等，可见，才能本身并非成就，而是一种人们用以取得成就的资源。而有效性和有条理、有系统的工作，却能将这种资源转化为成果。而这个有效的工作，就是使能力和知识产生更多更好成果的一种手段。它具有以下 5 个要素。

1. 懂得管理时间

有效的管理者都知道时间的有效管理非常重要。正如庄子所言：“吾生也有涯，而知也无涯。”一个人所能自己控制的时间其实是非常有限的，因此要有条理、系统地工作，才能善用这些时间。时间可以说是最短缺的资源，也最具有特殊性，时间的供给既不因需求的增加而增加，也不受价格的调节，更不会有替代品。古人曾经有许多劝人珍惜时间的诗句，如“逝者如斯夫，不舍昼夜”“莫等闲，白了少年头，空悲切”等。

著名学者德鲁克说：“有效的管理者不是从他们的任务开始，而是从掌握时间开始。”首先，要认清自己的时间支配在什么地方，然后恰当管理自己的时间以减少非生产工作所占用的时间，最后将可以自由运用的时间集中起来成为连续时段。记录时间、管理时间、集中时间这三个步骤，是实现工作有效性的基础。

2. 善于扬长避短

有效的管理者应懂得扬长避短。这个“长处”，包括自己的长处、上级主管的长处、同事的长处、下属的长处以及周边环境的长处。当然，也要了解自己的短处，做到充分发挥长处，取长补短。也就是说，在为走进做准备的过程中，尽可能让自己的短板变得长一点，长板继续拉长。

3. 重视对外贡献

一个人是社会的人，不是完全脱离社会存在的。就管理者的贡献来说，直接的成果、价值的实现和未来人才的开发是最重要的绩效。因而，每一位重视贡献的管理者都必须在这三个方面做出努力。但凡取得成功的人，都是重视贡献、能够适应职位变化而做出相应调整的人。微软副总裁李开复认为，年轻人创业要取得成功，人品、团队精神、刻苦、创新等要素至关重要。管理者需要建立良好的人际关系，包括意见沟通、团队合作、自我发展、培养他人等。

4. 知道轻重缓急

有效的管理者应该集中时间和精力做需要优先做的事情。从某种意义上来说，这是提高管理者工作有效性的秘诀。研究形势并根据形势的变化决定下一步哪项任务优先，在集中精力做某项重要工作的时候，就不要轻易接受其他任务，这也是一种勇气，是一种敢于决定真正该做和真正该先做的工作以及主动运用时间和掌握情况的勇气。只有这样，管理者才能成为掌控自己时间和工作情况的主人。

5. 做出有效决策

当任务来临时，及时而有效的决策能够确保任务在尽可能短的时间内圆满完成；反之，则可能拖延完成时间或者影响任务完成的质量。当问题出现时，有效的决策能够使问题及时得以解决，把可能造成的损失降到最低。

（三）提升团队工作的协调性

与人共事要培养一种尊重他人、乐于助人的团队合作素养，这样才能促使群体产生认同感、集体荣誉感及责任感，使团队成员凝聚一起，共同努力工作，共同维护集体荣誉，共享成功喜悦。团队合作素养包括以下 7 个方面。

1. 健康的互动反应

团队内应始终保持积极健康的互动反应，人人助我，我助人人。当他人取得成绩和进步时，要表示赞赏和鼓励；当他人遇到困难而埋怨、悲观、消极时，应激励、鼓舞其保持积极、乐观的心态；当别人主动认错时，应宽容以待，同时自觉检讨自身的不足；当别人批评自己的错误时，应表示接受、改正和感谢；当别人出现错误时，应适时提出批评和改进意见。

2. 不加情绪的辩论

在讨论问题的时候，如果不能达成一致意见，出现辩论情形时，为了保证决策的质量，应使每个人充分发表意见，做到自由、激烈而不失友好。有时候，激烈的争辩往往容易使人出现情绪化，如对他人的不同看法提出毫不客气的质问，或以尖刻的言语反驳对方，或者双方争论到脸红脖子粗，这样容易打击不同意见者的责任心，造成不团结的现象，也会使决策难以达到理想效果。我们应冷静地倾听他人的意见或建议，即使是相悖的观点，也应该认真倾听，综合考虑。

3. 平等参与的讨论

团队中在解决问题进行分析讨论时，为充分听取意见，应营造畅所欲言的氛围，现场人员无论职务高低、资历长短、年龄大小，都以平等的姿态参与讨论，认真听取别人的意见。讨论中应对别人的观点和想法表现出兴趣和鼓励。

4. 强烈的集体忠诚感

业绩优秀的团队成员取得成功，多半离不开自己对所在团队的真诚热爱和关心，成员之间的情感纽带使团队成员能坦诚相待，互相关心。

5. 无私合作与相互信任

在成功的团队中，各成员都觉得彼此可以互相依靠。有成就的人在组织某个项目时，总是会注意挑选那些能够与人合作的人，并鼓励大家互相帮助。

6. 善用不同才能者

越能在工作中运用各种不同能力的团队，就越能灵活地满足不断变化的任务要求。团队中员工往往各有所长，善用不同能力的人，可以增强团队成员的参与意识，发挥所长，避其所短，同时通过共同的参与，成员的情感能力进一步发展，团队的凝聚力也可以增强。

7. 内在使命感

集体目标失败，成员之间的配合不够默契往往是原因之一，其中成员个体功利化因素是主要的。只有当大家认识到自己在完成一项具有重要意义的任务时，才会全力以赴，因为任务本身具有强烈的吸引力，能够让人满足。无论这种工作激情来自成就感还是为了扩大影响，都是一种内在的使命感，团队成员都有想比团队其他成员做得更好的强烈的情感满足愿望，以及争取事业成功的渴求。

团队合作是取得成功的重要因素，一个知识型组织，需要有着不同知识和技能结构的专家组成团队。有效的管理者应该让其有发挥特长的平台，要“各尽所能、人尽其才”，让整个团队处于一种最优化的运转当中。有效的管理者知道，惟有集中长处才能产生效果。管理者的任务就是充分发挥团队合作的作用，同时又调动运用每一个人的才干，使之以一当十，产生最大绩效。团队协调能力能引导产生集体合作效应以及追求和实现集体目标的能力。团队建设和团队领导艺术的关键，就是使团队中的每个人都热爱自己所从事的工作。这样可以让团队中的每一位成员都愿意在这个集体中工作，因为这样的团队存在着一种由进取心、稳固的社会关系和彼此信任等因素结合而产生的成就感，使他们在工作过程中产生快乐。

马克思有一句名言：“在科学上没有平坦的大道，只有那些不畏艰险沿着陡峭山路攀登的人，才有希望到达光辉的顶点。”攀登的人就会“有希望”；而不攀登的人，连希望都没有。科学如此，人生何尝不是这样呢？

【知识拓展】

腾讯“五虎将”团队

曾经的“腾讯五虎将”——难得的黄金创业团队腾讯马化腾创业五兄弟，其理性堪称标杆。在创立腾讯之初，马化腾就与其余四位伙伴约定，各展所长、各管一摊。马化腾任首席执行官（CEO），张志东任首席技术官（CTO），曾李青任首席运营官（COO），许晨晔任首席信息官（CIO），陈一丹任首席行政官（CAO）。这个创业团队保持了较长时间的合作阵形，直到腾讯规模日益扩大。

在企业迅速壮大的过程中，要保持创始人团队较长时间的稳定合作尤其不易。在这背后，工程师出身的马化腾一开始对于团队合作的理性设计功不可没。从股份构成上看，马化腾出资 23.75 万元，占 47.5%的股份；张志东占 20%；曾李青占 12.5%；其他两人各占 10%。虽然主要资金都由马化腾出，他却自愿把所占的股份降到一半以下，而同时，他自己又一定要出主要的资金，占大股。如果没有一个主心骨，股份大家平分，到时候也肯定会出问题。

保持稳定的另一个关键因素就在于搭档之间的“合理组合”。据《沸腾十五年中国互联网：1995-2009》作者林军回忆说：“马化腾非常聪明，但非常固执，注重用户体验，愿意从用户的角度去看产品。张志东是脑袋非常活跃、对技术很沉迷的一个人。马化腾技术上也非常好，但是他的长处是能够把很多事情简单化，而张志东更多是把一个事情做得完美。许晨晔和马化腾、张志东同为深圳大学计算机专业的同学，他是一个非常随和、有主见但不轻易表达的人，是有名的‘好好先生’。而陈一丹是马化腾在深圳中学时的同学，后来也就读深圳大学，他十分严谨，同时又是一个非常张扬的人，他能在不同的状态下激起大家的激情。曾李青是腾讯五个创始人中最好玩、最开放、最具激情和感召力的一个人，与温和的马化腾、爱好技术的张志东相比是另一个类型，其大开大合的性格，也比马化腾更具攻击性，更像拿主意的人。”

可以说，在中国的民营企业中，能够像马化腾这样，既包容又拉拢，选择性格不同、各有特长的人组成一个创业团队，并在成功开拓局面后还依旧保持了较长时间的合作，是很少见的。而马化腾成功之处，就在于其从一开始就很好地设计了创业团队的责权利。能力越大，责任越大，权力越大，收益也就越大。团队是一种特殊的群体，是由具有共同的创业理念、价值观和创业愿景，相互信任的人员组成，为了共同的目标团结合作、共同承担责任而组建的工作团队。团队成员有高度的信任和忠诚；拥有合作精神，能时刻进行有效沟通，各自发挥着应有的聪明才智；有极具创新能力和远大目标的决策者。

【课堂活动】

"说说"我的专业

首先，我了解我的专业。

我的专业是________，专业方向是________，专业学科属于________，学习这个专业将来可以从事的工作有________。从事这个专业的专家有________。

其次，我熟悉我的专业。

我的专业发展历程是________。

我的专业目前的理论动态和科研前沿是________。

我的专业课程结构是________。

最后，我热爱我的专业。

学习这个专业的方法有________。

学习这个专业的素质要求有________。

为了更好地学习我的专业，今后我的努力方向是________。

【思考题】

1. 职商的构成要素主要有哪些？
2. 把一群人集合在一起，是否就可称为团队？
3. 你认为融入团队的第一要务是什么？

第五章　大学生职业规划

学习要点

1. 掌握职业规划的概念、意义和职业规划书的撰写
2. 了解大学生职业规划的内容和步骤
3. 理解大学生职业规划的重要性

大学阶段是大学生职业生涯中的准备期和探索期，对于大学生群体来说，职业生涯规划有着更具体、更重要的内主动力：在大学阶段，应当客观、全面地认识自己的能力、兴趣、个性和价值观，了解各种职业、行业、环境的需求趋势和影响因素，确立职业生涯发展目标，选择实现这一目标的职业方向，制订出行之有效的实施方案，包括相应的学习和培训计划，并做到及时反馈和修订。在我国，生涯规划虽然已经不是一个新的概念，但不少大学新生认为生涯规划离自己还很远。其实不然，从大一开始做生涯规划，起步已经不早了。我们必须知道，生涯规划越早开始越好。

第一节　职业规划概述

一、职业规划概述

（一）职业规划的概念

职业规划也叫“职业生涯规划”，是指个人与组织相结合，在对一个人职业生涯的主客观条件进行测定、分析、总结的基础上，对自己的兴趣、爱好、能力、特点进行综合分析与权衡，结合时代特点，根据自己的职业倾向，确定最佳的职业奋斗目标，并为实现这一目标做出行之有效的安排。

在美国，从幼儿园开始就有生涯辅导，在中小学更有多种多样旨在扩展生涯经验和增进自我了解的职业探索活动和教育活动。生涯辅导不是以“一个萝卜一个坑”的方式进行人与职业的组合，而是融入个体的自我发展、角色的发展进程。

【案例 5–1】

机会只留给有准备的人

“人生的道路上没有人能一直赢，没有人会永远输”，这是向导常挂在嘴边的一句话。他踏实务实，为做好交通监督调查工作奠定坚实基础。2010 年 7 月他毕业于湖南化工职业技术学院，同年来到广东省高速公路做了一名普通的收费员。对于一个刚踏出校门的人来说，收费工作让他感到非常吃力，并不像人们所想象的那样简单。24 小时的轮岗制度，上班 8 小时随时受到视频监控的约束，都成为他必须克服的困难。为了追求利益最大化，有的司机想尽办法算计，即便如此，他从未收错一分通行费，没让他们找到任何漏洞。遇上节假日他还别出心裁地对司机朋友说道：“节日快乐，师傅开慢点，今天路滑”“大姐，请慢走”，让驾驶员们感到格外亲切。一天的工作虽然让他筋疲力尽，但他始终相信有梦就有希望，而希望总是从低处开始。

新年的钟声响起，因想念远方的母亲，他曾默默流泪，母亲在电话另一边告诉他：“含泪播种的人，一定能含笑收获。”他坚守信念，终于在 2011 年的一天，等到了一个机遇。广东省交通厅面向社会招考一批公职人员！这是一个极大的惊喜，同时也是一个巨大的挑战，只有努力学习才有可能成功。三个月中他几乎用尽自己所有休息时间，将相关的复习资料整整看了十几个来回，对于题库中提到的一些关于交通行业的专业性问题和处理方式拿捏不准时，他便找到自己的领导虚心请教，凭着自己的信心和对未来的憧憬，他义无反顾地步入考场。他以笔试第三名、面试第二名的成绩跻身入围名单。惊喜的背后更多的是感激，此刻他想起了湖南化工职业技术学院的老师和朋友。这个地方曾经给予他太多的鼓励和自信。教室培养了他学习的方式，让他在冲刺的这三个月里懂得怎样调节自己；学校大礼堂锻炼了他的胆量和自信，使他在面试中回答考官的提问时不卑不亢。他永远忘不了曾经的班主任欧老师说的：“只要你不放弃自己，命运总会给你一个满意的承诺。”他真的做到了！那一年，他正式成为广东省交通厅行政督察办特派高速公路督察员。

这是一个令人羡慕的职业，管辖范围较广，主要职责是监督调查高速公路各部门工作开展情况及路面安全勘察。风光无限的后面是压力，面对社会上的势利、心机和诱惑，他也曾感到过懊恼，但他始终相信老老实实做事、清清白白做人这个道理。四年的督察生涯中，他走访了一百多个大小村庄，倾听村民对高速公路的意见和建议；检查了两百多座桥梁涵洞，对存在安全隐患的部分提出整改措施。面对村民的友好时他曾亲切地与大家握手拥抱，村民对高速公路有不同的看法和误会时他会不分昼夜地为其解释和劝导。他曾为修建村里连接高速公路的排水系统取消自己两个月的休假时间，准备材料上报和监督，当工程完工后他与村民们共同欢呼击掌；也曾因调查出下属单位办事员执法不力的渎职情况，亲手上报有关部门予以批评处分而感到痛心疾首。正因为执着，他从收费员做到督察员，因为坚持，他从督察员做到特派督察组长。通过不懈努力，2012 年 5 月，向导被评为督察办优秀工作者，2013 年 12 月被广东省交通厅评为年度先进个人，2014 年 8 月荣获广东省督察先锋称号。

案例分析：每一个足迹都要对得起组织和人民的信任，对得起自己的坚持和手中的工资。一路走来，他生活在一个不完整的家庭，却没有因此影响到自己的人生，即便在贫穷的环境中也没有丧失奋发图强的斗志，所以他得到了自己想要的东西——心中富有。前方的路也许会有坎坷，但只要懂得知足，善待他人，端正自己的行为和作风，永远把职责使命放在自己利益之上，再不平的道路也会走得心安理得。我们要做一个勇于挑战自我、不畏艰难、认真对待每一次机遇与挑战的人，让自己的人生更加充实和精彩。

（二）职业规划的意义

职业规划是帮助大学生认识、理解、践行职业生涯的有效方法，开展职业生涯规划对大学生有着重要的意义。

1. 通过职业规划，引导大学生树立职业目标

很多大一新生觉得自己刚上大学，考虑职业方向为时尚早，大三、大四考虑就来得及。但实际上，职业方向的确立需要我们综合自身特质和真实的职场信息，并做充足的准备，才能在将来面临众多职业方向的时候做出理性决策。通过职业规划，在大学期间才可以集中能量，朝着职业目标的方向做充分准备。

2. 通过职业规划，激发大学生前进的动力

职业生涯的成功是人们自我实现的途径。在自我实现的状态里，你希望自己是一个什么样的人？能给你周围的人、能给你所处的环境带来什么呢？希望听到别人对你做怎样的评价？当这个愿景在你脑海中清晰起来的时候，你会发觉浑身上下充满了力量，因为当下的每一份付出、每一滴汗水都是有意义的。朝向目标努力的过程也是逐步厘清生命的价值和意义的过程。正如存在主义的观点——“我们的任务是创造个有意义、有目的的生活”“我们是自己生活的作者，我们为自己的生活规划蓝图”。

3. 通过职业规划，充分认识自己，发现更多潜能

“人们之所以会提早排除一些潜在的可能从事的职业，可能是他们处在一个发展自我效能经验的有限环境中。”自我效能感是指个体对自己是否有能力完成某一行为所进行的推测与判断，是个体的自信程度。因此，我们可以通过职业生涯规划发现自身潜在的特质，通过学习体验职业环境，提升自我效能感，发现更多的可能性。

4. 通过职业规划，提高效率，合理安排日常生活

当目标清晰之后，我们就能够抓住生活中的重点，明确知道大学期间哪些事

件是重要且紧急的，并对这些事件“精益求精”，如专业课的学习、能力的提升；哪些事件是重要但不紧急的，并对这些事件“长期坚持”，如锻炼身体、读书等。对于紧急但不重要的事，尽量完成，但不一定非要“完美”，也可以授权或委婉拒绝；对于不重要也不紧急的事，懂得适可而止。

（三）职业规划的原则

大学生在进行职业规划时应遵循以下基本原则。

1. 社会需求原则

职业活动作为一种社会活动，必然会受到社会需求的制约。如果个体的职业观念和职业规划脱离了社会需求，那么其职业活动将很难被社会接纳。因此，大学生在进行职业规划时应看清现实社会与未来的职业发展趋势，把握社会对人才的需求状况，以社会需求作为出发点和归宿点，确保个人能力与社会需求相统一、个人愿望与社会需要相结合，以使职业生涯规划具有现实性和可行性。

2. 专业相关原则

每个专业都有特定的培养目标和就业方向，这是职业生涯规划的基本依据。如果一个人的职业与专业不匹配，那么其势必要付出职业转换成本。这对于个人和社会而言，都是巨大的资源浪费。因此，大学生在进行职业规划时要尽可能依托自己所学的专业，强化专业知识与技能，以专业特色和能力要求为导向，规划自己的学习与生活，力求未来职业与所学专业相匹配。

3. 人职匹配原则

职业规划强调岗位适应性和人职匹配。大学生在进行职业规划时一定要充分考虑自己的个性倾向性、个性心理特征、能力、特长等。其中，个性倾向性包括需求、兴趣、动机、理想、信念和世界观等；个性心理特征主要包括气质与性格。只有个性倾向性、个性心理特征、能力、特长与岗位相匹配，个体才能充分发挥自己的优势。

4. 时间梯度原则

如果一个人从 20 岁左右开始工作，到 60 岁左右退休，那么其职业生涯只有 40 年左右。除去用于生活的时间之后，直接用于工作的时间就更加有限了。因此，大学生一定要珍惜有限的职业生涯。在进行职业规划时，大学生应根据人生的发展阶段，将整个职业生涯划分为若干阶段，在不同阶段完成不同的职业生涯任务；同时，为每个阶段设置明确的起止时间，即确定“开始执行”和“实现目标”的时间坐标。如果各项任务的完成没有明确的截止日期，职业规划就会成为空谈。

（四）职业规划的类型

按照规划的时间维度，职业规划可以分为短期规划、中期规划、长期规划和人生规划四种类型。

1. 短期规划

短期规划一般是 2 年及以内的规划，主要是近期目标，规划近期应完成的任务。

2. 中期规划

中期规划一般是 3~5 年的职业目标和任务，是最常见的职业规划类型。

3. 长期规划

长期规划指 6~10 年的规划，主要是设定较长远的目标，以及为实现此目标准备采取的具体措施。

4. 人生规划

人生规划指整个职业生涯的规划，时间长达 40 年，通常会涉及整个人生的发展目标和阶段。

个人职业规划从短期到中期，再到长期，直至整个人生规划，如同台阶需要一步步地发展。在实际操作中，时间跨度太长的规划由于环境和个人自身的变化难以把握，而时间跨度太短的规划意义又不大，所以应把职业规划的重点放在 3~5 年的中期规划，这样既便于根据实际情况设定可行目标，又便于随时根据现实的反馈修正或调整计划。

二、大学生职业规划的内容和步骤

（一）职业规划的内容

1. 理论知识学习规划

大学生的主要任务就是学习，因此学业规划是大学生职业规划最重要的内容。学业规划包括专业技能学习规划、公共基础知识学习规划、就业知识学习规划等。大学生应该根据自己的职业目标，在认真研究社会需求的基础上，结合学校的课程安排，制订科学的、个性化的理论知识学习规划。

2. 专业技能学习规划

首先，要确定专业技能学习的目标。例如，会计专业学生的学习目标应该掌握会计岗位所需要的会计知识，考取会计相关资格证书，如助理会计师证、会计师证等。而师范专业学生的学习目标应该是达到教师岗位所需要的技能要求，即学生一方面要达到理论学习要求，顺利毕业，取得教师资格证；另一方面，还要通过实习熟练掌握实操技能。

其次，要合理分解不同阶段的学习规划。对于大学生来说，大一阶段的主要任务是打基础，适应新的学习环境，掌握专业的基础知识，了解专业特点，寻找适合自己的专业学习方法，培养对专业的学习兴趣；大二、大三阶段是深入学习阶段，主要任务是了解专业的课程体系，掌握专业学习的主要方法，研究专业的发展动向，探析专业的就业特点；大四是实习实践阶段，主要任务是提高专业能力，进行毕业设计和撰写毕业论文，准备相关职业资格证书考试，为毕业做准备。

最后，提高自学能力。自学能力是提升专业能力的一个重要保障。大学期间的时间比较自由，主要依靠自学，需要大学生主动地去规划自己的学业安排。大学生应在珍惜课堂时间的同时充分利用课余时间进行自学，提高自己的专业水平和竞争力。

3. 公共基础知识学习规划

公共基础知识主要指外语、计算机、写作、公共关系等方面的知识。在信息化时代，社会对人才综合素质的要求越来越高，大学生必须不断提高自己的综合素质。而公共基础知识就是综合素质的具体体现。有的大学生对公共基础知识学习不够重视，认为对就业帮助不大，而毕业时没能找到相关专业工作，综合素质又不够高，就业顿时陷入困境；而那些综合素质高的学生，即便没有找到对口专业的工作，就业也相对容易。

因此，大学生在学好相关知识的同时，可适当考取一些英语、计算机、技能等级证书，在一定程度上提升就业竞争力。但是，大学生要妥善分配好专业学习与公共基础知识学习的时间，不能顾此失彼。

4. 就业知识学习规划

专业技能与岗位之间需要一个桥梁，这个桥梁就是就业知识。就业知识学习主要指就业形势分析、就业心理调适、就业信息搜集、就业技巧训练等。不是专业技能学好了，就能有一份好的工作。大学生必须先掌握一定的就业知识，找到合适的工作岗位，专业技能才有发挥的场所。

制订就业知识学习规划，要注意以下三点：一是要明确阶段性学习目标：大一阶段主要是认识自我，确定好职业目标，提高职业素养；大二阶段主要是了解行业形势，做好职业规划；大三阶段主要是掌握搜集就业信息、面试笔试的技巧，做好求职的准备；大四阶段主要是明确专业岗位职责、搜集就业信息、参加招聘会等。二是要重视就业指导课，关注学校实习就业部门发布的相关信息及国家相关就业政策。三是要树立正确的就业观。

（二）职业规划的步骤

1. 进行自我评估

自我评估就是对自己进行全面而客观的分析。在职业规划过程中，自我评估是其他步骤的基础。

在自我评估过程中，个体应采用科学的方法对自己的气质类型、性格、职业兴趣、能力、职业价值观等进行全面分析，弄清楚自己的优势与长处、劣势与不足。需要注意的是，个体在进行自我评估时应当全面、客观，不能以点代面、主观臆断。

大学生在进行自我评估时，可以通过思考下列问题来初步了解自己：

（1）在职业发展方面，自己追求更大的发展空间，还是更高的收入？追求安稳舒适，还是成功带来的成就感？什么样的工作能满足自己的需求？

（2）自己的兴趣爱好是什么？喜欢做管理工作还是技术工作？

（3）自己有哪些专业能力？这些能力比较适合什么样的工作？

（4）自己的性格属于哪种类型？这种性格适合什么样的工作？

（5）自己的专业是什么？该专业与哪些职业相匹配？

（6）家庭对自己的职业生涯有怎样的影响？如何利用积极的影响？

（7）自己在求职过程中可以利用哪些人脉资源？

个体在进行职业规划时，必须对自己所处的职业环境进行分析，以便在复杂的环境中趋利避害，使职业规划更具有可操作性。大学生分析职业环境的主要内容包括职业环境的宏观发展趋势、环境对自身职业发展的影响、特定职业对从业人员的要求等。全面、客观地分析职业环境，有利于个体做出科学、合理的职业生涯决策。

2. 实施成长规划

大学生成长规划的内容主要包括：养成良好的生活习惯，培养健康的兴趣爱好，保持良好的心态，学会财务管理，树立正确的世界观。

（1）养成良好的生活习惯。良好的生活习惯是身心健康的保证，而身心健康是学习、工作的基础。大学生精力旺盛，又处于长身体、学知识的重要时期，良好的生活习惯可以促使其顺利、成功地度过大学阶段。为了身心健康，大学生从踏进大学校门开始，就应重视培养自己良好的生活习惯。

为此，大学生应做到：保证合理的营养摄入，不暴饮暴食、不采用节食的方法错误减肥；养成良好的作息习惯；进行适当的体育锻炼和文娱活动。

（2）培养健康的兴趣爱好。健康向上的兴趣爱好，不仅可以陶冶情操、广博见识、强健体魄，还有利于调适心理，调节和丰富业余生活。但是如果兴趣爱好突破了正常的界限，成为不良嗜好，就会陷入欲望的陷阱难以自拔。

（3）保持良好的心态。良好的心态、健全的人格，是大学生身心健康的重要标志及学习、就业的重要保障。当今社会，科技越来越发达，知识更新速度越来越快，竞争压力越来越大，大学生就业、工作的难度也越来越大，这就更需要大学生拥有良好的心态。

（4）学会财务管理。大学是人生的重要阶段，是理财的起步阶段。大学生要树立正确的金钱意识，即能够量入为出，会计划、会管理、懂得专款专用，花钱有节制。

（5）树立正确的世界观。“青年是引风气之先的社会力量。”作为国家的希望和未来，大学生应该树立正确的世界观，培养民族责任感，以强大国家为己任，立志做一个有利于社会的人。

(6) 拥有梦想。梦想是指人们对于美好事物的一种憧憬和渴望，可以给一个人带来巨大的力量。教育家杜士扬老师这样说："梦想点燃了一个人生命的希望和热情，梦想催动了一个人奋起战斗的勇气和决心，梦想激扬着一个人无视眼前的任何困难，梦想鼓舞着一个人百折不挠，永不放弃！"

梦想距离理想只有一步之遥，当一个人把梦想当作目标，加以规划、实施，梦想就变成了理想。人们为了理想可以拼尽全力。可以说，人类因梦想而进步，生活因梦想而变得美好。我们看到，现代的人类能够飞上天，登上月球，冲向外太空；不用出门，在手机上轻轻一点，就可以知道天下事，这些古人们的梦想，现在都一一实现了，这无疑是人类的进步。每一个人都有梦想，但能够坚持梦想的却不多。大学生都怀揣着梦想来到学校，面对生活的现实、就业的压力，一部分学生对于梦想会选择逃避，他们在世俗中奔走、忙碌，把梦想遗忘，最终泯然众人矣；而那些坚持者往往最后能取得成功。

(三) 社会实践规划

参加社会实践活动有助于大学生通过体验自己学习和工作上的成功与不足，进行自我反思，从而进一步提高自身综合素质。

大学生社会实践规划主要包括参加大学生社团、进行社会实践活动和实习等三个方面。

1. 参加大学生社团

大学生社团为大学生提供了一个与他人和社会接触的机会，大学生在社团中可以提高自己的社交能力、实践能力、自制能力、管理能力，也可以结识更多的新朋友。

大学生社团种类多样，面对令人眼花缭乱的校园社团组织，大学生应该按照自己的特长与爱好加入合适的社团。一旦进入某个社团，就需要认真做好社团的每一项工作。

2. 进行社会实践活动

"学以致用，贵在实践"，大学生必须把自己的所学应用到实践中去，在实践中增长见识和才干，体现自身价值。参加社会实践活动可以培养大学生应对各种情况、解决问题的能力；促进集体协作，提升交往能力。社会实践还可以培养大学生吃苦耐劳的精神，使他们学会管理自己，发掘自身潜能，以适应世界和时代的变化，增强生存能力。

3. 实习实训

实习实训对大学生来说意义重大，主要体现在以下几个方面：

(1) 完善专业技能，提高动手能力。在实习单位，大学生可以体验到专业知识如何运用在实践中，提高自己的专业能力。

(2) 了解职业与行业，确认喜欢或擅长的职业。在实习的过程中，大学生可以确定自己是否喜欢这份工作，自己能否胜任。如果喜欢又胜任，以后毕业找工作，就可以把它作为目标职业；反之，就要寻找新的工作方向。

（3）为从学生角色转向职业人角色做准备。实习可以让大学生接触到真实的职场。实习经历可以帮助大学生在参加工作时更快、更好地融入新的环境，完成学生向职场人士的转换。

4. 做出职业生涯决策

职业生涯决策是个体在正确认识自我和职业环境的基础上所做出的选择和决定，包括对职业生涯目标的确定和对职业发展路径的选择。这是职业规划步骤中的关键一步。在决策过程中，个体可能会遇到一些难以抉择的问题，需要承担风险和压力。对尚未进入职场的大学生而言，做职业生涯决策的过程是一个非常好的历练过程。

在做职业生涯决策的时候，大学生首先应了解自己平时的决策习惯，让自己尽可能保持一种平和的心态，然后综合分析自我和职业世界，进而确定适合自己的职业生涯目标。

（1）确定职业生涯目标。大学生应当确定职业生涯目标，即明确自己毕业后进入什么行业、从事什么职业。在确定职业生涯目标时，应当以社会发展的需求为依据，充分考虑自己的兴趣爱好和专业能力。大学生在初步确定了自己的职业生涯目标之后，应对其进行分解，列出中期目标和短期目标，并制订具有可行性的行动计划。

（2）明确职业生涯路径。职业生涯路径是指个体实现自己职业生涯目标的具体路线，如走管理路线还是技术路线等。发展路线不同，职业发展的要求也不相同。在职业发展道路中，每个人都有适合自身发展的路线。个体可以选择不同的行业，在同一行业里也可以选择不同的企业，在同一企业里还可以选择不同的职位。同时，在职业发展道路中通常有管理路线和技术路线两种发展路线可供选择。在职业生涯规划中，大学生必须做出选择，以使自己的学习、生活和工作按照设定的职业生涯路径前进。在确定职业生涯路径时，大学生可以从志向取向、能力取向和机会取向三个方面进行。

（3）制订行动计划。行动计划主要指落实职业目标的具体措施，主要包括教育、培训、实践等方面的措施。例如，在职业素质方面，计划学习哪些知识、掌握哪些技能、开发哪些潜能、采取哪些措施，计划用多长时间实现目标，等等。这些计划应当内容具体，具有可行性，且具有明确的截止期限，以便自己及时落实计划并定时检查完成情况。

（4）评估与修正。职业生涯规划涉及个体生活和工作的方方面面，由于人和事物都是在不断变化的，因此个体需要定期对自己的职业规划进行评估和调整。例如，大学生的人生观、价值观都处于形成阶段，会随着他们对社会的认识和对生命意义的理解的变化而改变；又如，随着社会和科技的快速发展，原来所做的职业规划可能不再适合新的发展形势。这时，个体就需要对职业规划进行再评估，以便做出相应的调整，使其适应新的环境。

对职业规划的评估与修正主要包括职业的重新选择、职业生涯路径的重新规划、阶段性目标的修正、实施措施与计划的变更等。

三、大学生生涯发展任务与职业发展任务

生涯发展任务是指在生涯发展过程中每个阶段个体应该完成的特定任务，而生涯发展任务的完成情况（即生涯成熟度）会对个体下一个阶段的发展产生直接影响。

（一）大学生生涯发展任务

1. 充分探索自我

随着高考的改革，很多地区的高中已经开设了职业规划课程，大学也基本都有职业规划相关的课程。在大学一年级，学生要通过老师的讲授、课上开展的关于自我探索的评估，积极探索自己的兴趣、性格、技能和价值观。目前很多高校设有生涯发展中心之类的机构，为学生开展“一对一”的咨询或者“一对多”的团体辅导，学生可以与这些机构的老师联系，请老师协助，进一步明确自己的特质。自我探索之后，学生会获得一系列与自己特质匹配的职业，这样就可以缩小职业探索的范围。

2. 探索职业世界

仅仅了解自己是不够的，我们还要知道职场的环境和对求职者的期待。探索职业世界信息最有效的方式就是获取直接经验，如实习、刷简历、面试等，直接与职场人物对话，了解职业信息，明确自己是否与目标职业的要求相匹配。但我们无法做到把自我探索阶段获取的所有职业都实习一遍，因此可以通过“生涯人物访谈”间接地获取职业世界信息。生涯人物指各行各业的职场人物，可以从校友、校园招聘、父母亲友等途径找到目标职业的生涯人物，开展生涯人物访谈。在实践中，我们要充分利用大一、大二的时光开展职业世界探索，收集信息，并分析整理，进一步缩小我们的目标职业范围。

3. 确立职业生涯发展目标

随着信息的积累，很多大学生会在大三的时候面临众多路径的选择，比如是否出国留学，是否考研究生，是否准备考取公务员、选调生，是否创业，等等。那么，此时我们应该如何选择呢？我们可以“跨越选项看目标”。在综合了自我探索和职业世界探索之后，可以得到一组目标职业，职业发展目标在我们的头脑中慢慢清晰起来。目标明确可以协助我们理性决策，哪些选项是为我们的目标服务的，是机会，要珍惜；哪些选项只是干扰，要排除。例如，你的职业目标是成为

大国工匠，那么提升专业技能、提高动手能力就是实现这一目标的有效路径，你当下要做的就是认真学好专业课，上好实训课。

4. 围绕目标开展有效的生涯行动

目标的实现需要能力支撑，绝大多数的职业能力要靠后天的学习和练习获得。我们在探索阶段可以获取到目标职业群对求职者能力方面的要求，便可以将职业目标分解为“长期目标”“中期目标”和“短期目标”，以能完成、可持续为原则制订行动计划，围绕目标开展有效的生涯行动。

（二）大学生职业发展任务

学习专业知识是大学生的首要任务，扎实的专业知识是大学生顺利求职、实现人生目标的必备条件。大学生具备出色的专业能力才能得到心仪职业的入场券，才能够在职场中灵活运用专业知识解决问题，完成工作任务，获得肯定，人生价值才能得以实现。

职业是利用专门的知识和技能为社会创造物质财富和精神财富、获取合理报酬作为物质生活来源并满足精神需求的工作。要从事某一种职业，我们必须具备专业知识技能、相应的可迁移技能和自我管理技能。随着社会的发展和科技的进步，职业的专业化程度越来越高。

【课堂活动】

1. 请大家闭上眼睛想一想，教室里有多少位穿红衣服的同学？
2. 请大家再闭上眼睛想一想，教室里有多少位戴眼镜的同学？

红色是非常显眼的颜色，在做练习之前，并没有多少人会注意穿红色衣服的人数。但当问题提出之后，大家就会集中注意力，去找穿红色衣服的同学。而当第二个问题提出来后，大家的注意力还集中在穿红色衣服的同学身上，所以几乎没人能够回答戴眼镜的人数。这就是心理学的“选择性注意”现象：当人们在同时接受两种以上刺激时，会选择一种进行注意而忽略其他。所以，如果目标清晰，就可以集中能量朝着目标有选择地注意信息、收集信息，成功的可能性会更大。

【学思融合】

中国“两弹一星”功勋奖章获得者，被誉为“中国航天之父”“中国导弹之父”的钱学森，从少年时代起，就热爱祖国，热爱科学。1935 年 8 月，钱学森赴美深造，原本读的是航空工程专业，但在继续深造的问题上，他与父亲发生了争论。钱学森打算下一步攻读航天理论，但父亲回信说中国航天工业落后，落后就要挨打，还是研究飞机制造技术为好。钱学森则告诉父亲，中国在飞机制造领域与西方差得太多，只有掌握航天理论，才有超越西方的可能。最终，父亲同意钱学森继续学习航天理论。钱学森在求学期间表现出非凡的天赋，与老师一起提出了“卡门–钱学森公式”，并创立了工程控制论。他在专业领域的杰出工作大大促进了高速空气动力学和喷气推进科学的发展，这使钱学森成为当时美国第一流的火箭专家。美国海军次长丹尼·金布尔说：“无论在哪里，钱学森都值五个师。”

1949 年，当中华人民共和国宣告成立的消息传到美国后，钱学森和夫人便商量着早日赶回祖国，为自己的国家效力，但受到美国政府的无理阻挠和迫害，五年之后才终于回到祖国。1956 年年初，刚刚回国不久的钱学森便向中共中央、国务院提出《建立我国国防航空工业的意见书》。同时，钱学森组建中国第一个火箭、导弹研究所–国防部第五研究院并担任首任院长。他主持完成了“喷气和火箭技术的建立”规划，参与了近程导弹、中近程导弹和中国第一颗人造地球卫星的研制，直接领导了用中近程导弹运载原子弹“两弹结合”试验，参与主持了中国近程导弹运载原子弹“两弹结合”试验，参与制定了中国第一个星际航空的发展规划，发展建立了工程控制论和系统学等。在钱学森的努力带领下，1964 年 10 月 16 日，中国第一颗原子弹爆炸成功；1967 年 6 月 17 日，中国第一颗氢弹空爆试验成功；1970 年 4 月 24 日，中国第一颗人造卫星发射成功。

钱学森放弃国外优越的科研和生活条件，将全部精力投入国家的科研事业。由于他的回国效力，中国导弹、原子弹的发射向前推进了至少 20 年。他在美国的导师冯·卡门评价说：人们都说似乎是我发现了钱学森，其实，是钱学森发现了我。美国麻省理工学院史蒂夫评价说：钱学森在美国的成绩很好，但不足以令人折服。他对中华人民共和国的贡献才真正了不起……2009 年，感动中国组委会授予钱学森感动中国年度人物的颁奖词是：在他心里，国为重，家为轻，科学最重，名利最轻。五年归国路，十年两弹成。开创祖国航天，他是先行人，披荆斩棘，把智慧锻造成阶梯，留给后来的攀登者。他是知识的宝藏，是科学的旗帜，是中华民族知识分子的典范。

生命的宝贵之处不在于它的长度，更在于它的广度和深度。工作会占据一个人生命的大部分时间，努力寻找自己心之归属的、自己热爱的事业对人生至关重要。当一个人确定了愿意为之奋斗终身的事业之后，不会过多考虑他能够从这份工作中索取什么，也不再关注具体的实际利益，更多想到的是他能在这个岗位上为社会创造些什么，留下些什么。

【知识拓展】

在舒伯的理论中，职业规划更注重职业对人的意义。该理论认为，一个完美的人生未必仅仅依赖职业角色的完美，更多的非职业角色使人生有更多自我实现的可能性。好比一个学生的兴趣，如果不能从专业学习中得到百分之百的释放，那么就要认真规划一下自己的休闲角色，从而获得更多的自我实现。关于非职业角色对生涯发展的意义，台湾学者金树人先生的描述很生动、贴切，他说：“生涯辅导是将休闲视为生涯当中与教育、职业不可分割的部分：宛如一幅画中，留白的部分也同时构成全幅画的精髓；又似一盆插花，空间的部分也是花道的精华。”

【思考题】

1. 我是一个刚上大一的学生，虽然觉得职业规划是应该学习和有用的，但毕竟我离找工作还很远，现在学习是否有点早了？

2. 职业规划是要有计划地安排自己的发展，但是人生可能照计划按部就班吗？

第二节　职业规划书撰写

一、职业规划书的内容

职业规划书是职业规划的书面化呈现，包括封面与扉页、自我评估、环境分析、职业选择、生涯策略和评估与反馈等基本内容。

（一）封面与扉页

封面包括学校、专业、班级、姓名、时间、职业生涯规划书等。

扉页包括题目、姓名、基本情况介绍（如专业、年级等）、规划年限、年龄跨度、起止时间。其中，规划年限视个人具体情况而定，短则半年，长则5~10年，一般以3~5年为宜。

（二）自我评估

自我评估是职业规划的重要环节，是职业规划主体基于对自己的全面了解和深入剖析，以及对自己有关职业发展的因素所做出的分析判断，包括气质性格、兴趣爱好、思维模式、知识结构、能力层次和愿望理想等诸多方面。职业规划书中的自我评估可包括个人经历、个人性格评估、个人能力判断、个人职业倾向分析、个人职业价值观判断、自我分析与评估总结等。

（三）环境分析

人是社会及其环境的产物，一份有效的职业规划书必须充分考虑规划主体所处的职业环境。通过对职业环境现状进行分析，能够发现环境因素为职业生涯发展所提供的机遇平台及约束限制，从而综合评估环境因素对职业生涯发展的各种可能影响。

职业规划书中的环境分析可包括政治环境分析、经济形势分析、文化环境分析、行业环境分析、组织环境分析、家庭环境分析、学校环境分析、职业分析、岗位分析、环境分析结论等。

（四）职业选择

选择职业就是选择人生。职业选择是职业规划主体依照自己的职业期望，凭借自我分析评估挑选职业，使自身素质与职业需求特征相匹配的过程。这一部分包括选择职业方向、判断职业价值、分析职业发展潜力及明确职业发展路径等内容，目的是使自己的素质潜能与职业目标实现最佳配合。

（五）生涯策略

完成职业定位后，要制订周详细致的策略方案，如个人培训计划、工作改善计划等，积极构建职业社会资本，不断提高个人的综合能力和核心竞争力，完成各阶段性的目标。

职业规划书中的生涯策略包括：长期、中期、短期的职业生涯计划；各阶段计划的分目标；计划内容（专业学习、职业技能、职业素养）；计划实施策略；等等。

（六）评估与反馈

在践行职业规划的动态过程中，要随时根据反馈情况评估自己的职业规划，修正自我认知，总结经验教训，纠正最终职业目标与阶段性目标的偏差，保证职业规划的行之有效，最终促使生涯目标的实现。职业规划书的评估与反馈可包括预评估的内容、可能存在的风险、风险应对方案等内容。

二、撰写职业规划书的基本要求

（一）完整性

完整性要求职业规划书涉及的资料翔实，步骤齐全。搜集资料的途径有多种，包括访谈、从报刊图书中摘抄、上网下载等方式。需要注意的是，要尽可能注明资料的出处，以提高资料来源的可信度和说服力，并多运用图表数据来说明问题。

（二）全面性

全面性体现在以下几个方面：要了解有关的测评理论及知识，认真审视及思考自己的测评报告，并对照自我认识与测评结果的异同，分析与测评结果形成差距的原因，从而确定自我评估结果，达到“知己”；要认清自己所处的外部环境，包括居住的地方、喜欢的地方、亲朋的意见等；明确自己最大的兴趣、最喜欢与之共事的人的类型、最重视的价值与目标、最喜欢的工作条件，再通过社会环境分析（政治环境、经济形势、文化环境和行业环境等）、区域环境分析、学校与家庭环境分析来确定自己的职业方向，做到说理有据，层层深入。

（三）逻辑性

语言朴实简洁，用词精练准确，行文流畅，条理清楚，这是撰写职业规划书最基本的要求。职业规划书一般包含对职业规划的认识、对自我的剖析、对所学专业的认识、对职业方向的探索，以及确定目标并制订计划这 5 个方面的内容。在对这些内容进行分析阐述时，必须紧紧围绕职业目标这条主线来展开，从而体现文章论述的逻辑性和连贯性；要将重点放在自我评估、环境评估、目标实施上。

（四）可操作性

可操作性是指职业规划书的目标要明确，计划要合理适中。职业生涯目标不能过于理想化，应“择己所爱”“择己所长”“择世所需”“择己所利”；实施计划不能不切实际，要合理分解、量力而为。可以说职业规划书撰写是否成功，就取决于其是否有可操作性。

（五）匹配性

匹配性主要体现在：目标分解、实现路径选择要有理论依据，而且备用路径之间要有内在的联系性；目标组合要注意时间上的并进、连续，功能上的因果、互补，要涵盖职业生涯、家庭生活、个人事务等方面。

（六）独特性

职业规划因人而异，具有明显的个人特性，所以在撰写职业规划书时，每一个人都应根据自己的实际情况如实规划自己的内容，必须具有独特性。

三、职业规划的实施

（一）职业规划实施方案的制订

职业规划书最重要的部分之一就是职业规划实施方案。如果说目标是结果，那么实施方案就是过程，是根据目标所制订的为了达到目标而必须采取的行动措施。

在现实生活中，经常有人做事半途而废。究其原因，有很多是因为目标过大、过高，在实施的过程中，没有对目标进行阶段性的分解并制订科学、可行的实施方案，最终导致自己离目标越来越远。因此，在制订职业规划的实施方案时，应该把大学四年的总体目标分解成一个个具体的阶段性目标，制订出一个个相应的阶段性实施方案。

职业规划实施方案应与职业规划的目标一致。例如，职业规划中有大学四年的发展目标，有在发展目标下制订的学业目标、生活成长目标和社会实践目标等内容，也有以年度、学期、月、周、日为规划单位的阶段性目标。计划制订完成后，再将一日、一周、一月、一年的计划实行下去，直至实现自己的短、中、长期目标，让自己的大学生活始终处于有目标、有方案、可测、可调的状态下。

1. 大学期间的规划实施方案

大学的规划实施方案是根据自己的毕业发展目标制订的行动方案，可以年度为单位来制订行动计划。例如，自己的发展目标是考研，那么在学业上就要高质量地完成本专业要求的理论和实践课程，加强外语能力，并提升政治理论水平。

2. 年度（学期）行动计划

年度或学期行动计划是为了完成年度任务而制订的配套实施方案。例如，要在第一学年通过高校英语应用能力考试，就要完成单词量的积累，或者在考前 3 个月内规划学习进度，分配时间完成单词准备、语法提升及阅读和翻译能力的提高，考前 1 个月做模拟考试练习和考试技巧的培训等。

3. 月度行动计划

月度行动计划围绕月度目标来制订，应以每周为单位来安排任务。例如，若计划本月完成 300 个单词的学习，则前两周可安排每周 100 个单词的学习，后两周安排每周 50 个单词的学习等。在这些计划中，都应包括要做的工作、应完成的任务，以及对数量和质量的要求等。

4. 周行动计划

周行动计划围绕周目标来制订，应以天为单位来制订行动方案。还是以英语学习为例，如果一周要完成 100 个单词的学习，那么每天至少要完成 15~20 个单词的积累。

5. 日行动计划

日行动计划围绕每天的目标来制订，一般会具体到每个小时的任务安排。例如，每天早上和晚上各安排一个小时的英语学习。每天晚上进行当日总结和浏览第二天的计划。需要注意的是，大学生在制订计划的同时，也应给自己留出足够的休息时间。

总之，有了科学、合理的大学职业规划和与之配套的实施方案，就必须根据该方案严格执行，这样才能使自己向着既定的目标迈进。但日常生活中，有时难免会出现意外或紧急的事件，导致计划或安排被干扰或打断，此时，我们应该加倍珍惜时间，把耽误的任务尽快补回来。同时，在制订具体方案时，要留有一定的机动时间来处理这些意外或紧急事件。

（二）职业规划实施方案的评估

影响职业规划的因素有很多，有的因素是可以预测的，而有的因素则是难以预料的。在此情况下，要使职业规划实施方案行之有效，就需要时时审视内外环境的变化，不断地对职业规划实施方案进行评估，以调整自己发展的步伐。

1. 实施方案评估的内容

一般来说，职业规划实施方案的评估可以归结为综合自身的素质和行为来对现实环境做出适应性判断，即针对变化的环境，分析自己的现状，找出偏差所在，并做出修正。

实施方案评估的内容主要包括以下 4 个方面：

（1）职业生涯机会的重新评估。即结合现实的社会、经济、行业及组织环境来分析自己未来的发展空间及可能性。随着时间的推移，每个人周围的环境也将发生改变，可能会给个人的职业生涯发展带来新的可能性，使得当初设定的职业生涯规划目标和实施策略变得不合适。

（2）自我条件的重新评估。即在实践的基础上，重新认识和分析自我，找到自己的不足和优势，进一步对物质自我、社会自我、心理自我进行比较和分析。

（3）职业生涯实施策略的变更。重新调整、变更职业生涯实施策略，进一步调整自己的优点、特长，弥补自身的不足。

（4）职业生涯目标的重新修正。任何一个行动计划在实施之后都可能出现以下几种情况：一是目标基本完成；二是目标轻松完成；三是目标没有完成。目标基本完成，说明目标设定合理、行动得当，实施方案合适；目标轻松完成，说明目标设定过低；目标不能完成，则可能是目标设定过高，目标设定合理但行动方案不合适，或目标和行动方案都配套，但行动力不足。

2. 实施方案评估的原则

（1）全面性。实施方案的评估应当全面：既要看到自己的优点和特长，又要看到自己的缺点和不足；既要对自身某一方面的素质进行具体评估，又要对整体素质进行综合评估；既要考虑到整体因素，又要考虑到其中占主导地位的重点因素。反之，任何一种片面的、孤立的、不分主次的评估，显然都不可能全面而正确地反映自己的整体素质状况。

（2）适度性。实施方案的评估应该适度，不能矫枉过正：既不要过高地评价自己已取得的成绩，也不能因为某些挫折而过分悲观。过高的自我评价往往使自己脱离现实，意识不到自己的条件限制，甚至自傲狂妄，由自信走向自负；过低的自我评价往往使自己忽视自我的长处，缺乏自信，过于自卑。过高或过低的自我评价，对自己都是不合理的，都会对自己选择职业产生极为不利的影响。

（3）发展性。在进行实施方案的评估时，应以发展的眼光看待原先制订的职业规划目标和策略。自我条件、职业生涯目标、职业生涯实施策略和职业生涯机会等都有可能发生变化。大学生不但应当对自己的现实素质、现有的职业生涯目标、职业生涯实施策略和职业生涯机会等做出符合当下现实情况的评估，而且应当着眼于未来的发展，有预见性地进行反馈与修正。

（4）客观性。实施方案的评估还应当遵循客观性的原则。尽管是对自己进行观察、分析和评价，也需要以客观事实作为基础和依据。只有努力克服和排除自身各种因素的限制及干扰，才有可能使自我反馈与修正趋于客观和真实。

3. 实施方案评估的注意事项

为保证职业生涯目标的实现，在进行职业规划实施方案的评估时，要具有目的意识、问题意识和改善意识。这三种意识在学习和工作中也是不可或缺的，能够引领大学生在通往目标的道路上走得更好。

（1）目的意识。目的意识就是行为主体对行动目的的认知。在日常生活中，我们经常会看到一些人学习、工作非常努力，但却没有收到好的效果。这往往就是缺乏目的意识所造成。

例如，某单位一名员工被安排去参加培训，那么公司的目的就是要这名员工通过学习，提升自己的工作能力，甚至学习回来后能教授其他员工这项能力。但是，这名员工在培训时还想着自己的工作，常常在培训时分心处理自己的工作，结果工作也没做好，培训的目的也没达到，即使这名员工付出了比别人还多的努力，却做了无用功。这就是目的意识的重要性。

在职业规划实施方案评估的过程中，必须具备目的意识来反思所采取的行动、所取得的成果是否能为目标服务，是否有益于自己的职业生涯，这样才能收到更好的效果。

（2）问题意识。问题意识是指个体在认识活动中不盲从、不迷信，对事物常常持有怀疑、困惑、探索和焦虑的心理，这种心理能够促使个体积极地提出问题和解决问题。

在职业规划实施方案评估的过程中，要具备问题意识，不断地反思当中的问题，哪些做法有欠缺、有不足，并且要找出出现这些问题的深层的原因——自己收集的资料不完全准确、齐全、客观，还是环境出现了发展和变化，或突发因素影响了目标的实现，等等。

（3）改善意识。仅仅能够发现问题是不够的，关键在于改善。改善意识是指找出问题后，能立刻去修改、弥补的心理。特别强调一点，改善意识的关键在于立刻行动。因此，要不断提高自我行动力，克服拖延症。

（三）职业规划实施方案的修正

大学生进行职业规划实施方案修正的根本目的就是让自己时刻保持最佳状态，在通向最终目标的道路上跨越障碍，走得直、走得快、走得稳，最终实现持续发展。

1. 实施方案修正的内容

要使职业生涯规划实施方案行之有效，就需要对其进行修正。修正的内容包括自我的重新分析、职业生涯目标的修正、职业生涯路线和职业的重新选择、实施措施与计划的变更等。

需要注意的是，职业生涯规划实施方案一旦制订，就不要轻易改变，若经过慎重评估确实需要修正，也一般只对短期规划和中期规划做些调整，对于人生规划与长期规划的调整一定要慎重地考虑。

2. 实施方案的修正策略

（1）做好成长规划并积极参加训练。大学生在大学阶段的学习是顺利就业、成功创业的基础，合理地规划自己的大学生活，制订切实可行的大学期间的成长规划，有利于提升大学生的职业竞争力。因此，大学生要尽可能多地参加各种层次的成才、成长培训和训练，从而不断提高自己多方面的能力。

（2）树立成功意识。在大学生职业规划的实施中，大学生的成功意识非常重要，只有愿意成长、希望成才、渴望成功的人，才有可能自觉地规划自己的人生，并走向成功。

(3) 积极参加社会实践和岗位实习。社会实践和岗位实习是大学生了解社会的有效途径。通过社会实践和岗位实习，大学生能够对社会的政治、经济发展趋势有更为直观的了解和理解，对社会、对人才的素质要求有更加直接的认识，这有利于大学生根据社会需要有计划地塑造自己，避免学习的盲目性。通过岗位实习，大学生还能够更加清楚社会职业分类及职位变化，清楚不同职位对自己的意义所在，这有利于大学生在就业过程中正确定位、顺利毕业，以及成功地就业和创业。

(4) 寻求有效帮助。在必要时，大学生还可寻求有效的支持和帮助。这些支持和帮助可以来自亲朋好友，也可以来自老师、学校，还可以来自一些专业机构的专业人员。

通过对职业规划实施方案的评估，我们可能会发现实施方案的执行结果已经偏离了原来的规划目标，这就要求我们根据评估结果，不断地调整自我，不断地修正策略和目标，这个过程就是大学生职业规划实施方案的修正过程。

【课堂活动】

规划自己的职业发展

1. 活动目的

规划自己的职业发展，为踏入竞争激烈的社会做好准备。

2. 活动要求

撰写一份符合自身情况的大学生职业规划书，要求内容完整、分析准确、目标合理，实施步骤可行。

3. 活动步骤

(1) 自我评估。分析自己的职业性格、职业能力、职业兴趣和职业价值观。

提示：可以通过多种测评工具及他人对自己的评价来进行自我分析。

(2) 环境分析。分析当下的社会就业环境，自己的家庭背景、生长环境和所学专业的毕业生就业状况。

(3) 职业选择。在自我评估和环境分析的基础上确定自己的职业目标，做出职业选择。

(4) 制订生涯目标。

短期目标。制订自己大学期间的行动目标，包括专业课程的学习、沟通技巧的提高、各类职业资格考试、校园社团活动、社会实践活动等方面的目标。

中期目标。中期目标是指大学毕业后5年内的目标，包括薪资待遇的涨幅、职业技能的提高、人际关系的处理等方面的目标。

长期目标。长期目标是指毕业后5~10年的目标，包括职位晋升、人脉拓展、职业资格考试等方面的目标。

分解各阶段计划的目标。目标要分解到位、具体、可实施。

（5）制订生涯实施方案。根据各个阶段的目标制订出四年、三年、两年、一年的实施方案，以及一月、一周、一日的行动计划。

【学思融合】

大学生士兵的职业规划

小武是大学本科毕业以后入伍的，原以为自己学历高，到了部队有提干的机会，进了部队后才发现自己想得太简单。大学生士兵想要提干，需要在义务兵两年期间获得“优秀士兵”荣誉，还要有副班长及以上级别。也正是因为没有这个副班长及以上级别，小武失去了提干的机会。想来想去，小武觉得义务兵退伍是最好的选择。趁着年轻，去社会上还有大的发展空间，于是决定退伍。

就在小武决定退伍的时候，指导员找他说了一番话，又让他改变了退伍的想法。指导员说：“随着国防事业以及军队现代化建设的不断推进，各种高科技武器陆续投入使用，需要有高学历、高素质的士兵进行操控，高素质兵源是当下军队迫切需要的。现在基层连级单位有了士官分队长职务，对大学生士兵来说，也是一种机遇。而想要担任士官分队长是需要学历的，相比学历低的战友，大学生士兵在学历方面有优势，相信高学历士兵在部队发光发亮的时间不会太远。”

小武听了指导员对部队未来发展趋势的分析，改变了退伍的决定，认定了士官分队长这个岗位。小武决定的改变来自他对发展环境的深入了解。在进行职业选择时，需要分析环境对自己职业生涯发展的影响，认识到职业发展的局限和可能，才能在复杂环境中趋利避害。

第三节　职业规划大赛

为贯彻落实党中央、国务院关于高校毕业生就业工作的决策部署，落实《国务院关于印发“十四五”就业促进规划的通知》（国发〔2021〕14号）精神，加强高校生涯教育和就业指导，增强大学生生涯规划意识，指导其及早做好就业准备，促进高校毕业生高质量充分就业，国家举办了首届全国大学生职业规划大赛。

一、大学生职业规划大赛的目标

大赛努力打造强化生涯教育的大课堂、促进人才供需对接的大平台、服务毕业生就业的大市场：更好实现以赛促学，引导大学生树立正确的成才观、就业观和择业观，科学合理规划学业与职业发展，提升就业竞争力；以赛促教，促进高校提高大学生生涯教育水平，做实做细毕业生就业指导服务；以赛促就，广泛发动行业企业和高校参与赛事活动，推动人才供需有效对接，全力促进高校毕业生高质量充分就业。

二、大学生职业规划大赛成长赛道

（一）比赛内容

大赛考查学生职业发展规划的科学性和围绕实现职业目标的成长过程，通过学习实践持续提升职业目标的达成度，增强综合素质和能力。

（二）参赛组别和对象

成长赛道设高教组和职教组，参赛对象为普通高等学校全日制中低年级在校学生。高教组面向普通本科一、二、三年级学生，职教组面向职教本科一、二、三年级学生和高职（专科）一、二年级学生。

（三）参赛材料要求

选手在大赛平台提交以下参赛材料：

（1）生涯发展报告：介绍职业发展规划、实现职业目标的具体行动和成果（PDF 格式，文字不超过 1 500 字，如有图表，不超过 5 张）。

（2）生涯发展展示（PPT 格式，不超过 50MB；可加入视频）。

（四）比赛环节

成长赛道设主题陈述、评委提问和天降实习 Offer（实习意向）环节。

（1）主题陈述（8 分钟）：选手结合生涯发展报告进行陈述和展示。

（2）评委提问（5 分钟）：评委结合选手陈述和现场表现进行提问。

（3）天降实习 Offer（ 3 分钟）：用人单位根据选手表现，决定是否给出实习意向，并对选手作点评。

三、大学生职业规划大赛就业赛道

（一）比赛内容

考查学生的求职实战能力，个人发展路径与经济社会发展需求的适应度，就业能力与职业目标和岗位要求的契合度。

（二）参赛组别和对象

（1）就业赛道设高教组和职教组，每组均设 5 个分赛道。其中，针对企业职能岗位，设产品研发、生产服务、市场营销、通用职能分赛道（按相近行业分小组）；针对公共服务岗位，设公共服务分赛道。

（2）就业赛道参赛对象为普通高等学校全日制高年级在校学生。高教组面向普通本科三、四年级（部分专业五年级）学生和全体研究生，职教组面向职教本科三、四年级学生和高职（专科）二、三年级学生。

（三）参赛材料要求

选手在大赛平台提交以下参赛材料：

（1）求职简历（PDF 格式）。

（2）就业能力展示（PPT 格式，不超过 50MB；可加入视频）。

（3）辅助证明材料，包括实践、实习、获奖等证明材料（PDF 格式，整合为单个文件，不超过 50MB）。

（四）比赛环节

就业赛道设主题陈述、综合面试、天降 Offer（录用意向）环节。

（1）主题陈述（7 分钟）：选手陈述个人求职意向和职业准备情况，展示通用素质与岗位能力。

（2）综合面试（8 分钟）：评委提出真实工作场景中可能遇到的问题，选手提出解决方案；评委结合选手陈述自由提问。

（3）天降 Offer（3 分钟）：用人单位根据选手表现，决定是否给出录用意向，并对选手作点评。

第六章　职业生涯数字化管理

学习要点

1. 掌握生涯、职业生涯、职业生涯数字化管理的概念与内涵
2. 了解职业生涯数字化管理要素
3. 理解大学生职业生涯数字化管理的重要性

职业生涯数字化管理是一种利用数字技术、工具和方法来规划、评估、决策和实施个人职业生涯的过程。它有助于个人更高效地管理自己的职业发展路径，实现个人职业目标。在数字化时代，掌握职业生涯数字化管理的能力对于个人职业发展至关重要。

第一节　职业生涯数字化管理概述

一、生涯与职业生涯

（一）生涯的含义

生涯（Career）一词来源于古罗马语，指古代的战车。在西方人的概念中，“战车”意味着猛冲，全力以赴，包含疯狂竞赛的精神，隐含有未知、冒险、奋进和向上四层含义。未来的一切都是不确定的，无论是时间、空间还是环境，都隐藏着很多未知的事物；既然一切未知，那么人们的决策和行动都是探索、冒险，就好比战车驰骋疆场，胜负都是未知的；既然这样，上了战场，就要全力以赴，正所谓“狭路相逢勇者胜”。我们凡事都要做最充分的准备，做最坏的打算。

在中国，“生”字始见于甲骨文［图 6-1（a）］，本意为草木破土萌发，指出生、生长、生命；“涯”字始见于篆文［图 6-1（b）］，指水边，泛指边际、范围等。古人把“生涯”视为“人生的极限”，如“吾生也有涯，而知也无涯”“生涯本漫漫，神理暂超超”“将生涯，无复雄飞之想”等，这里的“生涯”都含有边际、限度的意思。

目前在生涯发展方面，大多数学者比较认可舒伯的观点。舒伯认为，“生涯”一词确定并阐述了个体所涉及的各种角色、所处的各种环境以及在他们生活中所经历的各种有划或者非计划的事件。生涯是生活里各种事态的连续演进方向，它

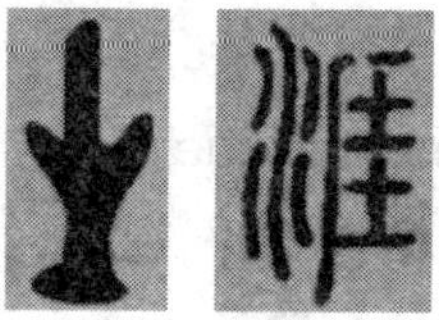

（a）　　（b）

图 6-1 “生”的甲骨文和“涯”的篆文

统合了人一生中依序从事的各种职业和扮演的生活角色。从舒伯的观点里，我们可以提取出三个关键词：角色、环境和事件（图 6-2）。

图 6-2 生涯三要素

（二）职业生涯的含义

根据中国职业规划师协会给出的定义，职业生涯是指人的一生中的职业历程，是以心理开发、生理开发、智力开发、技能开发、伦理开发等人的潜能开发为基础，以工作内容的确定和变化，工作业绩的评价，工资待遇、职称、职务的变动为标准，以满足需求为目标的工作经历和内心体验的经历。

二、职业生涯的阶段划分

职业生涯的阶段划分可以有多种方式，但以下是一个常见的五阶段模型，该模型由唐纳德·E·舒伯（Donald E. Super）提出，并被广泛接受和应用。

（一）成长阶段（Growth Stage）

成长阶段指从出生到 14 岁。这一阶段主要涉及个人对自我、职业和工作的基本认知的形成。儿童会开始对自己的兴趣、能力和价值观有所认识，并通过与家庭成员、老师、朋友的互动，对不同的职业产生好奇和兴趣。

（二）探索阶段（Exploration Stage）

探索阶段指 15～24 岁。在这一阶段，个人会开始认真探索各种可能的职业选择，通过学校教育、实习、兼职等方式，逐步明确自己的职业兴趣和方向。这是一个尝试和学习的过程，个人会不断积累经验和技能，为未来的职业生涯做准备。

（三）确立阶段（Establishment Stage）

确立阶段指 25~44 岁。这一阶段是个人职业生涯的核心部分，也是个人在职业领域取得成就的关键时期。在这个阶段，个人会找到一份稳定的工作，并逐步确立自己在职业领域中的地位和角色。同时，个人也会不断丰富自己的职业技能和知识，以适应职业发展的需要。

（四）维持阶段（Maintenance Stage）

维持阶段指 45~65 岁。在这一阶段，个人已经在职业领域中有了一定的地位和成就，他们开始注重保持和巩固自己的职业地位。同时，他们也会关注自己的职业生涯是否还有进一步发展的可能，并尝试通过参加培训、学习新技能等方式来提升自己的竞争力。

（五）衰退阶段（Decline Stage）

衰退阶段指 65 岁以上。这一阶段是个人职业生涯的后期，也是个人逐渐退出职业领域的阶段。在这个阶段，个人可能会面临退休、健康问题、家庭责任等方面的挑战，他们的职业生涯开始进入衰退期。然而，这并不意味着个人就完全脱离了职业活动，他们仍然可以通过兼职、志愿服务等方式继续参与社会活动，保持与社会的联系。

需要注意的是，以上阶段划分并不是绝对的，每个人的职业生涯都会受到多种因素的影响，如个人兴趣、能力、机遇等。因此，在规划自己的职业生涯时，应该充分考虑自己的实际情况和目标，制订符合自己特点的职业发展计划。

三、职业生涯数字化管理的概念与内涵

（一）职业生涯数字化管理的概念

职业生涯数字化管理是指利用数字技术、工具和方法，对个人的职业生涯进行规划、评估、决策和实施的全过程。在数字化时代，人们通过利用互联网、大数据、人工智能等先进技术手段，更加高效地管理自己的职业发展路径，实现个人职业目标。

（二）职业生涯数字化管理的内涵

职业生涯数字化管理涉及多个方面，包括但不限于以下方面。

1. 职业信息数字化

利用搜索引擎、职业信息网站、社交媒体等渠道，搜集、整理和分析与职业相关的信息，如行业趋势、岗位需求、薪酬福利等。这些信息有助于个人了解市场动态，为职业发展做出更明智的决策。

2. 职业评估数字化

借助职业测评软件、在线课程平台等工具，对个人能力、兴趣、价值观等进行数字化评估，从而更准确地了解自己在职业市场上的优势和不足。同时，也可以利用数据分析工具，对市场需求、竞争态势等进行量化分析，为职业决策提供科学依据。

3. 职业规划数字化

在了解自身和市场的基础上，利用数字化工具制定个性化的职业发展规划。这包括设定明确的职业目标、规划职业发展路径、制订实施计划等。数字化工具可以帮助个人更系统地规划职业生涯，确保每一步都朝着目标前进。

4. 职业社交数字化

通过职业社交平台、在线社区等渠道，拓展人脉、建立职业网络。这些平台为个人提供了与同行、前辈、招聘方等交流的机会，有助于获取更多职业信息和资源，为职业发展创造更多机会。

5. 职业学习数字化

利用在线课程、远程教育等资源，进行持续学习和自我提升。数字化学习工具打破了时间和空间的限制，为个人提供了更加灵活和便捷的学习方式。通过不断学习新知识、新技能，个人可以适应不断变化的职业市场，保持竞争力。

第二节　职业生涯数字化管理要素

一、职业生涯管理步骤

（一）自我评估

职业生涯规划的自我评估是一个关键步骤，它帮助个人深入了解自己的兴趣、技能、价值观以及个性特质，从而为未来的职业发展奠定坚实的基础。以下是职业生涯规划中自我评估的主要方面。

1. 兴趣分析

识别兴趣：列出自己喜欢参与的活动、话题和领域。

分类兴趣：将兴趣分为个人兴趣和职业兴趣，思考哪些兴趣可以转化为职业。

探索兴趣：尝试新的活动和领域，以发现潜在的兴趣。

2. 技能评估

列出技能：列出自己已经掌握的技能，包括专业技能、通用技能和可迁移技能。

评估技能水平：评估自己在每项技能上的熟练程度，识别优势和需要提升的领域。

确定关键技能：识别对于目标职业至关重要的技能，并计划如何提升这些技能。

3. 价值观澄清

列出价值观：思考自己在工作中最看重的价值，如成就、稳定性、创新、自由等。

评估价值观：评估自己的价值观与当前工作环境的匹配程度。

调整价值观：随着职业发展和市场变化，可能需要调整自己的价值观以适应新的环境。

4. 性格特质识别

自我观察：观察自己在不同情境下的行为和反应，以了解自己的性格特质。

寻求反馈：向同事、朋友和家人寻求关于自己性格特质的反馈。

识别优势与劣势：识别性格特质中的优势和劣势，并思考如何在职业中最大化优势并克服劣势。

5. 职业发展目标

设定短期目标：根据自我评估结果，设定1~3年内可实现的职业目标。

设定长期目标：设定长期（如5~10年）的职业规划，确保目标具有挑战性和可实现性。

6. 反馈与反思

定期回顾：定期回顾自己的职业进展，检查是否实现了设定的目标。

寻求反馈：向同事、导师和行业专家寻求关于自己职业发展的反馈。

调整规划：根据反馈和市场变化，适时调整自己的职业规划和目标。

通过自我评估，你可以更清晰地了解自己的职业倾向和优势，从而为未来的职业发展制订更加明确的计划和策略。自我评估是一个持续的过程，需要不断地调整和完善。

（二）环境分析

职业生涯规划的环境分析是理解和评估外部因素对个人职业发展影响的关键步骤。这些外部因素可能包括行业趋势、市场需求、竞争格局、技术发展、政策环境等。以下是职业生涯规划中环境分析的主要方面。

1. 行业分析

行业趋势：了解行业的发展趋势和前景，判断行业是否处于增长、稳定或衰退阶段。

市场规模：评估目标行业的市场规模和增长潜力，判断行业是否具有足够的空间和机会。

竞争格局：分析行业的竞争格局和主要竞争者，了解市场的竞争程度和竞争策略。

2. 市场需求分析

岗位需求：了解目标岗位的市场需求和就业趋势，判断岗位是否有足够的就业机会和发展空间。

技能要求：分析目标岗位所需的技能和知识，判断自己是否具备相关能力和优势。

薪资水平：了解目标岗位的薪资水平和福利待遇，判断是否符合自己的期望和要求。

3. 技术发展分析

技术趋势：了解所在领域的技术发展趋势和新兴技术，判断技术变革对个人职业发展的影响。

技能更新：评估自己是否需要更新或学习新的技能来适应技术变革的需求。

技术应用：思考如何将新技术应用于工作中，提高工作效率和质量。

4. 政策环境分析

政策走向：了解国家和地方政府的政策走向和规划，判断政策对个人职业发展的影响。

政策支持：了解政府对于个人职业发展的支持和激励政策，如创业补贴、人才引进等。

法规约束：了解相关法规和规定对个人职业发展的约束和限制，避免违规行为。

5. 社会文化环境分析

社会观念：了解社会对职业发展的观念和期望，判断自己的职业选择是否符合社会期望。

职业文化：了解所在行业的职业文化和价值观，判断自己是否认同并适应这种文化。

人际关系：评估自己的人际关系网络和社交能力，思考如何利用这些资源来促进职业发展。

6. 地域环境分析

地区特点：了解所在地区的经济发展状况、产业结构、文化背景等特点，判断这些特点对个人职业发展的影响。

地区机会：评估所在地区是否存在更多的职业发展机会和优势资源。

地区限制：了解所在地区可能存在的限制和约束，如地域歧视、政策限制等。

通过环境分析，个人可以更全面地了解外部因素对职业发展的影响，从而制订更加符合实际和具有前瞻性的职业生涯规划。同时，环境分析也是一个持续的过程，需要不断关注市场动态和政策变化，及时调整自己的职业规划。

（三）职业目标设定

职业目标设定是整个职业生涯规划过程中至关重要的一步。设定明确、可实现的职业目标有助于个人在职业道路上保持方向感，激发动力，实现长期和短期的职业发展。以下是职业生涯规划中职业目标设定的几个关键步骤。

1. 自我评估与环境分析

自我评估：首先，通过自我评估了解自己的兴趣、技能、价值观、性格特质以及个人优势。

环境分析：分析行业趋势、市场需求、技术发展、政策环境以及社会文化等因素，了解外部环境对个人职业发展的影响。

2. 确定长期职业目标

目标明确：长期职业目标应该具体、明确，能够清晰地描绘出个人希望在职业生涯中实现的成就。

挑战性：长期职业目标应该具有一定的挑战性，能够激发个人不断进步和学习的动力。

可实现性：根据自我评估和环境分析的结果，确保长期职业目标是可实现的，避免设定过于遥远或不切实际的目标。

3. 分解短期职业目标

阶段性：将长期职业目标分解为若干个短期或中期目标，每个阶段都应该有具体的时间表和可衡量的成果。

递进性：确保短期目标之间具有递进关系，能够逐步引导个人向长期目标迈进。

灵活性：考虑到外部环境的不断变化，短期目标应具有一定的灵活性，以便根据实际情况进行调整。

4. 制订行动计划

明确任务：为每个短期目标制订具体的行动计划，包括需要完成的任务、所需资源以及时间节点等。

优先级排序：根据目标的重要性和紧急性，对任务进行优先级排序，确保先完成关键任务。

持续跟进：定期回顾和评估行动计划的执行情况，根据实际情况进行调整和优化。

5. 监测与评估

持续监测：在职业生涯发展过程中，持续监测目标的完成情况，确保按照计划进行。

定期评估：定期评估目标的可行性、挑战性以及成果，以便及时调整目标或行动计划。

反馈调整：根据评估结果和实际情况，及时调整目标和行动计划，确保职业生涯规划与实际发展保持一致。

6. 不断学习与成长

持续学习：在职业生涯发展过程中，保持持续学习和成长的心态，不断提升自己的技能和知识。

拓展视野：关注行业动态和新兴技术，拓展自己的视野和知识面，为职业发展提供更多可能性。

调整心态：面对职业挑战和困难时，保持积极的心态和乐观的态度，相信自己的能力和潜力。

通过设定明确、可实现的职业目标并制订相应的行动计划，个人可以在职业生涯中保持方向感和动力，逐步实现自己的职业愿景。同时，不断学习和成长也是实现职业目标的重要保障。

（四）行动计划制订

在职业生涯规划中，制订一个详细的行动计划是至关重要的，因为它将指导你逐步实现你的职业目标。以下是一个包括学习计划、实践计划和人际关系建立计划的职业生涯规划行动方案示例。

1. 学习计划

（1）确定学习领域：识别与你职业目标相关的关键知识和技能。确定你需要学习的课程、证书或学位。

（2）设定学习目标：为每个学习领域设定短期和长期目标。例如，短期目标可能是在未来几个月内完成一门在线课程，长期目标可能是获得一个专业认证。

（3）选择学习方式：选择适合你的学习方式，如在线课程、工作坊、研讨会、实习等。考虑成本、时间和地点等因素。

（4）安排学习时间：将学习时间纳入你的日程表，确保有足够的时间用于学习。使用时间管理工具来帮助你跟踪进度。

（5）持续学习与更新：认识到持续学习的重要性，定期更新你的知识和技能。关注行业动态和技术发展，以便及时调整学习计划。

2. 实践计划

（1）寻找实践机会：寻找与职业目标相关的实习、项目或志愿者工作机会。与导师、同事或行业专家建立联系，了解可能的实践机会。

（2）设定实践目标：明确你在实践中想要达到的目标和成果。例如，提高团队协作能力、掌握新技能或建立行业联系。

（3）制订实践计划：详细描述你将如何参与实践项目，包括任务分配、时间表和预期成果。与导师或项目负责人讨论你的计划，并获取反馈。

（4）执行与反思：认真执行实践计划，并在过程中记录你的体验和收获。定期反思你的实践经历，评估你的表现和成果，以便调整计划。

（5）建立作品集：将你的实践成果整理成作品集，以便在求职或展示时展现你的能力。确保作品集能够突出你的技能和经验，与职业目标相契合。

3. 人际关系建立计划

（1）识别关键人物：识别与你职业目标相关的关键人物，如导师、同事、行业专家或招聘人员。了解他们的背景、专长和联系方式。

（2）制定社交策略：设计一种方法来建立和维护与关键人物的联系。参加行业活动、研讨会或志愿者工作，以便与关键人物面对面交流。

（3）主动交流：主动与关键人物交流，表达你的兴趣和目标。询问他们的建议、经验或工作机会。

（4）建立信任关系：展示你的诚实、可靠和有价值的一面，以建立信任关系。在需要时提供帮助和支持，以加深与关键人物的联系。

（5）维护关系网络：定期与关键人物保持联系，分享彼此的消息和成就。邀请他们参加你的活动或项目，以便加强联系和合作。

（五）实施与调整

职业生涯规划的实施与调整是一个持续且动态的过程，它涉及个人职业发展的各个方面。以下是关于职业生涯规划实施与调整的一些建议。

1. 实施职业生涯规划

（1）制订行动计划：根据职业目标，制订具体的行动计划，包括学习计划、实践计划、人际关系建立计划等。确保每个计划都有明确的时间表、任务分配和预期成果。

（2）付诸行动：将行动计划付诸实施，按照时间表逐步推进各项任务。在执行过程中，保持高度的自律和专注，确保每个阶段的目标都能如期完成。

（3）寻求支持：在实施职业生涯规划的过程中，寻求他人的支持和帮助。这可以包括导师、同事、家人和朋友等。他们可以提供建议、资源和鼓励，帮助你更好地实现职业目标。

（4）保持积极心态：在实施职业生涯规划的过程中，可能会遇到各种挑战和困难。保持积极的心态，相信自己的能力和潜力，勇敢面对挑战，寻找解决问题的方法。

2. 调整职业生涯规划

（1）评估进展：定期评估职业生涯规划的进展情况，检查是否按照预期完成了各项任务和目标。如果发现进展不如预期，需要找出原因并采取相应的措施进行调整。

（2）反思经验：在实施职业生涯规划的过程中，不断反思和总结自己的经验和教训。这有助于你更好地了解自己的优势和不足，以及需要改进的地方。

（3）调整目标：根据自我评估、市场变化和个人兴趣等因素，适时调整职业目标。这可以包括修改目标的内容、时间或优先级等。确保新的目标仍然符合你的长期职业发展规划。

（4）更新行动计划：根据调整后的职业目标，更新相应的行动计划。确保新的计划仍然具有针对性、明确性和可行性，并继续付诸实施。

（5）灵活应对变化：在实施职业生涯规划的过程中，要灵活应对各种不可预测的变化。这包括市场需求的变化、个人兴趣的转变或职业发展的机遇等。当遇到这些变化时，要迅速调整自己的行动计划和职业目标，以适应新的情况。

总之，职业生涯规划的实施与调整是一个持续的过程，需要不断地进行自我评估、反思经验和调整目标。通过保持积极的心态、寻求支持、灵活应对变化等方式，你可以更好地实现自己的职业目标并不断发展自己的职业生涯。

二、职业生涯数字化管理的重要性

职业生涯数字化管理的重要性主要体现在可以提高信息获取效率、促进个人品牌建设、增强职业决策能力、扩大职业网络，以及帮助人们适应未来职场需求等方面。总之，职业生涯数字化管理对于个人在快速发展的职业市场中取得成功至关重要。通过掌握数字化管理工具和方法，个人可以更好地管理自己的职业生涯，实现职业目标和发展潜力。

（一）提高信息获取效率

在数字化时代，通过搜索引擎、专业平台等工具，职业发展者可以轻松获取相关行业的最新动态、专业技能和业务知识。这种快速的信息获取方式有助于职业发展者更好地适应行业发展的变化，保持竞争力。

（二）促进远程合作与交流

互联网为远程工作、远程会议等提供了便利，使得职业发展者可以随时随地与他人合作、交流。这种灵活的工作方式不仅可以提高工作效率，还有助于职业发展者拓展人脉、建立合作关系。

（三）提供丰富的学习资源

互联网为职业发展者提供了广泛的学习和进修资源，如在线学习平台、开放课程和教育资源库等。这些数字化工具使得职业发展者可以随时随地进行学习和进修，提升自身的专业知识和技能。

（四）智能化与数据化支持

通过人工智能、大数据分析等技术，职业发展者可以更好地了解市场需求和趋势，制订职业规划和发展策略。这种基于数据的职业规划更加客观、准确，有助于职业发展者更好地把握职业发展方向。

（五）助力职业决策

数字化管理可以为职业发展者提供丰富的数据支持，帮助他们更加客观地评估自身的能力、兴趣和市场需求，从而做出更加明智的职业决策。这种基于数据的职业决策有助于职业发展者避免盲目跟风、减少职业风险。

（六）提升个人竞争力

在数字化时代，掌握数字化技能已经成为职场竞争力的重要组成部分。通过职业生涯数字化管理，职业发展者可以不断学习和提升自己的数字化技能，从而在竞争激烈的职场中脱颖而出。

（七）应对职业挑战

职业生涯中难免会遇到各种挑战和困难，如技能更新、行业变革等。通过数字化管理，职业发展者可以更加灵活地应对这些挑战，及时调整自己的职业规划和发展策略，保持职业发展的稳定性和可持续性。

三、职业生涯数字化管理工具

（一）职业信息搜索与整理工具

职业信息搜索与整理是求职过程中至关重要的一环，它有助于求职者了解行业趋势、岗位要求和薪资水平，从而更好地定位自己的职业方向。如何利用搜索引擎、职业网站和社交媒体等渠道搜索和整理职业信息？具体可以参考以下步骤。

1. 利用搜索引擎搜索职业信息

明确搜索目标：首先，确定你要搜索的关键词，如行业名称、职位名称、公司名称等。确保关键词具有明确的指向性，以便搜索引擎能够准确给出相关信息。

使用多个搜索引擎：不同的搜索引擎可能具有不同的搜索算法和数据库，因此使用多个搜索引擎可以扩大搜索范围，提高搜索结果的全面性和准确性。

筛选搜索结果：根据搜索结果的相关性、权威性和时效性进行筛选。关注官方网站、权威媒体和行业报告等来源的信息，以确保信息的可靠性。

2. 利用职业网站搜索职业信息

选择靠谱的职业网站：选择一些有信誉和口碑的职业网站，如智联招聘、前程无忧、拉勾网等。这些网站通常拥有大量的职位信息和公司介绍，且信息更新速度较快。

注册并完善个人信息：在职业网站上注册一个个人账户，并填写真实、完整的个人信息。这有助于网站为你推荐更符合你需求的职位信息。

设置求职需求和条件：在个人设置中，设置你的求职需求和条件，如期望工作地点、期望薪资、期望工作性质等。这样，职业网站会根据你的需求为你推荐更合适的职位信息。

浏览和筛选职位信息：在职业网站上浏览职位信息，并根据自己的需求和条件进行筛选。注意查看职位的详细描述、任职要求和薪资待遇等信息，以便更好地了解职位的实际情况。

3. 利用社交媒体搜索职业信息

选择合适的社交媒体平台：不同的社交媒体平台面向不同的受众，因此要根据自己的需求选择合适的平台。例如，领英（Linkedin）是一个专业的社交媒体平台，更适合寻找专业技术人才；而照片墙（Instagram）则更适合寻找创意行业人才。

完善社交媒体账号：在各个主要的社交媒体平台上注册账号，并完善个人资料。在个人资料中提供清晰、准确和有吸引力的个人介绍，突出自己的专业技能和工作经验。同时，保持良好的社交媒体形象，传递出自信和友好的信息。

关注相关企业和行业账号：在社交媒体上关注相关企业和行业账号，以获取最新的招聘信息和行业动态。通过关注这些账号，你可以更及时地了解最新的职业机会和行业发展趋势。

参与讨论和交流：在社交媒体上参与相关话题的讨论和交流，与其他专业人士互动。这不仅可以扩大你的人脉圈，还可以帮助你更深入地了解行业内部的情况和趋势。

4. 整理职业信息

分类整理：将搜集到的职业信息按照行业、职位、工作地点等进行分类整理。这有助于你更清晰地了解不同行业和职位的特点和要求，以便更好地定位自己的职业方向。

对比分析：对同一职位或同一行业的不同招聘信息进行对比分析，了解不同公司和职位的薪资待遇、任职要求和工作环境等方面的差异。这有助于你更全面地了解市场情况，并做出更明智的职业选择。

建立职业信息库：将整理好的职业信息保存到一个文档中，并定期更新和维护。这有助于你随时查看和回顾职业信息，以便更好地把握职业发展的机会和方向。

（二）职业评估与决策工具

职业评估与决策是职业生涯规划中至关重要的环节，它有助于个人了解自己的职业能力和市场需求，从而做出明智的职业选择。以下是对于运用职业测评软件、数据分析工具等对自己的职业能力和市场需求进行评估，并进行职业决策的介绍。

1. 运用职业测评软件进行评估

选择合适的职业测评软件：在市场上选择一款权威、专业的职业测评软件，确保其测评结果具有科学性和准确性。

填写真实信息：在使用职业测评软件时，务必填写真实、准确的个人信息，如兴趣、价值观、技能等。这样，软件才能为你提供更准确的职业建议。

参与职业测试和评估：根据软件提供的职业测试和评估功能，参与相关测试，了解自己的职业兴趣、性格特点、职业倾向等。这些测试结果将为你提供有关自己职业能力的参考信息。

2. 运用数据分析工具评估市场需求

收集职业信息：通过搜索引擎、职业网站、社交媒体等渠道收集与自己专业相关的职业信息，如行业发展趋势、岗位需求、薪资待遇等。

整理和分析数据：将收集到的职业信息整理成表格或图表，利用 Excel 等数据分析工具进行数据清洗、整理和分析。通过对比不同行业、不同岗位的薪资水平、需求数量等信息，了解市场需求状况。

评估自身竞争力：将个人职业能力与市场需求进行对比分析，评估自己在市场中的竞争力。这有助于你了解自己在哪些领域具有优势，以及需要进一步提升哪些能力。

3. 进行职业决策

识别问题：明确自己的职业目标和需求，识别在职业生涯中需要解决的问题，如职业方向、职业发展路径等。

确定标准：根据自己的兴趣、价值观、能力等因素，确定与职业决策相关的标准。这些标准将为你提供决策的依据。

分配权重：根据每个标准的重要性，为其分配相应的权重。这有助于你在决策过程中更加明确地权衡各个因素。

拟订方案：根据确定的标准和权重，拟订多个职业发展方案。这些方案应充分考虑市场需求、个人能力和兴趣等因素。

分析方案：对每个方案进行详细的分析和评估，了解它们的优缺点、可行性以及潜在风险。这有助于你更全面地了解各个方案的特点和适用性。

选择方案：在综合考虑各个方案的基础上，选择最适合自己的职业发展方案。这个方案应能够充分发挥你的个人优势，满足你的职业需求，并具有较高的可行性和成功率。

执行方案：一旦确定了职业发展方案，就需要付诸实践。在执行过程中，要保持积极的心态和坚定的决心，不断学习和提升自己的能力，以应对职业生涯中的各种挑战和机遇。

总之，运用职业测评软件和数据分析工具对自己的职业能力和市场需求进行评估，以及进行科学的职业决策，将有助于更好地规划自己的职业生涯，实现个人价值和职业成功。

（三）职业发展规划工具

职业发展规划工具是帮助个人制定明确职业目标、规划职业发展路径，并利用数字化工具进行监控和调整的重要辅助。以下是利用这些工具进行职业发展规划的详细步骤。

1. 制定职业目标

自我评估：首先，通过自我评估了解自己的兴趣、优势、价值观和长期职业愿景。这有助于确定自己的职业方向和目标。

市场需求分析：了解所在行业或目标行业的市场需求和趋势，包括行业发展趋势、岗位需求、薪资水平等。这有助于制定与市场需求相符的职业目标。

SMART 原则：确保职业目标符合 SMART 原则，即具体（Specific）、可衡量（Measurable）、可达成（Achievable）、相关性（Relevant）和时限性（Time－bound）。这有助于确保目标的明确性和可行性。

2. 规划职业发展路径

设定短期、中期和长期目标：根据职业目标，设定一系列短期、中期和长期目标。这些目标应该具有层次性和连续性，有助于逐步实现职业愿景。

制订行动计划：针对每个目标，制订具体的行动计划，包括所需技能的提升、学习资源的获取、工作经验的积累等。这有助于确保目标的顺利实现。

考虑职业转换和晋升：在规划职业发展路径时，要考虑到可能的职业转换和晋升机会。这有助于个人在不同阶段实现职业发展和成长。

3. 利用数字化工具进行监控和调整

使用职业规划软件：借助职业规划软件，可以方便地制定、跟踪和调整职业规划。这些软件通常具有目标设定、计划制订、进度监控和评估反馈等功能，有助于个人更好地管理自己的职业发展。

利用在线课程和学习平台：通过在线课程和学习平台，个人可以不断学习和提升自己的专业技能和知识水平。这些平台通常提供丰富的课程资源和灵活的学习方式，有助于个人实现职业发展和成长。

社交媒体和行业网络：利用社交媒体和行业网络，个人可以建立广泛的人脉关系，了解行业最新动态和趋势。这有助于个人及时调整职业规划，把握职业发展机遇。

定期评估和反馈：定期对自己的职业发展进行评估和反馈，检查是否按照计划进行，并根据实际情况进行调整。这有助于个人更好地掌控自己的职业发展方向，确保实现职业目标。

四、职业社交与网络平台

职业社交与网络平台为职业发展提供了广阔的空间和机会。以下是对于利用这些平台来拓展人脉、提升技能，为职业发展创造更多机会的详细介绍。

（一）利用职业社交平台拓展人脉

选择合适的平台：首先，根据自己的行业、兴趣和职业发展目标，选择合适的职业社交平台，如领英（Linkedin）、脉脉等。

完善个人资料：在平台上完善个人资料，包括工作经历、教育背景、技能特长等，确保信息真实、准确、有吸引力。同时，上传一张专业的头像和封面，增加自己的曝光率。

主动建立联系：通过搜索功能找到与自己职业领域相关的人，如前辈、同行、潜在客户等，主动发送邀请建立联系。同时，也可以参加平台上的线上或线下活动，结识更多志同道合的人。

参与讨论和互动：积极参与平台上的讨论区、群组等，分享自己的观点和经验，增加曝光率和影响力。同时，也可以关注行业内的专家、领袖等，学习他们的经验和见解。

利用人脉资源：通过平台上的人脉资源，寻找合作伙伴、了解行业动态、获取工作机会等。在拓展人脉的过程中，要保持真诚、热情的态度，积极维护和发展人脉关系。

（二）利用在线课程平台提升技能

选择相关课程：在在线课程平台上，选择与自己职业发展相关的课程进行学习。这些课程可以涵盖行业知识、专业技能、职业素养等方面，帮助自己提升综合素质和竞争力。

系统学习：制订学习计划，按照课程进度进行系统学习。在学习过程中，要注重理论与实践相结合，积极参与课程讨论、项目实践等活动。

拓展学习资源：除了在线课程外，还可以利用平台上的其他学习资源，如学习笔记、案例分析、行业报告等，拓展自己的学习视野和深度。

建立个人知识库：在学习过程中，建立个人知识库，将所学知识进行整理和分类。这样可以帮助自己更好地掌握和巩固所学知识，提高学习效率。

分享学习成果：将学习成果进行分享和交流，可以增强自己的学习动力和自信心。同时，也可以吸引更多人的关注和认可，为职业发展创造更多机会。职业社交与网络平台为职业发展提供了无限可能，通过合理利用这些平台来拓展人脉、提升技能，我们可以为职业发展创造更多机会和优势。

第三节　职业生涯数字化管理应用

一、职业生涯数字化管理在实践中的应用

职业生涯数字化管理在实践中的应用广泛而深入，它涉及个人职业发展的各个方面。以下是几个主要的应用领域。

（一）职业规划与目标设定

利用在线职业规划工具，根据个人兴趣、能力和市场需求，制定个性化的职业规划。设定明确的职业目标，并通过数字化工具进行追踪和评估，确保个人职业发展的方向性。

（二）职业评估与自我提升

借助职业评估软件或在线测评工具，对个人能力、兴趣和价值观进行全面评估，识别自己的优势和不足。根据评估结果，制订个人提升计划，并利用在线课程、学习资源等进行自我提升。

（三）职业网络构建

通过社交媒体、职业社交平台等数字化渠道，拓展人脉，建立职业网络。参与在线社区、论坛的讨论，与同行、前辈交流经验，获取职业信息和资源。

（四）求职与招聘

利用在线招聘网站、社交媒体等数字化平台，搜索和筛选合适的职位信息，提高求职效率。数字化简历和求职信的制作与投递，使求职者能够更快速地展示自己的能力和经验。招聘方通过数字化工具筛选简历、安排面试，提高招聘流程的效率和准确性。

（五）职业发展与学习

利用在线课程、远程教育等数字化学习资源，进行持续学习和自我提升，以适应不断变化的职业市场。参与在线研讨会、工作坊等活动，与业界专家、学者交流，拓宽视野和知识面。

（六）绩效管理与职业反馈

通过数字化管理工具，对个人的工作绩效进行量化评估，及时发现问题并制定改进措施。利用数字化渠道获取职业反馈，了解自己在工作中的表现和不足，为职业发展提供指导。

（七）工作与生活的平衡

数字化工具，如日程管理、时间管理应用等，能够帮助个人更好地管理时间，实现工作与生活的平衡。我们可以通过在线心理咨询服务、健康管理等应用，关注个人身心健康，为职业发展提供有力支持。

总之，职业生涯数字化管理在实践中的应用涵盖了职业规划、评估、求职、学习、绩效管理等各个方面。通过利用数字化工具和方法，个人可以更加高效、系统地管理自己的职业生涯，实现个人职业目标的最大化。

【案例 6-1】

小楚的职业生涯数字化管理

小楚是一名市场营销专业的应届毕业生，他意识到在竞争激烈的职场中，有效的职业生涯管理至关重要。因此，他决定利用数字化工具和方法来系统地规划和管理自己的职业生涯。

1. 职业规划与目标设定

小楚首先使用了一款在线职业规划工具，输入了自己的专业背景、兴趣和长期职业目标。该工具根据他输入的内容生成了一份个性化的职业规划建议，包括短期和长期的目标设定。小楚根据这些建议，明确了自己的职业发展路径，并设定了具体的职业目标，如三年内晋升为市场部经理。

2. 自我提升与学习

为了实现自己的职业目标，小楚开始寻找相关的在线学习资源和课程。他注册了多个在线教育平台，选择了市场营销领域的专业课程进行学习，如市场分析、品牌策略等。通过定期学习这些课程，他不断充实自己的知识储备，提高了自己的专业能力。

3. 职业网络构建

小楚意识到人脉资源对于职业发展的重要性，因此他积极利用社交媒体和职业社交平台来拓展人脉。他加入了多个与市场营销相关的在线社区和论坛，与同行和前辈交流经验，分享自己的见解。同时，他还定期参加线上的行业活动和网络研讨会，结识了更多志同道合的人。

4. 求职与招聘

在求职过程中，小楚充分利用了数字化招聘平台。他通过在线招聘网站搜索合适的职位，并使用简历模板工具快速制作了一份专业的电子简历。他通过在线投递系统将简历发送给心仪的公司，并利用在线面试工具参加了远程面试。最终，他成功获得了一家知名企业的市场营销岗位。

5. 绩效管理与职业反馈

进入职场后，小楚继续使用数字化工具来管理自己的工作绩效。他利用项目管理软件和任务管理工具来安排自己的工作计划，确保每项任务都能按时完成。同时，他还定期回顾自己的工作表现，通过在线反馈系统向上级和同事寻求建议。这些反馈帮助他识别了自己的优点和不足，并为他提供了改进的方向。

案例分析：通过运用数字化工具和方法，小楚成功地进行了职业生涯管理。他明确了自己的职业目标，通过学习和提升不断充实自己的知识储备，积极构建职业网络，并利用数字化招聘平台找到了心仪的工作。在职场中，他继续利用数字化工具来管理自己的工作绩效和获取职业反馈。这些数字化工具和方法为他的职业生涯管理提供了有力支持，帮助他实现了个人职业目标的最大化。

二、数字化管理在职业转型中的应用

数字化管理在职业转型中的应用日益广泛，它为个人和企业提供了更高效、便捷和个性化的支持。以下是数字化管理在职业转型中的一些主要应用。

（一）个性化职业规划

数字化技术可以帮助个人分析自身的兴趣、技能、价值观等，从而制订个性化的职业规划。例如，通过在线职业咨询平台或 AI 职业规划工具，个人可以获得针对自己特点的职业发展建议。

（二）在线学习平台

随着在线教育的兴起，个人可以通过数字化学习平台随时随地进行学习和提升技能。这些平台通常提供丰富的课程资源，包括视频教程、在线讲座、模拟练习等，满足不同的学习需求。

（三）社交网络与职业导师

社交媒体和职业网络平台如 Linkedin 等，为职业转型者提供了结识同行、寻找导师、获取行业资讯的便利。通过这些平台，个人可以建立广泛的人脉关系，获取宝贵的职业建议和资源。

（四）数据分析与职业趋势预测

利用大数据分析技术，个人可以了解行业发展趋势、热门职位、薪资水平等信息，从而做出更明智的职业选择。同时，企业也可以利用数据分析来预测未来的人才需求，为员工的职业转型提供支持。

（五）在线招聘与求职

数字化招聘平台为求职者和企业提供了更高效的匹配机制。求职者可以在线浏览职位信息、投递简历、参加在线面试等，企业也可以通过平台筛选合适的候选人，降低招聘成本和时间。

（六）职业转型支持与指导

一些企业为员工提供职业转型的支持和指导，通过数字化管理来跟踪员工的职业发展情况，提供个性化的职业建议和培训资源。这有助于员工更好地适应市场变化，实现个人与企业的共同发展。

（七）虚拟实习与远程工作

数字化技术使得虚拟实习和远程工作成为可能。个人可以通过在线平台参与虚拟实习项目，积累实践经验；同时，企业也可以通过远程工作模式来降低运营成本，提高工作灵活性。

总之，数字化管理在职业转型中发挥着重要作用，为个人和企业提供了更多元化、个性化的支持。随着技术的不断进步和应用的深入拓展，数字化管理将在职业转型领域发挥更大的作用。

【案例 6–2】

数字化管理在职业转型中的作用

小楚目前从事市场营销工作，但发现自己对数据分析领域产生了浓厚的兴趣，并希望在该领域发展自己的职业生涯。

1. 职业定位

小楚首先利用数字化工具进行自我评估和职业定位。他使用在线职业咨询平台，如“智联招聘”的职业规划功能或专业的职业咨询网站，进行个人兴趣、技能和价值观的评估。这些平台通常提供一系列的问题和测试，帮助用户了解自己的优势和潜在的职业发展方向。

通过评估，小楚发现自己具备良好的逻辑思维能力和数据分析能力，同时对于市场趋势和消费者行为有深入的理解。这些特点使他在数据分析领域具有较大的潜力。

2. 机会识别

为了了解数据分析领域的市场需求和职业机会，小楚开始使用数字化工具进行行业研究和市场分析。他关注了一些与数据分析相关的社交媒体群组、行业博客和论坛，以获取最新的行业资讯和趋势。

此外，他还利用在线招聘平台搜索数据分析师的职位需求，了解该职位的职责、要求和薪资水平。通过对比不同公司和职位的要求，小楚逐渐明确了自己在数据分析领域的职业目标和定位。

3. 决策制定

在明确了职业目标和定位后，小楚开始制订自己的职业转型计划。他利用数字化工具进行课程搜索和学习资源整理，选择了一些与数据分析相关的在线课程进行学习。这些课程包括统计学、数据可视化、机器学习等，帮助他系统地掌握数据分析的技能和知识。

同时，小楚还利用社交媒体和行业群组等渠道拓展自己的人脉资源，与一些数据分析领域的专业人士建立联系。他们为小楚提供了宝贵的职业建议和资源支持，帮助他更好地了解行业动态和就业机会。

经过几个月的学习和准备，小楚成功地将自己的简历和作品集投递给了一些心仪的公司。最终，他收到了一家知名科技公司的数据分析师职位邀请，并顺利完成了职业转型。

三、职业生涯数字化管理面临的挑战与对策

（一）职业生涯数字化管理面临的挑战

在职业生涯管理中，数字化管理虽然带来了诸多便利，但也面临着一些挑战，其中信息过载和数据隐私问题是两大主要挑战。

1. 信息过载

信息量的爆炸式增长：随着数字化工具的广泛应用，信息来源日益丰富，如社交媒体、在线课程、职业论坛等，使得个人需要处理的信息量大幅增加。这可能导致个体在职业生涯管理过程中感到信息过载，难以有效地筛选和利用有用信息。

信息质量的参差不齐：在信息过载的背景下，信息的质量往往参差不齐。有些信息可能过时、不准确或具有误导性，这增加了个人在职业生涯管理中做出正确决策的难度。

时间管理挑战：由于需要花费大量时间筛选和处理信息，个人可能面临时间管理上的挑战。如何在有限的时间内高效地获取和利用信息，成为职业生涯管理中的一个重要问题。

2. 数据隐私

个人数据泄露风险：在职业生涯管理过程中，个人需要在线填写简历、参与在线评估等，这涉及大量的个人数据。如果这些数据被不法分子获取，可能导致个人隐私泄露，甚至面临身份盗窃等风险。

数据滥用风险：一些企业或个人可能会滥用收集到的个人数据，如用于营销、欺诈等不正当目的。这不仅侵犯了个人的隐私权，还可能对个人的职业生涯产生负面影响。

数据保护意识不足：一些个人在职业生涯管理中可能缺乏数据保护意识，随意泄露个人信息或在不安全的网络环境下操作。这增加了个人数据被泄露或滥用的风险。

（二）应对职业生涯数字化管理挑战的措施

1. 提高信息筛选和处理能力

个人需要学会如何有效地筛选和处理信息，避免被无用的信息所干扰。可以通过学习信息筛选技巧、使用专业的信息分析工具等方式来提高自己的能力。

2. 加强数据保护意识

个人需要提高数据保护意识，了解个人数据的重要性以及泄露的风险。在职业生涯管理中，要谨慎填写个人信息，避免在不安全的网络环境下操作。

3. 使用安全的数字化工具

选择使用经过认证的、安全的数字化工具进行职业生涯管理，如使用安全的

在线招聘平台、参加有信誉的在线课程等。

4. 寻求专业帮助

如果个人在职业生涯管理中遇到数据隐私等问题，可以寻求专业的帮助，如咨询数据保护专家或律师等。

数字化管理在职业生涯管理中具有重要作用，但也面临着信息过载和数据隐私等挑战。通过提高信息筛选和处理能力、加强数据保护意识、使用安全的数字化工具以及寻求专业帮助等方式，个人和企业可以更好地应对这些挑战，实现职业生涯的成功管理。

四、职业生涯数字化管理未来发展趋势

展望未来，职业生涯数字化管理的发展趋势和前景令人振奋。随着技术的不断进步和数字化转型的加速，数字化管理将在职业生涯中扮演更加核心和关键的角色。面对未来职业生涯数字化管理的发展趋势和前景，我们鼓励学习者积极行动起来，运用数字化技术和管理方法为自己的职业生涯创造更多机会和可能性。以下是一些建议。

(一) 学习数字化技能

掌握基本的数字化技能是运用数字化管理的基础。学习者可以通过在线课程、研讨会等方式学习数据分析、社交媒体营销等技能，提高自己的数字化素养。

(二) 使用数字化工具

利用数字化工具可以更加高效地管理自己的职业生涯。学习者可以尝试使用在线简历、社交媒体、在线学习平台等工具来展示自己的才能、扩大职业网络、提升技能水平。

(三) 关注行业趋势

了解所在行业的发展趋势和未来走向是制订有效职业规划的关键。学习者可以通过阅读行业报告、参加行业活动等方式关注行业动态，为自己的职业发展做好准备。

(四) 保持开放心态

面对不断变化的市场需求和职业环境，保持开放和灵活的心态至关重要。学习者需要敢于尝试新事物、接受新挑战，不断拓展自己的职业边界和发展空间。

总之，未来职业生涯数字化管理将带来更多机会和可能性。让我们积极拥抱数字化变革，运用数字化技术和管理方法为自己的职业生涯创造更加美好的未来。

【学思融合】

数字时代大学生自我生涯发展建议

在数字时代，大学生的生涯发展与就业指导面临着前所未有的变革与挑战。以下是对数字时代大学生生涯发展与就业指导的建议。

1. 积极学习数字技能

大学生应积极学习数字技能，提高自己的信息技术素养和数字化思维能力。这有助于大学生更好地适应数字时代的发展要求，把握职业发展的机遇。

2. 关注行业趋势和市场需求

大学生应关注行业趋势和市场需求，了解新兴行业和岗位的发展动态。这有助于大学生更准确地定位自己的职业方向，制订合理的职业规划。

3. 增强综合素质和竞争力

大学生应增强自己的综合素质和竞争力，提高自己的专业技能、团队协作能力、沟通能力等。这有助于大学生在激烈的竞争中脱颖而出，实现自己的职业目标。

4. 注重自我提升和终身学习

大学生应注重自我提升和终身学习，不断学习和掌握新知识、新技能。这有助于大学生适应快速变化的职业环境，保持自己的竞争力。

5. 构建个人品牌和社交网络

在数字时代，个人品牌和社交网络对于职业成功至关重要。大学生应积极构建自己的个人品牌，通过社交媒体、视频等渠道展示自己的专业能力和个人魅力。同时，积极参与社交活动，拓展人际关系网络，为未来职业发展创造更多机会。

6. 培养创新思维和创业精神

数字时代鼓励创新和创业。大学生应培养自己的创新思维和创业精神，勇于尝试新事物、新方法。通过参与创新创业项目、参加创业比赛等方式，锻炼自己的创业能力和创新精神，为未来的职业发展开辟新的道路。

7. 保持积极心态和健康生活方式

在数字时代，压力和挑战无处不在。大学生应保持积极的心态和健康的生活方式，以应对各种挑战和压力，如通过参加运动、艺术、音乐等活动，缓解压力、调节情绪，保持身心健康。同时，还应积极面对挑战和失败，从中汲取经验教训，不断提升自己的抗挫能力和适应能力。

总之，在数字时代进行自我生涯发展需要大学生具备多方面的素质和能力。通过积极拥抱数字技能、关注行业趋势和市场需求、提升综合素质和竞争力、保持终身学习的态度、构建个人品牌和社交网络、培养创新思维和创业精神以及保持积极心态和健康生活方式等方式，大学生可以更好地适应数字时代的发展要求，实现自我价值和职业成功。

【知识拓展】

职业生涯成功的关键因素

1. 持续学习

职业生涯成功的关键因素之一确实是不断学习知识和技能，以适应不断变化的工作环境。随着科技的迅速发展和全球化的推进，工作环境变得越来越复杂，这要求职场人士持续学习，更新自己的知识和技能，以保持竞争力。

2. 良好的人际关系

建立广泛的人际关系网络，这能为个人的职业发展提供更多的机会和资源。人际关系网络在职业发展中扮演着至关重要的角色，它不仅能够拓宽视野，了解行业动态，还能够为个人带来潜在的工作机会、商业合作以及职业指导。

3. 积极的心态

面对职业发展的挑战和困难时，保持积极的心态和乐观的态度对于个人的职业成长和成功至关重要，因为它能够激发个人的潜能，帮助个人在逆境中寻找到机会，从而不断向前发展。

4. 有效的沟通

与同事、上级、下属等保持良好的沟通，建立信任和合作关系，不仅能够促进团队协作，提高工作效率，还能够为个人在职业道路上创造更多的机会和资源。

5. 自我管理与时间管理

合理安排时间，高效完成工作任务，同时保持工作与生活的平衡，这种能力对于个人在职业发展中取得长期且稳定的成功至关重要。通过制订明确的目标和计划、利用时间管理工具、学会拒绝和委托、培养自律和坚持的习惯以及保持工作与生活的界限等策略，个人可以提高自己的时间管理能力，从而在职业生涯中取得更好的成绩。

【思考题】

在数字化时代，个人如何有效地进行职业生涯的数字化管理？请从数据收集、分析工具使用、职业规划与更新以及持续学习四个方面进行阐述。

第二篇

大学生就业指导

第七章　就业环境分析

学习要点

1. 掌握中国式现代化建设背景下大学生就业环境分析方法
2. 了解大学生就业的影响因素
3. 理解当前大学生就业政策

当前，随着改革开放步伐的不断加大，经济体制改革的不断深入，我国的经济发展已经步入新常态。高职院校毕业生面对新的就业形势，除了需要学习专业知识和提升技能外，还需要对国家政治、经济、科技、文化、教育大发展和专业、行业发展大环境进行了解，正确分析，准备把握时机，在社会中找准自己的位置，主动认清就业形势，了解就业政策，提升竞争意识，树立科学的就业观念。只有这样，我们才能在激烈的竞争中掌握主动权，并确定自己发展的轨迹。

第一节　中国式现代化建设

中国式现代化，是中国共产党领导的社会主义现代化，既有各国现代化的共同特征，更有基于自己国情的现代化，实现现代化是中国人民始终如一的奋斗主题。

一、中国式现代化的内涵

中国式现代化是社会主义的现代化，是以人民为中心的现代化。中国式现代化的本质要求是：坚持中国共产党领导，坚持中国特色社会主义，实现高质量发展，发展全过程人民民主，丰富人民精神世界，实现全体人民共同富裕，促进人与自然和谐共生，推动构建人类命运共同体，创造人类文明新形态。

二、中国式现代化建设与大学生高质量就业

中国式现代化极其强调全体人民共同富裕，这意味着在推动高质量发展、做好做大“蛋糕”的同时，还要进一步分好“蛋糕”，着力解决好就业、分配、教育、医疗、住房、养老、托幼等民生问题。为此，要更加突出就业优先导向，确保重点群体就业稳定。

中国式现代化的本质要求之一，就是实现高质量发展。中央经济工作会议提出“必须把坚持高质量发展作为新时代的硬道理”。高质量充分就业是高质量发展的重要内容，必须纳入高质量发展总体战略之中，从推动中国式现代化和全面建成社会主义现代化强国的高度来认识和把握做好就业工作的重要意义。高质量充分就业，是提高人力资源利用效率的关键，让每个人在适配的劳动岗位上创造出最大的个人价值，最大限度发挥人口的经济社会发展的能动作用，为中国式现代化建设提供素质优良、总量充裕、结构优化、分布合理的现代人力资源支撑。

党的二十大报告提及“就业”一词达 19 次，彰显了党和政府对就业工作的高度重视。报告明确指出了在推进中国式现代化进程中就业工作“怎么看”“怎么办”“怎么干”三个关键问题，并提出了就业领域工作的“三新”，即新定位、新目标、新任务，为未来的就业工作指明了方向。

高质量充分就业的新目标仍然强调“量”和“质”，“量”是指高质量的充分就业，“质”是指就业质量。要通过经济高质量发展带动高质量就业，实现人民群众对高品质民生的新要求。数字经济、绿色经济为高质量的充分就业提供了新的机会，通过新时代经济高质量发展带动就业质量不断提升。

第二节　大学生就业现状

就业是最基本的民生，是经济发展的“晴雨表”、社会稳定的“压舱石”。中共中央政治局强调：“要切实保障和改善民生，强化就业优先导向，扩大高校毕业生就业渠道，稳定农民工等重点群体就业。”当前，国民经济整体恢复向好，稳就业政策持续显效，就业形势总体稳定。

一、大学生就业的影响因素

【案例 7–1】

为什么小林难以顺利就业？

小林是某高职院校商务英语专业大三毕业生，从小就是一个不会令父母“烦恼”的乖乖女，毕业时却完全迷失方向了。

原来，小林并不喜欢商务外贸类的工作，高考填志愿时选择“商务英语”只是为了听从父母的意见。她在校期间表现平平，既没有特别的兴趣爱好，也对同学们都很热衷的社团工作、实习、兼职兴致不高。从小到大，除了学习成绩较好外，她基本上就是“宅女”一个。她拿着学校发的就业推荐表去人才市场，挤得一身热汗，出来后却毫无结果。她和同学一起在网上投递简历，也接到过几次面试通知，但对方不是嫌小林的业务水平太差，就是嫌小林的英语口语水平不够高。

小林无奈道:“谁能告诉我,我该怎么办?”

案例分析: 许多毕业生觉得现在工作很难找,竞争压力大,用人单位不是看学历就是看能力。就像小林,学的是商务英语,懂的东西不多,英语口语不够好,朋友又少。不了解就业市场和就业政策,盲目求职,必然难以顺利就业。

(一)经济发展水平

经济发展水平是影响高校毕业生就业的关键因素之一。当一个国家或地区的经济发展较为繁荣时,就业机会相对较多,毕业生更容易找到理想的工作。相反,当经济下滑或萧条时,企业往往会减少招聘,导致毕业生的就业压力加大。

(二)教育质量

高校教育质量直接影响着毕业生的就业前景。优质的高等教育能够培养出具备专业知识和技能的毕业生,这些毕业生更容易获得雇主的青睐。另外,教育质量较低的高校往往培养出没有竞争力的毕业生,难以适应就业市场的需求。

(三)行业结构和用人需求

不同行业的就业机会并不均等,行业结构和用人需求是影响毕业生就业的重要因素之一。一些热门行业如高端制造业、信息技术、金融和医疗等,具有较高的就业率和薪资待遇,而一些传统行业则面临就业困境。因此,毕业生的专业选择与当前就业市场需求的契合程度,也是影响就业情况的重要因素。

(四)个人素质与能力

毕业生个人的素质和能力对于就业问题的影响不可忽视。除了专业知识和技能外,他们的人际交往能力、团队合作能力和创新能力等也会直接影响到就业的结果。对于用人单位来说,他们更愿意招聘具备全面素质和能力、能够适应多样化的工作环境和任务的毕业生。

(五)就业政策与制度

国家和地区的就业政策与制度也是一个重要的影响因素。政府的就业扶持政策是否完善,对毕业生提供了多少帮助和支持,直接影响到他们的就业前景。例如,实施创业扶持计划、减税和研发资金的拨付等,都能够为毕业生创造更多的就业机会。

(六)社会观与价值观

社会观和价值观对毕业生就业问题也有一定的影响。在一些传统观念盛行的地区,家庭和社会更倾向于稳定的职业选择,如政府机关或大型企业工作。而在一些更加开放和多元化的社会中,鼓励创新创业和个性发展的观念更加受到重视。

(七)毕业生人数

高校毕业生人数也是影响毕业生就业的重要因素。近年来,高校毕业生人数持续增长。2018 年，全国高校毕业生有 821 万人，2019 年有 834 万人，2020 年有 874 万人，2021 年飙升到 909 万人。2022 年，高校毕业生数量突破千万人，达到 1 076 万人。到 2023 年，高校毕业生的人数持续增长，达到 1 158 万人。2024 年高校毕业生数量再创新高。教育部发布的数据显示，全国普通高校毕业生规模预计将达到 1 187 万人，其中，博士生 12.58 万人，硕士生 105.07 万人，普通本科生 444.60 万人，专科起点本科生 71.77 万人，职业本科生 4.14 万人，高职（专科）生 552.58 万人（含五年制高职转入专科招生 45.20 万人）。庞大的毕业生队伍加剧了就业市场的严峻程度。

二、大学生就业新形势

（一）就业市场的结构性矛盾加剧

1999 年，我国高校开始大规模扩招，到 2002 年，我国高等教育毛入学率达到 15%，标志着我国高等教育进入了大众化阶段。到 2019 年，我国高等教育毛入学率提高至 51.6%，实现了历史性的跨越，高等教育已经从大众化阶段进入普及化阶段，这意味着将有更多的年轻人接受高等教育，但逐年增加的高校毕业生也给就业市场带来了一个新的挑战。就业形势日益严峻，结构性矛盾日益突出。一方面大学生就业困难，另一方面企业招不到合适的人，这就是一个结构性的矛盾。结构性矛盾一方面源自高校毕业生就业观念的巨大变化，另一方面则来源于高校人才培养与社会需求的脱节。

（二）全球经济发展不确定性导致的就业市场波动

当前，贸易保护主义和地缘政治紧张局势导致全球经济的不确定性，这种不确定性直接影响到各行各业，也对就业市场产生了深远的影响。大学生面临的问题之一就是用人单位的招聘计划受到不确定性的影响，导致招聘需求的不稳定。另外，一些传统产业的衰退和新兴产业的兴起使得市场对人才需求的结构发生了变化，这对大学生的专业和适应能力提出了更高的要求。

（三）新技术变革影响就业结构变化

随着人工智能、大数据、物联网等技术的不断发展和应用，今后若干年内科技创新将更加深入地渗透到各个行业和领域，改变传统产业结构，促进产业的升级和转型。随着人工智能、大数据、物联网等技术的不断发展和应用，今后若干年内科技创造的机器可以在许多以往由人类完成的工作中取代人类（如智能化的生产机器、科研辅助机器、自动驾驶载具等）。另外，随着全社会生产率和实际收入的提高及更优新品的开发，新科技的不断涌现也将创造许多新的工作岗位。据有关部门预测，未来 20 年，人工智能及相关科技创造的就业机会将超过其替代的就业机会，使中国的就业人数增加 12%，相当于额外增加约 9 300 万个岗位。但新增就业并不会均匀分布于各行业：大多数新增岗位将出现在服务业，特别是在因中国人口老龄化而需求大增的健康医疗领域；传统制造业的就业岗位将减少，而制造新兴人工智能产品（如机器人、无人机和无人驾驶汽车）的工作岗位将增加。

（四）高校毕业生就业观念发生转变

大量不确定因素使高校毕业生的就业观变得更加保守，他们更倾向于追求预期就业行业的稳定性。高校毕业生出于减少风险的心理，会调整自身的就业观，向稳定至上的择业观转变。他们在择业时更加倾向于相对稳定的机关、事业单位、国有企业等，选择小微企业和创业的意愿显著下降，更多的大学生加入考公大军和考编大军。

（五）"慢就业""缓就业"现象增多

一方面，部分大学生及家长对就业期望值较高，在就业地域、行业和薪酬方面有明确目标，目标达成度不高时会选择暂缓就业。另一方面，毕业生愿意到艰苦地区和基层就业的人不多，"怕吃苦、难耐寂寞"的就业心理和自身就业竞争力不强导致就业难现象的发生。再者，再次专升本、考研、考公人数不断提高。不少人考研、考公失败后，没有选择就业，而是继续复习，为来年的专升本、研究生、公务员考试做准备。据统计，2022 年全国报考研究生人数为 457 万人，相比上一年度净增 80 万人，10 年间考研人数翻了不止两番，而低录取率又促使部分学生选择再次考研。此外，少部分大学生毕业以后选择游学、支教、在家待业或者创业考察，告别传统的"毕业就工作"模式，"慢就业""缓就业"现象大量出现。

三、大学生求职就业新特征

智联招聘发布的《2024 大学生就业力调研报告》（以下简称《报告》）显示，毕业生找工作的"求稳"心态在持续加重，求职最看重的仍是薪酬福利。

随着国内经济转型升级，以及新就业形态的快速发展，高校毕业生的选择更加多元，通过慢就业、自由职业方式实现自我价值的学生不断增多。报告显示，应届生慢就业、自由职业的比重分别从 2023 年的 18.9%、13.2%增长到 2024 年的 19.1%、13.7%。与前几年相比，目前高校毕业生的就业情况出现以下变化。

（一）毕业生"求稳"持续加重

从变化趋势看，期望进入国企的毕业生比例连续 5 年上升，从 2020 年的 36%持续上升至 2024 年的 47.7%；而期望进入民企的毕业生连续 5 年下降，从 2020 年的 25.1%持续下降至 2024 年的 12.5%。

面对充满不确定的宏观环境，毕业生找工作的"求稳"心态在持续加重，更希望以稳定的工作和收入来源来提高生活质量和抗风险能力。

《报告》提到，从求职考虑的因素也能看出应届生毕业生对工作稳定性的重视度在提高。调研显示，2024 届求职毕业生中，51%认为“稳定最重要”，比例仅次于“薪酬福利”（71.2%），位列第二。与 2023 年相比，认为“稳定最重要”的比例提升 10 个百分点。

选择“落户、补贴等人才政策”的占 21.4%，高于 2023 年的 18.8%。随着各地人才政策的不断加码，毕业生更能深切体验到人才政策带来的落户、补贴等切实福利，因而对其更加看重。

（二）文科生就业好转

从专业看，理工类、经管类、人文社科类专业毕业生的 Offer 获得率从高到低依次为 49.4%、47.1%、43.9%。

从变化情况看，理工类毕业生的 Offer 获得率比去年下降了 5.5 个百分点。而在旅游等服务消费、视频博主等新业态的发展带动下，文科生就业情况有所好转，人文社科类毕业生 Offer 获得率比去年提高 1 个百分点。

（三）小微企业签约率提高

报告显示，截至 2024 年 4 月中旬，求职毕业生中，14.7%已经签约用人单位。从签约企业规模看，签约毕业生中，签约小型企业、微型企业的占比分别为 31.1%、8.3%，高于 2023 年的 25.7%、6.7%。随着小微企业的发展壮大，毕业生不再执着于大企业，选择工作的态度更加务实。

（四）高端制造业成毕业生新意向

高校毕业生中，期望在汽车/生产/加工/制造行业就业的毕业生占 8.2%，高于 2023 年的 8.1%和 2022 年的 6.1%。

随着制造业转型升级及国家对高端制造业的重视，越来越多的大学生期望进入制造业发展，对高端制造等新质生产力领域更加关注。42%的毕业生表示求职时对高端制造业更有意向，还有 51%表示感兴趣，但因缺乏专业基础而无法胜任该领域的工作。

（五）技术岗位吸引力提升

从岗位看，技术岗薪酬水平较高，对具备专业能力的毕业生具有较大的吸引力。24.2%的 2024 届求职毕业生希望到技术岗位就业，占比蝉联各岗位之首，并高于 2023 年的 23.9%。

（六）三线、四线、五线城市签约率提高

从签约工作所在的城市等级看，签约毕业生中，选择三线、四线、五线城市就业的毕业生分别占 15.9%、4.9%、4.6%，均高于 2023 年的 15.4%、4.6%、3.2%。27%的毕业生签约工作地点在一线城市，低于 2023 年的 28.5%。26.5%的毕业生选择新一线城市，占比高于 2023 年的 26%。这一方面说明，三线及以下城市大力发展经济和城市建设，引才效果显现；另一方面也说明，应届毕业生的就业态度更加实际，选择到就业竞争相对和缓的三线及以下城市发展，就业市场“下沉”趋势初显。

第三节　就业政策解读

毕业生就业政策是国家为了实现一定时期经济建设和社会发展而制定的有关毕业生就业的行动准则，包括就业体制、就业规范、就业渠道等。就业政策是广义上的就业信息，事关每一个毕业生的切身利益。国家高度重视大学生就业，制定了一系列政策，从资金补助、条件保障、晋升通道等诸多方面为毕业生的发展提供了切实有效的支持与引导。

一、我国大学生就业政策的历史沿革

从计划经济体制到现在的社会主义市场经济体制，我国的大学生就业政策经历了不同的变化阶段，全面了解大学生就业政策在内容、目标等方面的变化，有利于更好地把握它的发展规律和对它进行更全面、彻底的分析，有利于对目前的大学生就业政策进行有效评价，并能更好地完善。

（一）统包统分阶段

计划经济体制下的大学生就业政策有一定的历史作用。它充分发挥了国家的宏观调控作用，由政府统一制订用人计划，保证了国家经济建设的需要，使新中国成立初期急需人才的单位得到了充足的人才供给。国家在编制毕业生分配计划时，实行保证重点、统筹安排、区别轻重缓急政策，给经济重点建设部门、地区和单位分配大批结业生。例如，1965 年北京地区的 27 000 名毕业生中分配到新疆、宁夏等边远地区就有 7 300 多人，有力地促进了这些地区的建设，同时也缓和了我国边远落后地区人才稀缺的状况。国家按计划分配毕业生，使学生顺利就业，也体现了社会主义制度的优越性。可以从中看出，统包统分阶段的就来政策是以国家利益为价值取向的，同时也兼顾个人的部分利益。

这种就业政策也有着明显的弊端。一是分配有盲目性。毕业单位和用人单位均无选择权、自主权，这样很容易产生学非所用、用非所需。二是影响了高等教育的正常发展，因为在这种分配体制下，学校处于从属地位，政府成为学校与社会联系的中介，学校与社会缺乏直接沟通的渠道。学校只需负责培养，无须考虑社会需求、专业设置，课堂教学与社会需求严重脱节。三是影响了大学生的学习积极性。由于是国家包分配的体制，所以不管学生学得好与坏，专业不管热与冷，只要有毕业证书，国家就给个“铁饭碗”。这样就致使学生学习积极性大为减弱，不思进取。四是影响了用人的自主权。就业市场的供求双方本来是最活跃的。然

而在这种计划经济的分配制度下，用人单位和大学生都处于“等、靠、要”的被动局面。

（二）双向选择阶段

改革开放后，随着我国经济体制改革、社会主义市场经济的发展以及相应的国家人事制度的改革，传统的统包统分的毕业生分配制度已越来越不能适应经济的发展和社会的需要，其弊端也越来越明显。

“供需见面，双向选择”这一过渡时期的就业政策有其明显的历史作用。一是改变了传统的计划经济统包统分的就业模式，适应了改革发展的需要。二是促使高等学校引入了竞争激励机制，给提高学校的办学质量、引导激励学生成长带来了积极的压力。高校毕业生在进入市场后接受选择也接受考验。高校也会根据学生的就业情况来调整专业结构，更新教学内容，改革教学办法和管理手段。三是用人单位的自主权得到加强，过去用人单位只见计划不见人，国家给什么人就得用什么人，现在单位可以与毕业生直接见面，可以按自己的意愿选择毕业生，调动了用人单位的积极性，也提高了单位的工作效益。四是毕业生的个人价值得到体现，在这样的就业政策下，大学生要重新思考如何度过自己的大学生活，如何使自己得到社会的认可，提高了学习积极性和竞争意识。

当然这种就业政策也有其相应的不足之处。一是动摇了以往以国家利益为第一要义的分配方式。随着国家调控权的消减、教育收费制度的确立，很多学生认为上大学是自己的事情，就业也是自己的事情，更多地会从个人利益出发。大学生的经济意识明显加强，学生的选择主要考虑就业单位条件的好坏。而服从国家分配观念和到祖国最需要的地方的思想日益淡化。二是毕业生就业范围有一定的限制。如国家部委院校的学生只能在部委系统就业，地方院校不能跨省就业，如超过此范围，就要向所属系统或地区交纳培养费，所以这个时期的双向选择是在一定范围的双向选择，受院校所属及培养方式等所限。还不是完全意义的自主择业，是“有限双选”。

（三）自主择业阶段

随着社会主义市场经济的不断发展，我国改革已进入实质阶段，经济发展趋势由劳动密集型向知识密集型转变。大学毕业就业制度的改革方向就是实行毕业生市场就业，也就是说，高校毕业生要成为劳动力的供给方，进入毕业生就业市场，利用市场机制对毕业生的劳动力资源进行基础性的配置。毕业生成为毕业生就业市场中的供给方的必要条件就是具有自主支配自身择业的权利。1993 年国务院颁布的《中国教育改革和发展纲要》就是“自主择业”就业模式的政策依据。

相比较而言，实行自主择业的就业政策，其优越性是比较明显的，因为它适应了国家经济改革的发展，主要体现在以下几个方面。一是推动了高等教育的改革，包括高等教育中行政管理、教育教学管理、人事管理、后勤管理等一系列的改革，使学生的就业状况成为影响学校办学思路的主要因素之一。以往计划经济体制下“闭门造车”的学生培养方式得到改善，使学生的培养更能适应社会的需要。二是促进人力资源的优化。就业制度的改革激活了供求双方两个主体，毕业生不得不不断地提高自身的实力以适合人才的竞争，用人单位也不得不提高自身的条件以吸纳和留住人才。三是促进社会观念的转变，打破上大学就有了“铁饭碗”的传统思想，毕业以后需要自己找工作的竞争意识被社会普遍接受。同时，这种思想又直接作用于招生，学生及家长在高考填志愿时就开始重视学校及专业的就业情况，进一步带动学校和专业的发展，从而带动了整个教育机制进一步的深化改革。

自主择业这个阶段存在的弊端主要有：一方面是国家利益与个人利益的冲突，因为绝大部分毕业生会选择大城市和沿海发达城市，宁愿失业也不愿意到西部边远地区，因为在大中城市大学生创业的机会比较多，成功的概率比较大。但是，西部的建设又需要大量的人才。在国家利益和个人利益发生冲突的情况下，特别在这个多元社会里，单纯地要求学生放弃个人利益比较困难，这里也体现了国家政策的不到位，引导力量不够或者补偿性不够。另一方面是公平性不够，户籍关系、家庭背景、社会关系、教育环境、性别等因素的影响，使大学生就业时面临不同的境遇，使毕业生分为强势群体和弱势群体。

二、我国现行的大学生就业政策

（一）现行大学生就业政策的构成

大学毕业生就业政策体现了国家就业政策的要求，同时也兼顾大学毕业生人群的就业问题。总政策主要是为毕业生安置、使用确定的方针与原则。具体政策主要包括毕业生就业过程中的工作程序、纪律、各项具体规定以及各地根据地方的需要在不违背法律和国家规定的前提下所制定的政策措施等。

1. 鼓励和引导毕业生到城乡基层就业的政策措施

为鼓励高校毕业生参加社会主义新农村建设、城市社区建设和应征入伍，《关于加强普通高等学校毕业生就业工作的通知》（以下简称《通知》）提出实行四项具体鼓励政策：

（1）基层社会管理和公共服务岗位就业补贴政策。一是对到农村基层和城市社区从事社会管理和公共服务工作的高校毕业生，符合公益性岗位就业条件并在公益性岗位就业的，按照国家现行促进就业政策的规定，给予社会保险补贴和公益性岗位补贴。二是对到农村基层和城市社区其他社会管理和公共服务岗位就业的，给予薪酬或生活补贴，所需资金按现行渠道解决，按规定参加有关社会保险。

所谓基层社会管理和公共服务岗位，包括村干部、支教、支农、支医、乡村扶贫，以及城市社区的法律援助、就业援助等岗位。这些岗位部分由政府出资，或由相关组织和单位出资，所安排使用的人员按规定享受相关补贴。

（2）学费和助学贷款代偿政策。对到中西部地区和艰苦边远地区县以下农村基层就业并履行一定服务期限的高校毕业生，以及应征入伍服义务兵役的高校毕业生，实施相应的学费和助学贷款代偿。

（3）选聘招录优惠政策。对有基层经历的高校毕业生在研究生招录和事业单位选聘时实行优先，在地市以上党政机关考录公务员时进一步扩大对其招考录用的比例。

（4）继续实施和完善面向基层就业的专门项目，扩大项目范围。主要内容包括四个方面：一是2009年中央有关部门和地方基层就业专门项目要鼓励更多的大学生参加；二是要制定各项目待遇政策衔接的办法；三是对参加项目的毕业生给予生活补贴，参加有关社会保险；四是与项目相对应的自然减员空岗，要全部聘用那些项目结束后留在当地就业的高校毕业生。

2. 鼓励毕业生到中小企业、非公有制企业就业的政策

目前，70%以上的大学生去中小企业和非公有制企业就业，这已成为大学生就业的主要渠道，但这一渠道还不够通畅，相关制度和政策有待进一步完善。《通知》提出了完善落实相关制度和政策的工作要求，主要包括以下三个方面：

（1）清理影响就业的制度性障碍和限制。在档案管理、人事代理、社会保险办理和接续、职称评定以及权益保障等方面，要认真清理现行制度，简化手续，做好服务工作，形成高校毕业生到企业就业的有利环境。

（2）取消落户限制。对企业招用非本地户籍的普通高校专科以上毕业生，各地应取消落户限制（直辖市按有关规定执行）。

（3）落实就业扶持政策。企业招用符合条件的高校毕业生，可享受相应的就业扶持政策。所谓符合条件的高校毕业生主要指就业困难人员，扶持政策包括对企业的社会保险补贴以及定额税收减免政策；劳动密集型小企业招用登记失业的高校毕业生达到规定的比例，可享受高至200万元的小额担保贷款。

3. 鼓励骨干企业和科研项目单位积极吸纳和稳定高校毕业生就业的政策

为提高骨干企业人力资源质量和科研项目质量，对于有技术专长、优秀高校毕业生等，要采取相应的鼓励政策。《通知》提出以下三项措施：

（1）鼓励企业更多吸纳高校毕业生。国有大中型企业特别是创新型企业要更多地吸纳有技术专长的毕业生，高新技术开发区、经济技术开发区和高科技企业要集中吸纳高校毕业生。

（2）鼓励困难企业更多地保留高校毕业生。支持困难企业更多地保留大学生技术骨干，按规定给予社会保险补贴、岗位补贴或职业培训补贴。

（3）鼓励科研项目聘用高校毕业生。承担国家和地方重大科研项目的单位要积极聘用优秀毕业生参与研究。一是给予其劳务性费用和有关社会保险费补助，

由项目经费列支；二是参与项目期间，毕业生户口、档案可存放在项目单位所在地人才交流机构；三是聘用期满，可续聘或到其他岗位就业，聘用期间工龄、社会保险缴费年限连续计算。

4. 鼓励和支持高校毕业生自主创业的政策措施

自主创业是大学生就业的重要增长点。据有关调查，目前应届毕业生中自主创业的比例仅为0.3%。今后需要加大政策扶持和服务力度，鼓励大学生自主创业。《通知》提出以下四项措施：

（1）鼓励高校积极开展创业教育和实践活动。

（2）税费减免和小额贷款。对毕业生从事个体经营符合条件的，三年内免收行政事业性收费；登记失业高校毕业生可申请小额担保贷款，合伙经营和组织起来就业的，适当扩大贷款规模，从事微利项目的享受贴息扶持。

（3）创业服务。对有创业意愿的高校毕业生参加创业培训的，给予职业培训补贴；强化高校毕业生的创业指导服务，提供“一条龙”创业服务。建设完善一批大学生创业园和创业孵化基地，给予相关政策扶持。

（4）鼓励支持高校毕业生灵活就业，符合就业困难人员条件的可享受社保补贴政策。

5. 对困难毕业生的就业援助措施

（1）对困难家庭毕业生，高校可根据情况给予适当的求职补贴，公务员考录、事业单位招聘时免收报名费和体检费。

（2）对离校后未就业回到原籍的毕业生，各地要摸清底数，免费提供政策咨询、职业指导、职业介绍和人事档案托管等服务，并组织其参加就业见习、职业技能培训等促进就业活动。

（3）对登记失业的高校毕业生，各地要纳入当地失业人员扶持政策体系，抓好政策落实。

（4）对就业困难和零就业家庭的高校毕业生，要实施一对一职业指导、向用人单位重点推荐、公益性岗位安置等帮扶措施，按规定落实社会保险补贴、公益性岗位补贴等就业援助政策。就业困难人员的标准由省级人民政府规定。

关于高校毕业生就业的有关特殊政策，其内容包括病残毕业生就业规定、支边学生的就业政策、自费生就业的规定、华侨和来自港澳台地区毕业生的就业规定、应届毕业生申请自费出国的规定、结业生及肄业生就业的规定、毕业生到西部的规定等。

（二）我国大学生就业政策的具体分类

目前我国涉及大学生的或者与大学生相关的就业政策可以从以下两个方面进行分类：一是根据就业政策的内容分类，二是根据就业政策对大学生就业的促进效果分类。

1. 根据就业政策的内容分类

（1）市场规制政策。主要用来维护就业市场的稳定和繁荣，使劳动力或人才市场符合法律，有序地运行。此类政策属于宏观性政策，具有方向性或指导性作用，如《普通高等学校毕业生就业工作暂行规定》等。

（2）就业准入政策。大学生就业获准进入某地区、专业、职业等的相关政策。地区准入政策和职业方面的准入政策也是宏观性政策，和大学生就业具有一定的相关性。

（3）招考录用政策。例如，国家及地区公务员招录政策，事业单位及国有企业的招录政策等。

（4）权利维护政策。在就业过程中对于就业者本人和就业单位权利维护的一系列原则、规范。

（5）宏观调控政策。政府为了促进我国人才结构的平衡而出台的一系列关于大学生到基层、到中小城市、到西部等地区的鼓励性措施。另外，还有创业扶持政策、社会保障政策、派遣接收政策、指导服务政策。

2. 就业政策对大学生就业的促进效果分类

（1）直接促进就业的政策。例如，国家及地区公务员制度、农村教师特岗计划等。

（2）延缓大学生就业压力的政策。大学生志愿服务计划、“三支一扶”计划、大学生征兵计划、特岗计划等。

（3）创造良好的大学生就业环境的政策。鼓励高校毕业生自主创业和灵活就业政策、各省的创业扶持政策、对接收大学生一定人数的企业优惠计划等。

（4）强化学生就业技能及提供指导服务政策。例如，三年百万计划及各省、高校的就业培训及指导的相关政策等。

（三）大学生相关就业政策对大学生就业的影响

对大学生就业行为选择有明显影响的是需求政策，国家的需求政策越到位、越完备，大学生就越倾向于就业，而且对其就业地域、就业单位的选择也会受到明显的影响。供给政策、需求政策和匹配政策对大学生就业机会都有影响，其中影响最大的是需求政策，其次是供给政策和匹配政策。

【案例 7–2】

“宏志助航计划”培训

由于在校期间没有正式的实习经历，中国地质大学（武汉）资源勘查工程专业应届毕业生于亮，在参加秋招时发现个人能力与岗位要求匹配度较低，简历投递后就石沉大海。在辅导员的推荐下，她参加了中国地质大学（武汉）基地的第一期“宏志助航计划”培训。

在了解就业形势和政策后，于亮坚定了西部就业的信念；小组内互改简历、模拟面试大大提高了她的求职能力。培训结束后，她聚焦专业适岗、不断磨炼应聘技巧，终于在年前收到了国家能源集团新疆能源公司采矿工程师的录用通知。

案例分析：过去对就业困难毕业生的帮扶更多的是发放求职补贴、提供岗位信息等，现在“宏志助航计划”在经济援助和岗位支持的基础上，重点向提升毕业生就业能力转变，与就业育人结合，通过培训提升能力，引导毕业生勇于面对困难，迎接挑战，坚定主动求职就业的自信心。

1. 需求促进政策

大学生在临近毕业时选择继续深造还是就业，很大程度上受劳动力市场需求量的影响。也就是说，劳动力在供求方面长期的“买方市场”局势，给高校毕业生带来了巨大的心理压力，因此他们转而投向考研或其他选择，以提升自己的人力资本，以便以后寻找更好的工作。近年来国家对西部地区、农村地区的工作岗位提供相配套的政策，减少了大学生的后顾之忧，大学生投身基层的工作积极性也逐年提高。因此，从需求促进的角度来看，政府应制定旨在扩大劳动力市场需求的经济政策和宏观调控政策，主要包括与增加和创造就业岗位有关的产业政策和投资政策。

2. 供给促进政策

国内的大量研究将大学生的失业归纳为两种类型：结构性失业和选择性失业。所谓结构性失业是指由于经济结构的变化，劳动力的供给和需求在职业、技能、产业、地区分布等方面的不协调引起的失业。而所谓选择性失业，是指大学生就业难并不是“供过于求”，而是“供不应求”，现在毕业是相对的“供过于求”，真正的原因是“无业可就”和“有业不就”的现象在毕业生中同时存在。我国大学生就业难的主要原因还是结构性的问题。从供给的角度来说，主要包括办学过程的缺陷、教学过程的缺陷、人才培养的缺陷及高校毕业生自身因素等。如果这些方面得到大力改善的话，大学生就业能力就能有明显的提升。

3. 供求匹配促进政策

大学生就业能力的提高既要高校发挥主导作用，改革教育体制，提高其实际就业力，还需要其他职业培训和中介机构的努力。另外，国家必须出台相关的供求匹配促进政策，制定发展、规范职业中介和培训机构、市场的相关规定，确保中介服务的有效提供，从而实现大学生劳动力市场的规范、高效运行。

三、大学生基层就业及优惠政策

教育部《关于应对新冠肺炎疫情做好 2020 届全国普通高等学校毕业生就业创业工作的通知》（教学〔2020〕2 号）要求促进毕业生多渠道就业。各高校要积极配合有关部门组织好“特岗计划”“大学生村官”“三支一扶”“西部计划”等基层项目，落实好基层就业学费补偿贷款代偿、考研加分等优惠政策，积极引导大学毕业生参军入伍。

（一）特岗教师计划

特岗教师是中央实施的一项对西部地区农村义务教育的特殊政策，通过公开招聘高校毕业生到西部地区“两基”（基本普及九年义务教育、基本扫除青壮年文盲）攻坚县以下农村学校任教，引导和鼓励高校毕业生从事农村义务教育工作，创新农村学校教师的补充机制，逐步解决农村学校师资总量不足和结构不合理等问题，提高农村教师队伍的整体素质，促进城乡教育均衡发展。特岗教师聘期为3年。

（二）大学生村干部

2008年，中组部、教育部、财政部、人力资源和社会保障部出台了《关于印发<关于选聘高校毕业生到村任职工作的意见（试行）>的通知》（组通字〔2008〕18号），计划用五年时间选聘10万名高校毕业生到农村担任村党支部书记助理、村委会主任助理或团支部书记、副书记等职务。从2010年开始，选聘规模扩大，逐步实现“一村一名大学生村官”计划的目标。选聘的高校毕业生在村工作期限一般为2~3年。

（三）“三支一扶”

“三支一扶”是支教、支医、支农、扶贫的简称。2006年，中共中央组织部、原人事部等八部门下发《关于组织开展高校毕业生到农村基层从事支教、支农、支医和扶贫工作的通知》（国人部发〔2006〕16号），以公开招募、自愿报名、组织选拔、统一派遣的方式，从2006年开始连续5年，每年招募2万名高校毕业生，主要安排到乡镇从事支教、支农、支医和扶贫工作。服务期限一般为2~3年。2016年，中共中央组织部、人力资源和社会保障部等九部门印发《关于实施第三轮高校毕业生“三支一扶”计划的通知》，决定2016—2020年实施第三轮高校毕业生“三支一扶”计划。

（四）西部计划

2003年，共青团中央、教育部、财政部、人力资源和社会保障部根据国务院常务会议和全国高校毕业生就业工作会议精神，联合实施大学生志愿服务西部计划，招募一定数量的普通高等学校应届毕业生或在读研究生，到西部基层开展为期1~3年的志愿服务工作，鼓励志愿者服务期满后扎根当地就业创业。西部计划按照服务内容分为基础教育、服务三农、医疗卫生、基层青年工作、基层社会管理、服务新疆、服务西藏7个专项。

（五）参军入伍

为进一步推进征兵工作改革，鼓励高校毕业生积极参军，从源头上提高新兵质量，2009 年，总参谋部、总政治部、教育部、财政部下发了《关于做好普通高等学校应届毕业生征集工作的通知》（参动〔2009〕6 号），征集普通高等学校应届毕业生入伍服义务兵役。征集的高校应届毕业生以男性为主，女性应届毕业生征集根据军队需要确定。服义务兵役年限为两年。教育部鼓励毕业生入伍参军，将配合中央军委国防动员部通过优化指标分配、提前体检等举措，征集更多的应届毕业生。

（六）选调生

各省市党委组织部门有计划地从高等院校选调品学兼优的应届大学本科及以上学历毕业生到基层工作，将其作为党政领导干部后备人选和县级以上党政机关高素质工作人员人选进行重点培养，“选调生”是对这一群体的简称。选调生分为常规选调和定向选调，定向选调是部分省市面向部分重点高校开展的。

为缩短基层与发达地区之间的差距，应将先进的理念与技术带到基层，满足其今后快速发展的需求。基层岗位十分重要，但极易被高校及高校毕业生所忽略。因此，政府与高校应对基层就业岗位进行大力宣传，使高校毕业生对基层岗位拥有一个正确的认知。从某种程度来看，基层从业者的素养会直接影响我国国民经济的发展速度和质量。因此，基层毕业生应坚持创新，提高自身的专业能力与综合素养，做好自身本职工作，为社会的发展奉献绵薄之力。

四、国家对大学生自主创业的意见和政策

近年来，为支持大学生自主创业，中央和地方各级政府出台了许多优惠政策，涉及融资、注册、税收、创业培训、创业指导等方面。对打算创业的大学生来说，了解这些政策，才能走好创业的第一步。

（一）提升大学生创新创业能力

1. 将创新创业教育贯穿人才培养全过程

深化高校创新创业教育改革，健全课堂教学、自主学习、结合实践、指导帮扶、文化引领融为一体的高校创新创业教育体系，增强大学生的创新精神、创业意识和创新创业能力。建立以创新创业为导向的新型人才培养模式，健全校校、校企、校地、校所协同的创新创业人才培养机制，打造一批创新创业教育特色示范课程。

2. 提升教师创新创业教育教学能力

完善高校双创指导教师到行业企业挂职锻炼的保障激励政策，支持建设一批双创导师培训基地，定期开展培训。

3. 加强大学生创新创业培训

打造一批高校创新创业培训活动品牌，创新培训模式，面向大学生开展高质量、有针对性的创新创业培训，提升大学生创新创业能力。组织双创导师深入校

园举办创业大讲堂，进行创业政策解读、经验分享、实践指导等。支持各类创新创业大赛对大学生创业者给予倾斜。

（二）优化大学生创新创业环境

1. 降低大学生创新创业门槛

推动众创空间、孵化器、加速器、产业园全链条发展，鼓励各类孵化器面向大学生创新创业团队开放一定比例的免费孵化空间，并将开放情况纳入国家级科技企业孵化器考核评价，降低大学生创新创业团队入驻门槛。

2. 便利化服务大学生创新创业

完善科技创新资源开放共享平台，强化对大学生的技术创新服务。各地区、各高校和科研院所的实验室以及科研仪器、设施等科技创新资源可以面向大学生开放共享，提供低价、优质的专业服务，支持大学生创新创业。支持行业企业面向大学生发布企业需求清单，引导大学生精准创新创业。鼓励国有大中型企业面向高校和大学生发布技术创新需求，开展“揭榜挂帅”。

3. 落实大学生创新创业保障政策

落实大学生创业帮扶政策，加大对创业失败大学生的扶持力度，按规定提供就业服务、就业援助和社会救助；加强政府支持引导，发挥市场主渠道作用，鼓励有条件的地方探索建立大学生创业风险救助机制，可采取创业风险补贴、商业险保费补助等方式予以支持，积极研究更加精准、有效的帮扶措施，及时总结经验、适时推广。毕业后创业的大学生可按规定缴纳“五险一金”，减少大学生创业的后顾之忧。

（三）加强大学生创新创业服务平台建设

1. 建设高校创新创业实践平台

充分发挥大学科技园、大学生创业园、大学生创客空间等校内创新创业实践平台作用，面向在校大学生免费开放，开展专业化孵化服务。结合学校学科专业特色优势，联合有关行业企业建设一批校外大学生双创实践教学基地，深入实施大学生创新创业训练计划（教育部、科技部、人力资源和社会保障部等按职责分工负责）。

2. 提升大众创业万众创新示范基地带动作用

加强双创示范基地建设，深入实施创业就业“校企行”专项行动，推动企业示范基地和高校示范基地结对共建、建立稳定合作关系。指导高校示范基地所在城市主动规划和布局高校周边产业，积极承接大学生创新成果和人才等要素，打造“城校共生”的创新创业生态。

（四）推动落实大学生创新创业财税扶持政策

1. 继续加大对高校创新创业教育的支持力度

在现有基础上，加大教育部中央彩票公益金大学生创新创业教育发展资金支持力度。加大中央高校教育教学改革专项资金支持力度，将创新创业教育和大学生创新创业情况作为资金分配重要因素。

2. 落实落细减税降费政策

高校毕业生在毕业年度内从事个体经营，符合规定条件的，在3年内按一定限额依次扣减其当年实际应缴纳的增值税、城市维护建设税、教育费附加、地方教育附加和个人所得税；对月销售额15万元以下的小规模纳税人免征增值税，对小微企业和个体工商户按规定减免所得税。

（五）加强对大学生创新创业的金融政策支持

1. 落实普惠金融政策

落实创业担保贷款政策及贴息政策，将高校毕业生个人最高贷款额度提高至20万元，对10万元以下贷款、获得设区的市级以上荣誉的高校毕业生创业者免除反担保要求；对高校毕业生设立的符合条件的小微企业，最高贷款额度提高至300万元；降低贷款利率，简化贷款申报审核流程，提高贷款便利性，支持符合条件的高校毕业生创业就业。鼓励和引导金融机构加快产品和服务创新，为符合条件的大学生创业项目提供金融服务。

2. 引导社会资本支持大学生创新创业

充分发挥社会资本作用，以市场化机制促进社会资源与大学生创新创业需求更好对接，引导创新创业平台投资基金和社会资本参与大学生创业项目早期投资与投智，助力大学生创新创业项目健康成长。

（六）促进大学生创新创业成果转化

1. 完善成果转化机制

做好大学生创新项目的知识产权确权、保护等工作，强化激励导向，加快落实以增加知识价值为导向的分配政策，落实成果转化奖励和收益分配办法。加强面向大学生的科技成果转化培训课程建设。

2. 强化成果转化服务

汇集政府、企业、高校及社会资源，加强对中国国际“互联网+”大学生创新创业大赛中涌现的优秀创新创业项目的后续跟踪支持，落实科技成果转化相关税收优惠政策，推动一批大赛优秀项目落地，支持获奖项目成果转化，形成大学生创新创业示范效应。

（七）办好中国国际“互联网+”大学生创新创业大赛

1. 完善大赛可持续发展机制

坚持政府引导、公益支持，充分利用市场化方式，研究推动中央企业、社会资本发起成立中国国际“互联网+”大学生创新创业大赛项目专项发展基金。

2. 打造创新创业大赛品牌

强化大赛创新创业教育实践平台作用，鼓励各学段学生积极参赛。坚持以赛促教、以赛促学、以赛促创，丰富竞赛形式和内容。建立健全中国国际“互联网+”大学生创新创业大赛与各级各类创新创业比赛联动机制，推进大赛国际化进程，搭建全球性创新创业竞赛平台，深化创新创业教育国际交流合作。

（八）加强大学生创新创业信息服务

1. 建立大学生创新创业信息服务平台

及时收集国家、区域、行业需求，为大学生精准推送行业和市场动向等信息。加强对创新创业大学生和项目的跟踪、服务，畅通供需对接渠道，支持各地积极举办大学生创新创业项目需求与投融资对接会。

2. 加强宣传引导

选树大学生创新创业成功典型，丰富宣传形式，培育创客文化，营造敢为人先、宽容失败的环境，形成支持大学生创新创业的社会氛围。做好政策宣传宣讲，推动大学生用足用好税费减免、企业登记等支持政策。

【知识拓展】

教育部促进2024届毕业生就业创业工作的意见和政策（摘选）

高校毕业生是国家宝贵的人才资源。为深入学习贯彻习近平新时代中国特色社会主义思想和党的二十大精神，全面落实党中央、国务院对高校毕业生就业创业工作的决策部署，教育部决定实施“2024届全国普通高校毕业生就业创业促进行动”，进一步完善高校毕业生就业创业服务体系，全力促进高校毕业生高质量充分就业。

（一）把高校毕业生就业工作摆在更加突出位置

1. 强化统筹部署

按照“秋季校园招聘月”“寒假暖心行动”“春季攻坚行动”“百日冲刺行动”的部署，结合工作实际，统筹做好本地本校工作安排，落实落细各项工作要求，确保高校毕业生就业局势总体稳定。

2. 强化协同联动

牵头成立高校毕业生就业工作专班，制定工作方案，明确任务清单，进一步优化工作机制，全力推进各项任务落实。

3. 强化高校责任

建立健全校、院（系）两级就业工作领导小组，分别制定就业工作方案，分级落实工作责任。加强部门工作协同，完善激励考评机制，调动全校力量形成全员促就业工作合力。

（二）大力开拓市场化社会化就业渠道

1. 深入开展“访企拓岗”专项行动

结合毕业生就业需求，提升岗位的利用率和访企拓岗的实效性，通过访企拓岗深度了解行业企业的人才需求，深化人才培养改革，推动供需精准对接。鼓励各地结合产业发展需求和学校办学特色组织开展集中走访。

2. 推进实施“万企进校园”计划

各地各高校充分发挥校园招聘主渠道作用，主动邀请用人单位进校开展招聘活动，提升每场校园招聘活动的实际效果。结合毕业生求职就业意愿，大力拓展岗位资源，努力为毕业生提供优质的就业岗位信息。

3. 全面推广使用国家大学生就业服务平台

优化升级国家大学生就业服务平台功能，深入开展“24365 携手促就业精准服务”，持续加强就业岗位的互联共享和精准推送，鼓励地方和高校依托平台联合举办专场招聘活动。

4. 加强分行业分区域就业市场建设

汇聚相关部门、行业协会、社会招聘机构等多方资源，着力建设一批区域性、行业性、联盟性高校毕业生就业市场。充分发挥全国普通高校毕业生就业创业指导委员会和行业协会作用，完善“分行业就指委+分行业协会”促就业工作机制，举办系列校企对接交流活动，加大力度建设分行业就业市场。深入开展供需对接就业育人项目，搭建人才供需对接平台，推动就业与培养有机联动。

5. 鼓励中小企业更多吸纳高校毕业生

各地教育部门配合本地相关部门落实吸纳就业补贴、社会保险补贴、税费减免等优惠政策，支持中小企业开发创造更多适合高校毕业生的就业岗位。加大民营企业、中小企业招聘推介力度，为企业进校招聘提供便利，引导更多毕业生到民营企业、中小企业就业。持续举办“百城万企——民企高校携手促就业”“全国中小企业网上百日招聘高校毕业生”“全国民营企业招聘月”等活动，为中小企业招聘高校毕业生搭建平台。

6. 支持灵活就业和自主创业

充分挖掘新产业、新业态、新模式带动就业潜力，引导毕业生发挥专业所长，在创意经济、数字经济、平台经济等多领域灵活就业。落实灵活就业社会保障政策，切实维护高校毕业生合法权益。积极鼓励和支持高校毕业生自主创业，落实创业支持政策，在资金、场地等方面向毕业生创业者倾斜，为高校毕业生创新创业孵化、成果转化等提供服务。

（三）充分发挥政策性岗位吸纳作用

1. 优化政策性岗位招录安排

积极拓展政策性岗位资源，稳定并适度扩大招录高校毕业生规模。统筹推动尽早安排党政机关、事业单位、国有企业等招考和各类升学考试、职业资格考试，加快政策性岗位招录进程，为高校毕业生求职留出充足时间。发挥国有企业示范作用，办好第五季“国聘行动”。加大科研助理岗位开发力度，落实相关配套措施。

2. 大力挖掘基层就业空间

组织实施好“特岗计划”“三支一扶”“西部计划”等基层就业项目，拓展实施“城乡社区专项计划”“大学生乡村医生专项计划”。支持各地围绕落实推进乡村振兴战略，深入挖掘基层医疗卫生、养老服务、社会工作、司法辅助等就业机会，扩大实施地方基层项目。鼓励各地健全支持激励体系，出台更多地方优惠政策，吸引更多毕业生到中西部地区、东北地区、艰苦边远地区和基层一线就业创业。

3. 积极配合做好大学生征兵工作

密切军地协同，加强征兵工作站建设，加大征兵宣传进校园工作力度，畅通入伍绿色通道，配合兵役机关做好兵员预征预储、高校毕业生征集等工作，进一步推进以高校毕业生为重点的精准征集。按照有关规定落实好退役后复学、升学、学费资助等优惠政策，积极鼓励高校毕业生应征入伍。

（四）推进构建高质量就业指导服务体系

1. 加强就业教育和观念引导

深入开展“就业育人”主题教育活动，引导毕业生树立正确的成才观、职业观、就业观，客观看待个人条件和社会需求，从实际出发选择职业和工作岗位，主动投身艰苦地区、重点领域等国家需要的地方建功立业。开展基层就业卓越教师和毕业生推荐，做好先进典型选树和系列宣讲活动。

2. 加强生涯教育和就业指导

强化大学生生涯发展与就业指导课程建设，修订完善课程教学要求。充分运用现代信息技术，探索建立学生成长电子档案，为学生提供个性化、精准化、便捷化的就业指导服务。

3. 办好全国大学生职业规划大赛

将大赛内容设计同生涯发展与就业指导课程深度融合，切实增强大学生生涯规划意识，促进就业指导教师提升教学水平。鼓励将大赛与校园招聘和校企人才供需对接深度融合，引入真实职场环境，帮助更多毕业生通过参赛提升职业规划和就业能力，顺利实现就业。

4. 引导强化就业实习实践

通过实习实践激发学生求职意愿、明确求职意向，帮助学生增强就业能力、获取就业机会。鼓励地方政府、用人单位与高校深化产学研合作，协同打造一批大学生就业实习基地。

5. 切实维护毕业生就业权益

积极营造平等就业环境，严格落实“三严禁”要求。加强就业安全教育和诚信教育，引导用人单位与高校毕业生及早签订就业协议书或劳动（聘用）合同并如实履约。及时发布求职就业预警信息，帮助毕业生防范求职风险。依法严厉打击虚假招聘、售卖协议、“黑职介”“培训贷”等违法违规行为。

【学思融合】

加强重点群体就业帮扶

（1）完善精准帮扶机制。重点关注脱贫家庭、低保家庭、零就业家庭、残疾等就业困难毕业生群体，“一人一档”“一人一策”建立帮扶工作台账，优先提供指导服务、优先推荐就业岗位、优先开展培训和就业实习。落实“一对一”帮扶责任制，高校和院系领导班子成员、就业指导教师、班主任、专业教师、辅导员等要与困难学生开展结对帮扶，确保每一个困难学生都得到有效帮助。会同人力资源和社会保障部门持续做好离校未就业毕业生的跟踪帮扶和不断线服务。

（2）深入实施“宏志助航计划”。继续组织实施“中央专项彩票公益金宏志助航计划——全国高校毕业生就业能力培训项目”。鼓励各地各高校配套设立省级、校级项目，扩大培训覆盖面。支持将就业能力培训与指导咨询、心理疏导、岗位推荐等统筹推进。强化培训基地管理，规范使用专项资金，试点开展项目实施效果评估。

（3）推进对口就业帮扶援助。高校结对开展就业帮扶，推动区域间、校际就业经验交流、就业渠道互补、就业资源共享。加强区域统筹协调，调配更多岗位资源，为基础薄弱地区和高校提供就业帮扶援助。充分发挥工会、共青团、妇联、残联等群团组织和社会公益组织作用，为困难群体毕业生提供有温度的就业服务。

【思考题】

1. 你平时会关注国家有关大学生就业政策的相关信息吗？

2. 临近毕业，你是否主动了解过本专业依托的行业背景在中国式现代化建设中的未来发展趋势？

第八章　就业心态调整

学习要点

1. 掌握大学生就业心态的概念与内涵
2. 了解影响大学生就业心态的因素
3. 理解求职就业心理准备的重要性

面对求职就业，大学生的心理是复杂多变的。通过大学生活，学生在知识、能力与人格方面有了显著的发展，许多大学生都摩拳擦掌，跃跃欲试，准备在所学专业领域一展身手。但是在求职就业过程中，大学生又难免会出现种种心理矛盾、心理误区和心理障碍，如情绪障碍、人际交往障碍、人格障碍等。因此，在人才竞争日益激烈的今天，如何科学合理地规划职业生涯，如何调整自己的就业心态，缓解求职就业心理压力，是大学生普遍关注的问题。

第一节　就业心态概述

一、大学生就业心态的相关概念

(一) 心态的定义与内涵

心态是指一个人的心理状态，是我们对待事物的心理态度，是我们的观念、动机、情感、兴趣等心理状态的体现。心态包括一个人情绪的变化、个性的特征、人格状态等，心态对我们的思维、选择、言行具有导向和支配的作用。

(二) 就业心态的概念与内涵

大学生就业心态是指在校大学生对待就业的一种心理态度，是贯穿于整个大学期间的学习和生活当中的对于就业一个动态心理反应到行动的过程，包括：踌躇满志期待就业；认真学习努力备战做好就业准备；做一天和尚撞一天钟，走一步算一步，对于就业没有太多想法；家中长辈、亲戚朋友中有就业岗位资源，可以毕业就有好去处；知道学校有合作企业资源，等待校园招聘会；对于就业，抱着有合适的就去、没有合适的就回家待着的想法。

(三) 就业心态的分类

就业心态一般分为积极就业心态、消极就业心态两种。

1. 积极就业心态

一个人如果心态积极，乐观地面对人生，乐观地接受求职就业过程中挑战和应对麻烦事，那他就成功了一半。成功者遇到困难时，依然保持积极的心态，用“我要我能”就一定有办法。用积极的意念鼓励自己，于是便想尽一切办法不断向前进，直到就业成功的那一天。

2. 消极就业心态

在生活当中，大部分失败源于心态观念没有摆正。每当遇到困难时，他们只是挑选容易的倒退之路；或者面对挑战，自我暗示说，我不行了，我还是退缩吧，最终结果是陷入了失败的深渊。

【案例 8-1】

新一代产业工人的优秀代表

刘健，男，汉族，1988 年 4 月出生，湖南化工职业技术学院 2010 届毕业生。湖南楚天科技股份有限公司金工车间数控铣工、高级技术骨干。曾荣获长沙市杰出青年岗位能手、长沙市技术能手、长沙市最美劳动者、2012 年长沙市技能大赛第二名、湖南省第四届职工职业技能大赛三等奖等荣誉。刘健爱岗敬业，刻苦钻研技术，在大学期间就是一个技术尖子，曾荣获 2009 年全国职业院校技能大赛第二名。2012 年，通过层层选拔，他代表长沙市参加了三年一届的湖南省职工数控技能大赛，夺得全省第四名、长沙市第一名的好成绩，为长沙市代表团获奖牌数第一、总分第一做出了贡献。参加工作以来，他虚心向老师傅学习技术，经过钻研和自学，成为公司年轻的一线技术骨干。他勇于创新，参与公司 10 多项新产品试制，攻克了 15 项技术难关，配合完善了 9 种生产工艺，提出技术革新和合理化建议 60 多项，独创 6 项新加工方法，产品质量合格率达 100%。他以技术创新、生产攻关为己任，为公司创造大量的价值。

案例分析：刘健作为一名生产一线的工人，坚韧不拔、顽强执着。他善于从工作中的点滴学起，在工作中的细微处钻研，凭着一股拼劲韧劲，克服了种种困难，操作技能得到了质的提升，是新一代产业工人的优秀代表，是我们学习的榜样。

二、影响大学生就业心态的因素

大学生就业是大学生和用人单位双向选择的结果，其中大学生自主选择岗位的行为受主客观因素影响较大。详细了解这些影响因素对大学生就业帮助很大。

（一）主观因素

大学生求职就业受主观因素影响主要表现在大学生的生理状况、心理发展水平、个性特点、知识结构和就业认知层面上。大学生个体的生理状况、心理发展水平直接影响着个体的工作能力和工作效果；自身的个性特点决定了求职时不同的心理、行为表现和价值取向；知识结构和就业认知对大学生求职的影响也较大。

目前不少大学生对就业岗位的认知主要在于工作的待遇、环境和条件、社会意义、地理位置、劳动强度等方面，而并没有真正从适合自身的角度出发，这无形中提高了就业难度。另外，就业期望与现实脱节，以个人主观意愿衡量社会需求，过于依赖家庭和父母，对自身能力和综合素质不重视，都会导致求职心理问题的产生。

（二）客观因素

大学生求职受客观因素的影响主要表现在学校、社会、家庭层面上。学校人文环境、教学模式、社会风气、社会经济发展水平、人才需求状况、就业形势、就业政策、家庭教育方法、家长的价值观念等影响着大学生的求职选择，会对大学生求职心理产生重要影响。

部分高校目前的专业培养方案中，学科专业与社会的需求存在结构性差异，重理论、轻实践。而用人单位往往依据优中选优的原则选拔人才，测试大学生的实际动手能力。大学生自身能力不足，就会产生一定的心理压力。

就业压力还体现在就业限制条件和社会舆论压力方面。一些岗位会对求职者做出具体规定，如在年龄、学历、专业、身体健康程度等方面有所限制。这些来自社会各方面的压力会影响大学生的求职心理。社会经济发展水平的不平衡、地域经济发展的差异性、就业市场体制机制的不完善、社会媒体的舆论导向会给大学生造成困惑。家庭结构、父母受教育程度、家庭收入状况等也会对大学生求职产生影响。

三、大学生良好就业心态

（一）成长心态

“失败是成功之母。”大学阶段是学习的阶段、成长的阶段，大学生要拥有成长的心态，敢于尝试，不怕出错。

（二）竞争心态

大学生要想在进入社会后取得成功，需要在大学期间就培养出一种竞争的心态，提高自己的竞争力。

（三）责任心态

责任心态指个人对自己和他人、对家庭和集体、对国家和社会所负责任的认识、情感和信念，以及与之相应的遵守规范、承担责任和履行义务的自觉态度。它是一个人应该具备的基本素养，是健全人格的基础，是家庭和睦、社会安定的保障。

（四）空杯心态

空杯心态并不是一味地否定过去，而要抱着一切向前看的态度融入新的环境，对待新的工作、新的事物。拥有空杯心态的人持有一颗谦逊之心，敢于自我否认，能够不断地发现及接受新鲜事物，以提高自己的学识、修养。

（五）积极心态

积极心态是个体对待自身、他人或事物的积极、正向、稳定的心理倾向，心中自有一片天地。外界无论阴雨绵绵还是晴空万里，都不会对他们产生太大影响。大学生应有意识地培养自己的积极心态，为自己美好的未来而奋斗。

（六）专注心态

专注的力量很强大，它能把一个人的潜力发挥到极致。专注的人总是对自己的目标有清晰的认识。他们总能把注意力放在当时最重要的事情上，全身心地投入。

（七）平常心态

平常心指的是一种淡定的心态。要做到保持平常心就必须对自己有清醒的认识，能够在积极主动地追求自己的目标竭尽全力后不强求结果，顺其自然。

【课堂活动】认识自己

1. 活动目的

全面认识自己，发掘自己的潜力。

2. 活动方法

全班同学分为若干小组，4~5 人一个小组，每人准备 4 张小卡片。

3. 活动规则

（1）老师在全班范围内分别统计学生对自己不满意、基本满意、很满意的人数，提问部分回答不满意、基本满意、很满意的同学原因何在。

（2）要求学生自我评价，将自己形象、个人品质、才华或技能等方面的优点、缺点写在小卡片上。

（3）要求进行组内互相评价，将组内其他成员的优点写在卡片上赠送给对方。请每个人在下面三个选项中至少选择一项，并告诉他们的搭档：A 一个特别漂亮的身体部位；B 一两个非常迷人的个性特征；C 一两项出众的才能或本领。

4. 活动讨论

我真的完全了解自己吗？有没有从别人的评价中发现一些自己从来不知道的优点或缺点？有没有人没有优点？有没有人没有缺点？对于自己的一些无法改变的缺点，如外貌等，你有何看法？

【学思融合】

决定职场成功的10种积极心态

(1) 决心。最重要的积极心态是决心，而不是环境在决定我们的命运。

(2) 目标。即对达成自己预期目标的成功心愿。要想成功，仅仅希望是不够的。

(3) 主动。被动就是将命运交给别人安排，消极等待机遇降临，一旦机遇不来，他就没办法。凡事都应主动，被动不会有任何收获。

(4) 热情。没有人愿意跟一个整天提不起精神的人打交道，没有哪一个领导愿意去提携一个毫无热情的下属。

(5) 爱心。内心深处的爱是一切行动的源泉。不愿奉献的人，缺乏爱心的人，就不太可能得到别人的支持；失去别人的支持，离失败就不会太远。

(6) 学习。信息社会时代的核心竞争力已经发展为学习力。信息更新周期已经缩短到不足五年，危机每天都会伴随我们左右。要开阔视野，利用好互联网的免费资源，从书籍等资源中获取知识。

(7) 自信。建立自信的基本方法有三个：一是不断地取得成功；二是不断地想象成功；三是将自己在一个领域取得成功的“卓越圈”运用神经语言的心理技术，移植到你需要信心的新领域中来。

(8) 自律。人人崇尚自由，然而，自由的代价是自律，成功需要很强的自律能力。

(9) 顽强。我们追求成功的过程中，一定会遇到许多艰难、困苦、挫折和失败。你不打败它们，它们就会打败你。成功有三部曲：一是敏锐的目光；二是果敢的行动；三是持续的毅力。用你敏锐的目光去发现机遇，用你果敢的行动去抓住机遇，用你持续的毅力把机遇变成真正的成功，持续的毅力就是你顽强的意志力。

(10) 坚持。假使成功只有一个秘诀的话，请问那会是什么？那应该是坚持。

【思考题】

1. 就目前就业形势，你的就业心态如何？
2. 你的择业观是什么？

第二节　大学生就业心态调适

目前就业形势比较严峻，大学生面临就业难题，自我调适求职心理和就业心态至关重要。作为一个合格的大学生，要提高自我认知水平，树立积极就业心理，调动一切积极因素，充分发挥主观能动性，以良好的心态、健康的心理来对待我们的学习、生活及之后的工作。

【案例 8–2】

心理调适：正确认识自己

小许性格内向，不敢与用人单位交流，每次匆匆放下简历就走。她在面试前更是睡不好觉，在现场也不能很好地发挥。眼看毕业临近，她的就业问题还没解决，由于压力过大，只好去心理咨询中心寻求帮助。老师听了她的倾诉后，首先教给她一些舒缓情绪的方法，然后帮她一起分析、挖掘优势，告诉她自身吃苦耐劳的品质、朴实无华的内在素质，是不少企业看重的。老师的话给她很大启发，回去后她在同学面前演练面试过程，解决面试紧张的问题。一周后，重新有了自信的小许又开始参加招聘会，最后终于顺利签约了。

案例分析：就业成功的关键是正确地认识自己。有时要纠正过低的自我评价，勇敢地去尝试。不要觉得谁都比自己优秀，要克服自卑心理，树立自信，要知道“天生我材必有用”，不要总将自己的弱项和别人的长项比，要发挥自己的优势，最终到达胜利的彼岸。

一、当前大学生存在就业心态问题

随着社会的发展，大学生就业问题逐渐成为社会普遍关注的焦点。大学生就业形势逐渐严峻。这些都给大学生们带来了巨大的心理压力，如不及时进行调整，那么存在的就业心态问题将会阻碍大学生求职就业的有效进行。

（一）就业心态失衡

在选择职业时容易陷入认识上的误区，立足点上也没有主动适应职业需要的观念和以后的发展理念，而是寄希望于在短期内实现自己的期望，这将导致陈旧的就业观念与混沌的价值取向并存。

（二）自负与自卑并存

自负是自命不凡、盲目清高、刚愎自用、不善团结的心理表现。自卑是某些客观因素导致个人轻视自己的一种消极心理状态。在应聘时，有的大学生自我感觉良好，对自己的评价过高；有的大学生“这山望着那山高”，抱着“是我去择业，而非职业选择我”的错误观念；还有的不能准确估计自己的能力，缺乏应有的自信，甚至对自己持一种怀疑的态度。

（三）焦虑与烦躁并存

拥有焦虑心理的人总是消极看待事物，同时又追求一线希望。其实这是一种焦虑不安的心理状态。面对就业竞争日趋激烈的现状，面对几次求职的失败，面对自己的未来发展，部分大学生难免会产生焦虑与烦躁情绪，这种情绪如果得不到有效的就业心理调控，则会直接影响毕业生的就业心态。

二、大学生良好的就业心态的养成

针对当前的就业形势，生活在“象牙塔”的大学生们应该用怎样的就业心态来促使自己融进将来就业的大军呢？应通过学习，培养大学生的高尚志向，促进其就业观念的升华，为大学生就业的顺利进行打好基础。

（一）提高在校大学生的心理素质

1. 认清自己的处境

有的人满怀一腔热血，给自己定下高目标，结果一旦遇到挫折，就开始唉声叹气；有的人怀着试试看或者没别的出路暂时干着的心态，起点定得很低，遇到一点挫折就感到昏天黑地，认为自己连这样低的要求都达不到，沮丧失望得不得了。上述两种情况，都是没有认清自己处境的表现，太偏颇、不客观。所谓认清自己的处境，就是要明确知道自己是在一个高竞争而门槛低的行业里面就业，因此要谦虚谨慎，同时要奋发图强，积极学习行业技能。这样一来，就能应付自如了。

2. 调整自己的心态

不能因为自己在入行门槛低的职业里面就业，就从心里先矮别人三分，自卑心理万万要不得。谦虚谨慎一点不是自卑，如果一个职业人认为自己的职业矮人三分，自己等于未战先输了。因此，积极地调整好心态是在入行门槛低的职业就业的前提。

3. 提高自己的技能

有的人觉得，自己所从事的职业只需要简单地培训，甚至不需要培训就能上岗，于是对业务技能采取回避的态度，这显然是错误的。任何职业，干好干长的前提都是精通业务，所谓行家里手说的就是这个道理，不能让自己成为专家，也至少应该通晓常识，这样才能有信心和底气在所从事的职业里面站稳脚跟。

4. 坚信未来的前景

有的人遇到困难，不首先从自己身上找原因，而喜欢强调客观，如行业不景气、竞争激烈、人员复杂、职业形象差、没社会地位等。从事一个行业，先要看到前景，保有一份乐观，否则干事的动力就会丧失，没有了动力，就不可能有业绩和发展的可能性。

（二）调节就业心理压力

1. 勇于面对

有压力是正常的，出现心理问题也不要紧张，要敢于承认和接受，用一颗平常心对待。

2. 主动调节

特别是当期望与现实存在差距时，要结合自己的情况，权衡利弊，寻找到二者的平衡。选择什么样的工作、接受还是拒绝都是自己的选择，要相信自己的选择是适合自己的，不要过分依赖周围人的态度。

3. 积极行动

认真分析情况，主动寻找和利用各种资源，创造机会，而不是消极等待。

4. 乐于分享

敢于把找工作过程当中的酸甜苦辣与同学、老师和父母分享，这样可以减少压力，释放痛苦，转变心情，甚至还能得到关键的帮助。宿舍的同学要相互安慰、互相支持，努力做到资源共享。

高校毕业生要学会积极评价一些事情，要善于寻找自己的优点，相信自己的能力。当兴趣、爱好、专业及特长与工作相冲突时，不要焦虑，要思前想后，分别列出拒绝和接受的因素，进行对比，果断决定也是毕业生要培养的心理调节能力。一些经常待在宿舍、生活不规律甚至有些萎靡的毕业生要改变观念，合理安排时间，做到生活有规律。生活充实、有节奏就会提高心情的舒适度，这样找工作也就更轻松了。在严峻的就业环境下，积极的努力、主动寻求机会是非常重要的。

（三）做好求职心理准备

高校毕业生求职择业，不仅要做好求职材料的准备，而且要做好求职心理准备，这样才能在求职道路上越走越远。具体而言，大学生可从以下 5 个方面入手。

1. 正确认识自我

认识自我是求职择业的第一步。大学生的自我意识日趋完善，对自我的存在及意义有了较明确的认识，应以此为依托进行求职择业。但是如果单纯从自身愿望出发，不顾国家和社会的实际需求，往往不仅实现不了个人愿望，还会影响社会的稳定和发展。因此在求职择业时，每个大学生都必须客观评价自己，全面了解社会需求，这样方能知己知彼，百战不殆。同时，大学生要全面认识自身的特点，评估自己的实力，预测自己的潜能，并明确自己的职业理想，然后将自身情况和职业理想结合起来，寻找适合自己的工作。充分了解自己后，才能做出与自己情况相符的职业选择，提高求职成功率，为今后有所成就打下基础。

2. 树立自信心

自信是对自己的一种积极评价。部分大学生自我评价过低，缺乏进取意识，再加上就业竞争激烈，大学生容易在就业过程中自信心不足。自信是求职成功的心理基础，也是现代最为重要的职业品质之一。缺乏自信，往往便失去了成功的可能。许多大学生求职失败，就是因为他们不敢去争取。大学生必须树立自信心，同时积蓄自信的资本，不断充实自己、完善自己、提高自己。培养自信的心理素质可以从下面三个方面着手：一是相信自己的力量。只有相信自己的力量，才会有勇气朝着目标前进。要敢于说“我能”“我行”，经常给自己积极的自我暗示。二是发现自己的优势。每个人都有自己的优势和劣势，树立自信的关键在于善于发现自己的优势，并把它发展到极致，做到扬长避短。三是善于抓住机遇。一个善于抓住机遇的人，成功的概率就更高，自信心就会逐步增强；相反，不善于抓住机遇，自信心就会在漫长的等待中一步步磨灭。

3. 树立诚信意识

在求职过程中，诚信是获得对方好感和信任的秘诀，是达到目的的最好手段；相反，不讲信用、弄虚作假只会引起用人单位的反感，即使侥幸蒙混过关，也会给今后的工作埋下一颗定时炸弹。在求职竞争激烈的今天，不诚信的行为不仅会使自身受害，还会严重影响就业环境。

4. 学会灵活变通

大学生应根据实际情况，及时调整就业期望值和自己的知识、能力结构，以便与就业市场的要求保持最大的一致性。俗话说“计划赶不上变化”，求职中的灵活变通是一种良性的态度转换。没有变通性与适应力，就会显得迂腐或呆板，导致自我封闭。要抛弃过去那种择业就是一次到位、要绝对稳定的观念，把择业看成一个动态的过程，在工作中不断提高自己的社会生存能力，增加实际经验，凭借努力逐步实现自我的价值。

5. 培养竞争意识

当今社会是竞争型社会，市场经济就是竞争经济，职业竞争就是社会竞争的一个方面。大学生应该抓住机会，而不要消极地被动等待。首先，要敢于竞争，要体现年轻人敢想、敢说、敢干的特点，树立“爱拼才会赢”的观念，不能前怕狼后怕虎、唯唯诺诺、胆小怕事。其次，要善于竞争，要从实际出发，充分考虑自身的特长，扬长避短。最后，要有敢于承受挫折的竞争心态，任何竞争中都存在失败的可能，求职也不例外，只有充分考虑了失败的后果，做好遭受挫折的思想准备，才能提高心理承受能力，才能从一次次的跌倒中站起来。

三、调整求职心理的策略

【案例 8-3】

小丽的“求职恐惧症”

小丽是某高职院校会计专业毕业生，现在仍在家待业。今年她的家庭所在地的人力资源和社会保障局组织的招聘会陆续开始后，她不仅没有多大的兴趣，甚至十分恐惧。她在去年经历了几次面试失败之后，就一直不敢找工作了，很害怕招聘者挑剔的眼光。

案例分析：每一个人都是从没有工作经验开始的，不要误以为用人单位只想用“最优秀的人”，实际上用人单位只想用“最合适的人”。另外，刚毕业的大学生在求职上有天然的优势：可塑性强、薪酬要求低、谦虚好学、有活力等。因此，求职时千万不要妄自菲薄，更不必恐惧。

解决大学生心理问题的根本对策是学会自我调适。自我调适是指个体运用一定的原理和方法，主要是心理学的原理和方法，使自己的心理和行为产生积极改变的过程。自我调适的作用在于帮助我们在遇到挫折和冲突时客观地分析自我与现实，有效地排除心理障碍，从而使自己保持一种稳定而积极的心态，达到顺利就业的目的。心理调适的主要方法有以下几种。

（一）理性情绪法

人有理性与非理性两种信念，这些信念指引下的认知方式会左右人的情绪。理性情绪法源于美国心理学家艾里斯创立的“理性情绪疗法”。他认为情绪困扰并不一定由应激源直接引起，而常常是由经历者对事件的非理性认识和评价引起的。因此，要消除人的不良情绪，就要设法将人的非理性观念转化为理性观念。

例如，有的学生在就业中遭遇挫折就消沉苦闷、怨天尤人，原因在于他们认为大学生是天之骄子，顺利就业理所当然。“天生我材必有用，作为受过系统高等教育的人，找工作还不是小菜一碟？”正是这样的心理导致不良情绪的出现。如果对这一观念加以纠正，不良情绪就会自动缓解。大学生在运用理性情绪法时，首先应分析自己的消极情绪有哪些，找出非理性观念（绝对化、完美主义、予取予求等），将其向理性观念方面转化，从而消除不良情绪。

（二）适度宣泄法

从心理卫生角度讲，不良情绪就是不良心理活动产生的“垃圾”，如果不将其清除，过分压抑自己的情绪，只会使“垃圾”越积越多，不利于身心健康。适度地宣泄可以把不良情绪释放出来，从而使情绪恢复正常。切忌把不良情绪强压于心底，压抑越久，受到的伤害就越大。

宣泄的方式有很多，如倾诉、哭泣、运动等，但要有节制，要适度，要注意方式、时间、场所，要顾及他人的感受，不能只顾自己痛快而忘了别人的感受。宣泄应是无破坏性的，较妥善的办法是向朋友、老师倾诉，也可以去打球、爬山、听音乐、唱歌等。

（三）自我慰藉法

人不可能事事顺心，如果遇到困难，尽了主观努力仍无法改变时，不必苛求自己。毕业生在择业遇到挫折时，说服自己，适当让步，有助于消除焦虑，保持心理安宁和稳定，如失败时可告诉自己“失败是成功之母”。

俄国文学批评家别林斯基有句话很有启发意义：每个人不要做他想做的或应

该做的，而要做他可能做的；拿不到元帅杖，就去拿枪，没有枪，就拿铁铲。这也就是说：要找个自己可以接受的理由，让内心平静下来。

(四) 情绪转移法

有时不良情绪是不易控制的，这时可以采取情绪转移法，把自己的精力和注意力转移到其他方面去，使自己没有时间、精力甚至没有空间沉浸在不良情绪中，以求得心理平衡。

例如，可以把择业问题暂时放一放，出去旅游，或参加一项自己喜欢的体育活动，使自己没有时间沉浸在不良情绪中，以求得心理平衡，保护自己。

(五) 松弛练习法

松弛练习是一种掌握在心理和躯体上放松的练习方法。肌肉放松、音乐放松等训练可帮助人们减轻或消除各种不良的身心反应，如焦虑、恐惧、紧张、心理冲突、入睡困难、血压增高、头痛等，且见效迅速。大学生在择业中如遇类似身心反应，可尝试进行放松练习。

自我调整的方法还有很多，如环境调节法、自我激励法、自我暗示法、自我升华法等。这都是事后应变的方法，关键还是提高自己的心理素质，树立正确的世界观、人生观、价值观、择业观，平时就注意培养良好的品质，磨炼坚强的意志，多方面体验生活，培养乐观豁达的生活态度。只有这样，才能在择业的重要关头始终保持积极向上的精神状态和健康的心理状态，不至于在困难面前退缩。

目前，高校非常重视大学生心理健康教育。大学生在求职择业过程中，遇到心态自我调适困难时，可以借助外力，寻求心理咨询：在二级学院层面，可向辅导员、心理辅导站老师、党政领导求助；在学校层面，可向心理健康教育服务中心和大学生就业与创业指导中心求助；在社会层面，可向医院心理咨询中心和专业心理咨询机构等求助。

【课堂活动】

职业心理测试

请实事求是地作答，完成以下职业心理测试。

1. 你（　　）感觉最好。

A. 早晨　　B. 下午及傍晚　　C. 夜里

2. 你走路时（　　）。

A. 大步快走　　B. 小步快走　　C. 不快，仰着头

D. 不快，低着头　　E. 很慢

3. 和人说话时，你（　　）。

A. 手臂交叉地站着　　B. 双手紧握着　　C. 一只手或双手放在腰部

D. 碰着或推着与你说话的人

E. 玩着你的耳朵、摸着你的下巴或用手整理头发

4. 坐着休息时，你（　　）。

A. 两腿并拢　　B. 两腿交叉　　C. 两腿伸直

D. 一腿蜷在身下

5. 碰到让你发笑的事时，你的反应是（　　）。

A. 大笑　　B. 笑，但不大声　　C. 轻声地笑

D. 羞怯地微笑

6. 当你去一个派对或社交场合时，你（　　）。

A. 很大声地入场以引起注意

B. 安静地入场，找你认识的人

C. 非常安静地入场，尽量保持不被注意

7. 当你非常专心地工作时，有人打断你，你会（　　）。

A. 欢迎他　　B. 感到非常恼怒　　C. 介于两者之间

8. 下列颜色中，你最喜欢（　　）。

A. 红或橘色　　B. 黑色　　C. 黄或浅蓝色

D. 绿色　　E. 深蓝或紫色　　F. 白色

G. 棕或灰色

9. 临入睡的前几分钟，你在床上的姿势是（　　）。

A. 仰卧，伸直　　B. 俯卧，伸直　　C. 侧卧，微蜷

D. 头枕在一条手臂上　　E. 被子蒙住头

10. 你经常梦到你在（　　）。

A. 下落　　B. 打架或挣扎　　C. 找东西或人

D. 飞或漂浮　　E. 你平常不做梦　　F. 你的梦都是愉快的

职业心理测试的分数值：

第 1 题：A. 2；B. 4；C. 6。

第 2 题：A. 6；B. 4；C. 7；D. 2；E. 1。

第 3 题：A. 4；B. 2；C. 5；D. 7；E. 6。

第 4 题：A. 4；B. 6；C. 2；D. 1。

第 5 题：A. 6；B. 4；C. 3；D. 5。

第 6 题：A. 6；B. 4；C. 2。

第 7 题：A. 6；B. 2；C. 4。

第 8 题：A. 6；B. 7；C. 5；D. 4；E. 3；F. 2；G. 1。

第 9 题：A. 7；B. 6；C. 4；D. 2；E. 1。

第 10 题：A. 4；B. 2；C. 3；D. 5；E. 6；F. 1。

职业心理测试的分析结果：

1. 0~21 分：内向的悲观者

人们认为你是一个害羞的、神经质的、优柔寡断的、需要人照顾的、永远要别人为你做决定的、不想与任何事或任何人有关的人。只有那些特别了解你的人才能认识真正的你。

2. 21~30 分：缺乏信心的挑剔者

你的朋友认为你是一个谨慎的、十分小心的人，是一个追求稳定的人。如果你做了任何冲动或无准备的事，会令朋友大吃一惊。

3. 31~40 分：以牙还牙的自我保护者

别人认为你是一个明智、谨慎、注重实效的人，也认为你是一个伶俐、有天赋、有才干且谦虚的人。你不会很快、很容易和人成为朋友，但如果你是一个对朋友非常忠诚的人，也会要求朋友对你有忠诚的回报。那些真正有机会了解你的人会知道要动摇你对朋友的信任是很难的，但这份信任一旦被破坏，会使你很难过。

4. 41~50 分：富有活力的完善者

别人认为你是一个有活力的、有魅力的、好玩的、讲究实际的、永远有趣的人，经常是人群注意力的焦点，但是你又是一个可以自我平衡的人，不至于因此而昏了头。别人也认为你亲切、和蔼、体贴、能谅解人，是一个永远使人高兴并乐于帮助别人的人。

5. 51~60 分：吸引人的冒险家

别人认为你有令人兴奋的、高度活泼的、相对易冲动的个性。你是一个天生的领袖、一个做决定很快的人，虽然你的决定不总是对的。别人认为你是大胆的和冒险的，会愿意让你尝试做任何事情。总体上，你是一个愿意尝试而乐于冒险的人。

6. 60 分以上：傲慢的孤独者

在别人的眼中，你是自负的、自我的，是个极端有支配欲、统治欲的人。别人可能钦佩你，但不会永远相信你，会对与你有更深入的来往有所犹豫。

【学思融合】

自强不息，奋斗向上，最终取得辉煌成就

世界上有一批虽身处逆境，但充满自信、自强不息、奋斗向上，最终取得辉煌成就的人。

古希腊著名演说家德摩斯梯尼，曾患有口吃病，幼年结巴，语音微弱，演说时常被人喝倒彩。但他始终很自信，为了克服疾病，每天清晨口含小石子进行呼喊练习，最后终于成为口若悬河、辩驳纵横的演说家。

美国著名的女作家海伦·凯勒，幼年因病失去了视觉与听觉。但她自信自强，14 岁时攻克多种外语，通晓德、法、古罗马、希腊文学。20 岁时她考入了著名的哈佛大学。

德国著名天文学家开普勒，4 岁时出天花，脸上留下了疤痕，后又患猩红热，高烧烧坏了眼睛，成了高度近视。他终身受疾病折磨，但他从未失去自信，建立了行星运动三定律，为牛顿发现万有引力打下了基础。重要著作有《宇宙的神秘》《哥白尼天文学概要》《宇宙谐和论》等。

【知识拓展】

求职的心理定位

1. 正确认识自我

大学生要对自己所学专业、工作能力、爱好特长、优劣势有一个完整的认识，对自身有一个准确定位，这样才能在就业中发挥优势、击败对手，做到人岗相适，找到自己较满意的职业。

2. 积极调适自己的职业意向与职业抱负

有些大学生职业期望过高，不切实际。在找工作的过程中，他们往往觉得自己是最优的，好的单位就应选择自己。他们选择单位的条件是薪酬高、福利好、离家近、是名企。当用人单位没选择他们时，他们就怨天尤人、心理失衡。高职毕业生在就业过程中，应不断调整自原有的不切实际的就业取向，使自己的心理定位与择业目标、要求相适应。

3. 适时调整就业心理

找工作往往不能一蹴而就，要随时调整自己的心理状态，保持心理平和，总结上次竞争失败的教训，做好充分的准备。也可以和心理专家、朋友、家人、老师一起探讨自身失败的原因在竞争中存在的问题。

4. 用发展的眼光看待职业和企业

大学生由于缺乏就业经验，往往只看眼前，只考虑企业的薪酬待遇。而在事实上，有些职业目前发展较好，但从长远看实际上已经是“夕阳职业”，而有些职业却相当有发展潜力。所以，应对行业进行动态分析，对职业的发展前景有准确的认识。

【思考题】

1. 现在有很多志愿者去西部援建，你有这样的想法吗？
2. 影响大学生求职择业的心理因素有哪些？
3. 大学生常见的不良求职心理有哪些？

第三节　新就业形态与就业心态

大学生应该积极地调适不良求职心理，勇敢地接受就业挑战，学会接受客观现实，调整就业期望值；充分认识职业价值，树立合理的职业价值观；认识与接受职业自我，主动捕捉机遇；坦然面对就业挫折，提高心理承受力；调适就业心态，促进人格完善；开拓进取，勇于创业。

【案例 8-4】

寻找适合自己的工作

小章是某信息工程学院计算机专业的毕业生。毕业时，与他关系好的几名同学根据自己所学的专业，都决定到一家企业去工作。于是，他们很快与这家企业签约了。小章深知自己的性格不适合到那家企业工作，但几个同学都去了，他觉得自己不去显得太不合群了。于是，他也跟在同学后面签约了，同时拒绝了一份比较适合自己的计算机软件研发工作。但是，工作没几个月，他便觉得自己实在无法融入新单位，自己的优势也不能充分发挥，因而他经常感到压抑，情绪也十分低落。最后，他还是辞了这份工作，决定重新找计算机软件研发的工作。

案例分析：小章在择业过程中遭遇挫折，关键是因为他存在严重的从众心理。当一个人的行为动机是"别人都这么做，所以我也得这么做"的时候，他的行为就是从众行为。要克服从众心理：首先，要培养自己的独立思考能力；其次，在生活中要不断完善自己的个性，增强自信心；最后，要充分认识自己，根据自己的情况寻找适合自己的工作。

一、新就业形态概述

（一）新就业形态的概念

所谓新就业形态，大体是指依托互联网平台获得就业岗位并取得劳动报酬的就业形态。新形势下，越来越多的人选择新就业形态，其就业"蓄水池"作用更加凸显。我们要高度关注这一就业新动向，发挥其吸纳就业人口、缓解就业压力、有效配置劳动力资源的积极作用，不断拓宽新就业形态发展空间，更好地促进高质量充分就业。

（二）新就业形态的内涵

新就业形态这一概念本质上可以从生产力和生产关系两个不同的角度加以理解。从生产力的角度理解，新就业形态描述了新一轮工业革命带动的生产资料智能化、数字化、信息化条件下，通过劳动者与生产资料互动，实现虚拟与实体生产体系灵活协作的工作模式。从生产关系角度理解，新就业形态指伴随着互联网技术进步与大众消费升级出现的去雇主化、平台化的就业模式。最近几年来，随着人类社会整体上跨入移动互联网时代，市场交易成本急剧下降，以互联网平台连接供给和消费两端的分享经济或零工经济下的工作模式蓬勃发展。

（三）新就业形态带来的劳动关系变化

理解新就业形态的关键不只是新技术、新经济和新业态，还有随之而来的劳动关系的变化，以及与之相关的劳动方式的变革。根据劳动关系的“新”和劳动方式的“新”，新就业形态可划分为三大基本类型：以“去雇主化”为典型特征的新就业形态（Ⅰ型）、以“多雇主化”为典型特征的新就业形态（Ⅱ型）、以标准劳动关系下劳动方式的新型化为特征的新就业形态（Ⅲ型）。新就业形态亟待克服的主要短板是由劳动关系的“新”所导致的，其中最为突出表现是Ⅰ型新就业形态中的“去雇主化”带来的劳动者法律身份认定和权益保障问题。

二、新就业形态与数字技术的发展密不可分

新就业形态依托数字经济平台，就业门槛相对较低，相对灵活自主，对增加就业机会、缓解失业风险、帮扶困难群体就业等方面的作用十分明显。从经济学视角看，就业主要取决于经济增长和就业弹性增加。经济增长较容易理解，如果没有经济总量增长，就业状况很难有较大改善。就业弹性是指每一单位经济增长所带来的就业增长。在给定劳动力成本的前提下，影响就业弹性的主要因素就是技术变化导致的劳动生产率变化。

一般认为，技术进步在短期内会造成“机器代替工人”的情况，导致就业弹性降低，但长期看技术进步会推动社会分工精细化和劳动岗位增加，提高就业弹性。数字技术的发展和渗透，有效推动了资源配置市场化、供需匹配精准化、信息获取便利化，催生了经济新形态、新模式，带动了数字职业发展，扩大了就业市场规模和边界，对就业有显著创造作用。

特别是依托互联网形成的平台经济体具有门槛低、容量大、灵活性强等优点，使得原本受就业时空限制的人口可以灵活就业，带动了诸如外卖配送、网络零售等新就业形态，释放出新就业需求。

三、新就业形态是解决新形势下就业问题的重要途径

（一）兼职便利化，数字平台成稳就业重要渠道

一方面，我国劳动年龄人口和每年新增劳动力的数量十分庞大，“就业难”问题突出；另一方面，随着劳动用工成本不断攀升，制造业、服务业面临的“招聘难”问题越来越多。二者并存的境况，折射出就业市场的供需矛盾。

“招之则来，来之能战”，数字平台不仅能在紧急时期提供高效对接，让兼职

工作越来越便利，还在时间和空间上提供了极大的灵活性，许多零工就业者逐渐转变为全职工作者。例如，阿里生态中的“云客服”等灵活就业机会，为残疾人、贫困在校生、退伍军人、“4050”人员等传统劳动力市场上的弱势群体拓宽了就业渠道，超过20万名智能训练师回到儿女身旁，实现“家门口就业”，等等。

（二）数字经济时代就业群体的就业心态、价值观念发生了变化

新就业形态呈现出职业选择个性化、职业追求兴趣化的新趋势；一些经营主体的用人理念也呈现随用随招、用完即走的特点。新就业形态能帮助劳动者匹配就业机会，发挥个人技能，释放自身价值；能够满足经营主体对弹性用工、短期用工的需求，有效降低经营主体用工成本。

例如，特殊背景下，盒马最早提出了向暂时歇业的餐饮企业“借调”待岗员工的想法，开启了一场“共享员工”的创新之举。随后，西贝、温莎KTV、大众出行等40多家企业、超过5 000名员工加入盒马，这些“共享员工”成为非常时期奔走在空旷城市的一道风景线。

（三）新就业形态的主要特点

1. 发挥平台经济对新就业形态群体的吸纳作用

平台经济是数字经济时代生产力新的组织方式，对就业市场的正反两方面影响同时存在。例如，平台经济可以创造新的岗位，可以帮助上游企业提高生产效率、扩大生产规模、增加岗位需求，这称为就业创造效应和就业溢出效应。当然，平台经济发展还面临一些亟须解决的问题，对就业市场也有消极影响。因此，既要努力放大平台经济对就业的正面效应，也要抑制其负面效应。一方面，要通过强化监管机制、创新监管手段，为建立公平竞争、创新发展、开放共享、安全和谐的平台经济新秩序提供重要制度保障，让企业之间链接更通畅、竞争更充分，让经营主体创新更活跃，进而带动新就业形态发展；另一方面，要提升平台经济发展信心，在保持宏观经济政策稳定的同时，着眼于长期的制度构建，尽快制定支持平台经济发展的新举措。同时，还要支持服务业数字化加快发展，为劳动者居家就业、灵活就业提供更多渠道。

2. 发挥科技创新对新就业形态岗位的创造作用

科技创新包括知识创新、技术创新和管理创新等。科技创新对人类经济活动产生重大影响，直接或间接带动了人类认知能力提高、生产能力提升和物质产品更新，也带动了就业市场的发展。从知识创新和技术创新角度看，一般认为，基础研究和自主技术创新做得越好，技术的独有性、可扩散性、动力性越强，越有利于技术进步、经济发展和就业增长。因此，要加快数字化共性技术、关键技术的研发应用，尽快实现核心技术、核心产品自主可控，通过发展数字技术带动数字产业化和产业数字化发展，进而带动新就业形态发展。同时，注重开展新技术条件下新就业形态技能培训，推动新就业形态从业者成为知识型、技能型的劳动

者。从管理创新角度看，可以通过采用一定的手段对要素资源进行优化配置，更好激发就业创业活力。因此，要积极构建与新技术和新就业形态相适应的新生产方式，注重在新技术的研发与应用中提高劳动者报酬、提升劳动者能力，释放新技术对就业的促进作用。

3. 发挥制度建设对新就业形态发展的保障作用

一方面，要建立健全与新就业形态发展相适应的政策保障体系。针对不同新就业形态从业人员制定有针对性的政策措施，实现对不同就业群体的有效引导。要加大对中小企业吸纳就业支持力度，引导金融机构将新就业形态群体纳入服务范围，放开灵活就业人员在就业地参加基本养老保险、基本医疗保险的户籍限制。另一方面，要加强新就业形态法治保障。根据新就业形态劳动关系特点，修订完善有关法律条款，加大对新就业形态群体的公共法律服务力度，完善有关权益维护和法律援助机制，维护好新就业形态劳动者的基本权益。

4. 新就业形态发展需要劳动者具备的能力

（1）求职应聘能力。对于没有真正走上社会的学生而言，要把自己的职业理想转变为职业现实，首先必须跨过求职应聘这道槛，参加职业能力的测试——面试，即毕业生与企业直接面对面地接触。企业通过一看、二问、三回答等形式，了解求职者的身体状况、精神面貌和气质等是否适合应聘岗位，通过问、答、听考察应聘者知识水平、知识结构、专业技能与专业素质能否胜任某种工作。应该说，应聘能力直接关系到能否求职成功，是求职者迈过职业生涯开始所面临的第一道关口应具备的基本能力。

（2）角色转换能力。从一名在校学生成为一名企业员工，是人生旅途中的一次重大转折。在校时的职业理想与社会职业现实会出现巨大的反差，如严格的劳动纪律、繁重的劳动任务、差强人意的工作环境、长时间的高度集中和枯燥单调的工作内容、不得不面对的全新生活环境、复杂的人际关系、激烈的竞争等，如何尽快转换角色适应环境，是职业生涯所面临的第二道关口。从以往就业情况来看，毕业生频繁跳槽，一个根本的原因就是角色转换太慢，适应不了新的角色要求。有的怕苦、有的怕累、有的不知道如何与人交往，有的还无法胜任独立工作就想拿高薪。更有甚者，面对新的环境新的情况不知所措，无所适从。其实，无论做什么，要想取得成功，首先必须认清形势、认识自我，进入角色。

（3）协调合作能力。一个人的职业活动总是与一定职业群体相联系，离不开同行的支持与协作。特别在社会生产力高速发展的今天，职业分工越来越细，劳动过程更趋专业化、社会化，更需要加强联合，而产业之间相互依托、相互制约、相互促进的发展趋势，也要求一个单位内部各部门之间、员工之间必须团结合作。现代社会，无论从事什么样的职业，都离不开与诸多方面的合作。因此，职业活动不仅需要竞争，也需要主动合作的意识。竞争与协作相伴而得，相离而失。现代社会的大学生，正处在一个知识、经济、科技、生产全球化的伟大变革时代，职业种类越来越复杂，社会分工越来越细，单打独斗的生产方式使企业的生存概率很低。社会化程度越来越高的情况下，成员之间既有分工，又有协作，无论是企业还是个人，相互支持、相互协作都显得尤其重要。因此，进入职场就必须学会提高与人沟通与人协调的能力，努力做到谦虚谨慎、诚实守信、团结协作，用实际行动赢得领导和同事的信赖与支持，为自己的职业前途铺就平坦的道路。

(4) 自控反省能力。自控反省能力其实也就是自我心理调适能力。它是一个人情商高低的表现，人们通过自我情绪的调控来确定“我为什么要做”“我能做什么”“我怎样去做”。也可以说，它是个人所为的方向盘和制动器。人生活在现实中，随时可能碰到这样那样的问题。面对各种各样的问题，合理调控个人情绪，恰当巧妙地处理这些问题，是每一位创业者必备的素质。

(5) 信息处理能力。现在是一个信息化时代，从经济到军事，从教育到科技，从生产到生活，人们对于信息网络的依赖性越来越强，采用各种有效手段去收集、处理、运用信息，成了人们高质高效生存和发展的重要手段。我们只有根据所学的专业需要和自己将来职业发展的需要，提高收集信息的能力和对信息判断处理的能力，才能通过对信息的有效运用，提高决策的科学性。

(6) 开拓创新能力。我们现在处于一个科技革命、知识爆炸、生产力迅猛发展的伟大历史时期，而开拓意识、创新精神是一个国家、一个民族、一个人的活力源泉，是人类文明与进步的强大动力。面对未来、面对职业，应该勤奋好学、自强自信、开拓进取、勇于创新。

【课堂活动】

读古文大讨论

清代彭端淑《为学》原文：蜀之鄙有二僧，其一贫，其一富。贫者语于富者曰：“吾欲之南海，何如?”富者曰：“子何恃而往?”曰：“吾一瓶一钵足矣。”富者曰：“吾数年来欲买舟而下，犹未能也。子何持而往!”越明年，贫者自南海还，以告富者。富者有惭色。西蜀之去南海，不知几千里也，僧富者不能至而贫者至焉。人之立志，顾不如蜀鄙之僧哉?

译文：四川边远地方有两个和尚：一个贫穷，一个富有。穷和尚对富和尚说：“我想到南海去，你看怎么样?”富和尚问：“你凭着什么去呢?”穷和尚回答说：“我只要一个水瓶一个饭钵就足够了。”富和尚说：“我多年以来，总想雇船往下游去，还不能够实现；你凭什么去呢!”到了第二年，那个穷和尚从南海回来，把到过南海这件事讲给那个富和尚听。这时，那个富和尚感到很惭愧。

积极讨论：

穷和尚为什么能到达南海而富和尚却没有到达南海？从他们身上能感悟到什么呢？

【学思融合】

大学生的劳动心态

（一）诚实守信

诚实守信是为人处事的基本准则。诚信既是待人接物的基本要素，也是新时代劳动活动中不可或缺的品德，是从业人员对社会、对人民所承担的义务和职责，是人们在职业活动中处理人与人之间关系的道德准则。诚信也是国家对公民实施道德教育的一项重要内容。市场经济实际上就是诚信经济。我们每个人都应该有诚信意识，都要诚信守法。诚实守信既是做人的根本，也是做事的根本。诚实守信品质的培养应该从生活中的点点滴滴小事做起，遵守承诺，谨言慎行。

（二）敬业精神

敬业精神是一种基于热爱基础上的，对工作或事业全身心忘我投入的精神境界，其本质就是奉献的精神。具体地说，敬业精神就是在职业活动领域，树立主人翁责任感、事业心，追求崇高的职业理想；培养认真踏实、恪尽职守、精益求精的工作态度；力求干一行爱一行专一行，努力成为本行业的行家里手；摆脱单纯追求个人和小集团利益的狭隘眼界，具有积极向上的劳动态度和艰苦奋斗精神；保持高昂的工作热情和务实苦干精神，把对社会的奉献和付出看作无上光荣；自觉抵制腐朽思想的侵蚀，以正确的人生观和价值观指导和调控职业行为。

（三）公共服务意识

提升公共服务能力是市场经济发展的必然要求，新时代大学生必须培育相应的公共服务学习能力与战略思维能力，持续有效地获取公共服务领域所需的现代社会综合治理知识与技能，变革思考方式，应对当今利益社会、流动社会、网状社会特点；加强对公共管理领域需求的研究与探索，学法用法、依法办事，增强驾驭复杂局面的能力。奉献是一种付出不求回报、不计个人得失的精神和理念，是一种真诚自愿的付出行为。奉献是一种崇高的人生境界，是一种融于事业的高尚人格。

【知识拓展】

人力资源和社会保障部、最高人民法院联合发布了新就业形态劳动争议典型案例，通过以案释法引导裁判实践，对于切实提高新就业形态劳动争议案件办理质效、充分实现平台经济良性发展与劳动者权益保护互促共进具有重要意义。

近年来，随着互联网平台经济迅速发展，新就业形态劳动者劳动保障权益维护等问题受到社会广泛关注。对此，案例覆盖平台经济主要行业类型和常见用工方式，落实人力资源和社会保障部、最高人民法院等八部门关于维护新就业形态劳动者劳动保障权益的指导意见要求，坚持“事实优先”的劳动关系认定原则，根据用工事实认定企业和劳动者的关系；明确“从属性+要素式”的劳动关系认定思路，结合平台实际用工中劳动者对工作时间及工作量的自主决定程度等要素，全面分析劳动者与企业之间的人格从属性、经济从属性、组织从属性，加强对劳动管理程度的综合考量，对符合确立劳动关系情形的认定标准作出重点规范；对通过订立民事合作协议规避用人单位义务、“假外包真用工”、诱导劳动者注册个体工商户等违法用工行为予以纠正，切实维护劳动者合法权益。

【思考题】

1. 新就业形态与数字技术有何关联？
2. 新就业形态发展需要劳动者具备的能力有哪些？

第九章　就业安全常识

学习要点

1. 掌握大学生就业安全的概念与相关保障措施
2. 了解预防求职诈骗相关知识
3. 理解大学生就业权益保护的重要性

大学生就业安全是一个重要的话题，涉及个人信息保护、职场欺诈防范以及职业心理健康等多个方面。随着社会的发展和互联网的普及，大学生在求职过程中面临着越来越多的不确定性安全风险。针对就业中的安全问题，本章为大家整理了一些相关资料，希望同学们提高就业安全防范意识，增强自我保护能力，维护自身合法权益。

第一节　就业安全概述

一、什么是大学生就业安全

就业安全是指大学生在迈入职场的求职过程中和进入职场后的工作活动中不受到任何形式的歧视、伤害和侵犯，能够在安全、稳定的工作环境中从事自己的工作，且具备相应的权益保障和福利待遇。

【案例 9–1】

小金的经历

小金，2022 年毕业于某高职院校导游专业，由于大环境影响，该专业用人需求较小，小金在人才交流市场急切寻求工作机会，经过初步了解，与某家旅游公司达成就业协议。但小金了解到，进这家公司，每人要收取 500 元的服装保证金，用于制作工作服，离开公司的时候，500 元可以全部退还。1 个月后，小金按照公司的约定来到公司的办公地点参加培训，但却发现该公司和主管人员早已经人去楼空，这才知道自己已经上当受骗。据了解，在这起诈骗案中，有 120 多名求职者上当受骗，其中大多数都是刚刚毕业的大学生。

案例分析：小金的经历告诉我们，随着近年来大学毕业生数量的增加和就业压力的不断增大，大学生就业时越来越焦虑，求职心情非常迫切。许多毕业生为了找到一份满意的工作，投遍简历，广搜信息，只要是符合自己意愿的招聘信息，就贸然行动，没有认真审核公司信息，这给不法分子造成了可乘之机，因此就业安全不容忽视。

二、大学生就业安全的重要性

根据国家发展和改革委员会发布的信息，中国政府高度重视就业问题，将其作为民生之本和财富之源，致力完善就业优先政策体系，提升就业质量，促进充分就业，并保障劳动者的待遇和权益。促进高质量充分就业是新时代新征程就业工作的新定位和新使命，要全面贯彻劳动者自主就业、市场调节就业、政府促进就业和鼓励创业的方针，持续促进就业质的有效提升和量的合理增长，增强广大劳动者的获得感、幸福感和安全感。

就业安全是关系到民生和社会稳定的重要问题。首先，就业安全是保障大学生就业权益的基本条件。在工作中，个人应享有公平的待遇和合理的工作环境，避免遭受歧视和侵害。其次，就业安全对个人心理健康和生活稳定具有直接影响。一个安全稳定的工作环境能够提高个人的工作效率和幸福感。最后，就业安全对社会的稳定和发展也具有重要作用。只有保障就业安全，才能促进社会的和谐与发展。

三、大学生就业安全相关保障措施

为了帮助求职者有效识别招聘骗局，提高风险防范意识和自我保护能力，人力资源和社会保障部、中央网信办、公安部发布了求职招聘服务领域的典型陷阱防范提示。这些提示包括识别非法职业中介陷阱、警惕虚假招聘和骗取财物的行为、防范以招聘为名诱骗从事违法活动的陷阱，以及注意劳动合同中的“猫腻”合同等。这些措施有助于保护求职者的合法权益，促进就业市场的健康发展。

（一）基本保障措施

就业安全是个人和社会共同关注的问题，对于个人的发展和社会的稳定具有重要意义。个人应该加强就业安全意识，提升自身的竞争力，并通过了解法律法规和掌握相关保障措施来维护自己的权益。只有共同努力，才能实现安全稳定的就业环境，促进个人和社会的发展。

1. 了解法律法规

大学生应该了解和掌握与就业相关的一些法律法规，特别是劳动法和就业促进法等。这些法律法规为个人提供了法律保障，规定了个人的权益和义务，帮助个人在工作中维护自己的权益。

2. 加强自我保护意识

个人在工作中要时刻保持警惕，加强自我保护意识。遇到违法违规行为或不公平待遇时，要果断采取相应的措施，包括寻求法律援助、向相关部门举报等。

3. 提升就业竞争力

提升自身的就业竞争力是确保就业安全的重要途径。个人应持续学习和提升自己的专业技能，增加自己的竞争力，提高在职场中的地位和待遇。

4. 建立良好的职业关系

良好的职业关系对于个人的就业安全至关重要。个人应该注重与同事和上级的沟通和合作，建立良好的人际关系，避免人际关系问题影响自己的就业。

5. 了解公司政策和福利待遇

个人在就业过程中要了解所在公司的政策和福利待遇，确保自己的权益得到保障。如有需要，可以与人力资源部门进行沟通和协商，维护自己的合法权益。

6. 参加相关培训和活动

个人可以通过参加相关培训和活动来提高自己的就业安全意识和应对能力。这些培训和活动可以帮助个人了解就业市场的动态和趋势，掌握就业技巧和策略。

（二）辨别招聘信息的真伪

1. 选择高信誉网站

求职者应尽量通过官方渠道和正规招聘网站获取招聘信息，大学生求职可留意学校招生就业处发布的招聘消息。尽量不搜集非主流媒体的平面广告和收门票费的小型个体劳动力市场提供的信息，使就业安全有保障。

2. 核实招聘企业真实性

（1）上网或通过其他途径查看企业是否有“三证”，即营业执照、中介许可证和税务登记证。登录有关部门的网站查看该公司是否被列入黑名单。

（2）打 114 查询。一般正规的、有一定规模的、有几年历史的单位都会在 114 的查询功能中查到企业相关信息。

（3）对联系应聘者仅用移动电话而不留固定办公电话的单位高度警惕。

（4）入职后，注意观察企业的运营情况，判断是否为空壳公司或别有意图。

（三）就业求职中的自我保护

1. 异地求职需谨慎

对于异地求职，要慎重对待，出发前最好联系目的地的朋友或联系好住宿的酒店，对于僻静、陌生的面试地点，要多加留心对方的可靠性。

2. 事先告知保平安

毕业生单独外出寻找工作时，要提前告知家人、朋友或辅导员，并且随时汇报去向。如果不能按时回来，应事先电话告知。

3. 转账汇款需谨慎

在面试当天或初进单位的数天里，如单位需求职者付一笔钱，就要特别注意，必要时可向工商部门进行咨询查实。

4. 个人资料防泄漏

在求职过程中，一定保管好自己的个人证件，切忌将身份证等证件交由中介机构或他人保管。用人单位通常只收取证件复印本。保险起见，求职者最好在复印件上注明“仅供应聘使用”。同时在填写和提交各类材料时，也要时时提防，小心个人隐私泄露或被他人利用。

5. 合同协议慎落笔

（1）谨慎研究各种协议。在签订三方协议时，必须关注违约金和备注栏。在违约金方面，争取将它降到最低，对于违约金特别高的单位要慎重考虑；在备注栏中，另行约定各自的权利义务，以防用人公司表里不一。

（2）书面合同是保障。在应聘成功后，一定要与用工方签订书面合同，特别注明工薪数额、计酬方式、保险缴纳等条款，为今后的维权做准备。

（3）“三看”劳务合同。一看企业是否经过工商部门登记以及企业注册的有效期限，以防合同无法生效；二看合同字句是否准确、清楚、完整；三看合同是否有一些必备内容，包括期限、工作内容、劳动保护和劳动条件等必要因素。

6. 人民警察在护航

一旦不幸被骗，保存好相关证据后立即报警。

四、新时代大学生就业安全相关知识

（一）了解自我防范基本常识

《中华人民共和国劳动合同法》明文规定：用人单位招用劳动者，不得扣押劳动者的居民身份证和其他证件，不得要求劳动者提供担保或者以其他名义向劳动者收取财物。如果招聘单位以任何名义扣押劳动者身份证等证件，立刻报警处理。

如今犯罪分子的不法手段不断翻新，求职陷阱层出不穷，大学毕业生不仅要了解以上骗局，更要学会自我防范，切实维护自身的合法权益，这样才能使自己的生命与财产免受侵害与损失。

（二）新就业形态就业人员职业伤害保障

快递员、外卖员、网约车司机……新就业形态就业人员在烈日下工作、在风雨中奔波，他们的职业安全问题受到社会关注。根据人力资源和社会保障部等部门要求，自 2022 年 7 月起，在北京、上海、四川等 7 省市的美团、货拉拉、曹操出行等 7 家平台企业开展新就业形态就业人员职业伤害保障试点。截至 2024 年 6 月底，7 个试点省市累计参保 886 万人。

2024 年 6 月，北京一条街道旁的大树被风刮倒，正在送餐途中的外卖员刘宇在驾驶电动车经过时摔倒，导致手部、腿部受伤，上报美团平台后，平台客服协助他提交了职业伤害保障理赔申请。

“一开始我觉得自己又没交过保费，怕费半天劲报销不了。”刘宇说，没想到几周后，就收到了职业伤害医疗费报销 2 000 余元，工作人员还向他电话询问了受伤情况以及是否需要进行劳动能力鉴定。

与传统工伤保险不同，职业伤害保障由平台企业直接缴费，采取按单计费、按月订单量申报缴费方式，既不以存在劳动关系为前提，也不以工资总额为缴费基数。

（三）大学生求职应聘须知

1. 应聘渠道

广大应届毕业生求职应通过学校、政府人才市场或定期举办的专场招聘会等正规渠道进行求职。

2. 应聘信息

应届毕业生在应聘过程中，还应注意保护个人安全，不要轻易填写过于详细的个人信息。

3. 应聘场所

如果被要求前往偏僻地点或宾馆房间等，请务必提高警惕，尤其是女生不要独自前往，可请同学、朋友陪同，并在出发前向家人交代清楚自己前往的应聘地点及单位名称。

4. 应聘费用

如果应聘单位要求交纳介绍费、培训费、保证金、体检费、服装费等费用时，更要提高警惕，三思而后行。

5. 应聘单位

签约前要深入了解应聘单位。应届毕业生找工作时应进行实地考察，对自己应聘的岗位进行深入了解，同时注意核实招聘单位的真实情况。签订合同时要仔细阅读各项条款，切实保障好自身权益。

【学思融合】

为树牢国家总体安全观，进一步增强全民国家安全意识，中国互联网协会在个人信息保护、数据安全治理、网络安全建设等方面做了大量扎实有益的工作。开展网络安全宣传教育，提高网民网络安全意识，提升网民数字素养水平；开通便捷举报入口，保护网民权益，形成防控联动；倡导行业自律，履行社会责任，净化网络环境。

（1）警惕高薪诱惑。诈骗分子往往会以高薪为诱饵，吸引求职者上钩。遇到高薪职位时，求职者应保持理性，分析职位的合理性。

（2）警惕“付费内推”。“付费内推”指某些机构向求职者承诺提供高薪行业就业岗位，但须缴纳相关服务费用。“付费内推”涉嫌不正当竞争和欺诈，相关求职者难以主张自身权益。

(3) 谨慎缴纳费用。任何在招聘过程中要求求职者缴纳费用的行为都可能涉及诈骗。求职者应拒绝支付任何形式的押金、培训费、中介费等。

(4) 警惕"实习生套娃"。"实习生套娃"是某些用人单位的员工甚至是非正式员工，以单位名义招聘实习生，借此分派自身工作任务骗取免费劳动，或进行"有偿实习"。在求职中，要通过正规渠道寻找实习或就业岗位，避免落入"空手套白狼"的圈套。

(5) 警惕面试地点。选择面试地点应选择公司办公室或其他公共场所。若面试地点过于偏僻或选择在酒店等场所，应保持警惕。

(6) 警惕"虚假招聘"。"虚假招聘"是用人单位或非法中介机构进行虚假宣传，向求职者收取高额中介费，却拖延或直接不履行合同。在求职中，要核实招聘企业或中介机构的工商注册、企业信用等信息，对于将先交费作为条件的招聘等都需要谨慎对待。

(7) 警惕个人信息保护。在求职过程中，求职者应避免将个人信息随意透露给陌生人或在不安全的网络环境下提交个人信息。

(8) 警惕"非法传销"。"非法传销"是指组织者通过发展人员，要求其以购买商品等方式，牟取非法利益。传销属于违法行为。在求职中，要自觉抵制各种诱惑，树立拒绝传销的防范意识，一旦发现可疑情况或者被骗，立即拨打110报警。

【知识拓展】

常见的十类诈骗手段

一、骗报名费和体检费

求职面试后，招工者以服装费、体检费、培训费、保险费、押金、手续费等名义向应聘者收取钱款。应聘者交费后，招工者要么迅速脱身，要么找借口不给安排工作，钱财积累到一定阶段便人去楼空。一些中介所为了获取应聘者的信任，与一些骗子公司或皮包公司合伙进行诈骗：在收取一定的服务费后称，招聘的岗位已满，并承诺尽快联系适合的单位，让应聘者留下联系方式，但根本不会兑现，随后以各种借口敷衍应聘者。

温馨提示：有任何企业要向求职者收取这两笔费用，一定要提高警惕。对于事业单位的考试，一定要到公开招聘的政府网站上进行报名。

二、骗取各种押金、保证金

一些用人单位要求大学生支付押金，承诺交了押金后就能上班，但之后又以人员已满等各种借口要求大学生等消息，且拒绝返还押金，最后就没有音讯。有的单位收取保证金，称以此"保证"学生按要求上班，并答应在打工结束后归还。可是到结算工资的时候，保证金却不见踪影。

温馨提示：任何招聘单位以任何名义向求职者收取抵押金、风险金、报名费等行为，都属非法行为。求职者遇到此类情况要坚持拒交并举报，以确保自己的合法权益不受侵害。

三、利用网络刷单被骗

网上经常可以看到一些所谓“刷信誉”兼职的帖子，写着“每单任务只需5分钟”“任务酬劳10元至50元不等”“每天2小时，轻松过万”等信息。如果按帖子上的联系方式与对方联系，对方往往会发来一份工作申请表和工作流程介绍。其工作可能是买各种充值点卡刷信誉，当信誉值达到某个标准，即可返还现金，还能有佣金提成。事实上，当你大额支付后，佣金和本金根本不会到账。

温馨提示：求职者要学会分辨网站的安全性，分辨招聘信息和招聘公司的真实性。在网上求职，一定要去正规大型网站，这类网站的信服度更高，其中选择招聘企业官网核实是最好的。

四、骗取中介费

许多非法中介看准了在校大学生缺少社会经验又挣钱心切这一点，在收到了高额中介费后却不履行合同，不能够及时为大学生找到合适的工作，或者给大学生找一家招聘公司，然后该公司又以种种名义推脱，最后连人都找不到。

温馨提示：大学生求职，进门先看该职介中心是否有职业介绍许可证和工商部门颁发的营业执照。正规中介机构除具有中介许可证之外，一般会将营业执照悬挂在大厅等较显眼位置。

五、骗取高额培训费

有些骗子在面试学生后，通常要求学生参加公司的上岗培训，并要求缴纳培训费，有的进行一些培训，发培训资料、光盘等，但这些资料与考试内容无任何关系。有的甚至根本不培训，收钱后做个样子。

温馨提示：招聘单位培训本单位的职工也不准收取培训费。正规企业有岗前培训，都是免费或者带薪的，劳动合同法对于企业培训、培训费及服务期也有所规定。

六、骗入传销组织

传销公司一般先安排学生以销售人员的名义上岗工作，然后让学生交纳一定的提货款，再让学生去哄骗他人。有的同学在高回扣的诱饵下，甚至去欺骗自己的同学、朋友、亲人。上当之后又往往骑虎难下，最终只得自己白搭上一笔钱。

温馨提示：传销通常具有以下特征中的一个或几个，在“入会”时告诉你的职责之一是发展更多的人；交纳昂贵的会费；在工作场所很多人情绪激昂。大学生一定要警惕和远离传销组织。如果识别为传销组织，大学生应立即采取适当方式终止打工，及时报警。

七、骗取个人信息

现在有很多贩卖个人信息的中介公司，为了获得更多更精准的信息，往往会在网上发布招聘信息，吸引求职者前来，然后收取简历，获得求职者的个人信息。

温馨提示：求职者在看到招聘信息投递简历之前，一定要查询该公司相关信息，判断公司的真实性。同时，简历上的部分个人信息不用写得过于具体，如通讯地址等，应该把重点放在工作经历上。

八、骗取扣留证件

一些企业在面试中以需要单位审核等理由扣留求职者的身份证、学位证、毕业证等证件。

温馨提示：不管是身份证还是学位证、毕业证，单位都没有任何权利扣留。去面试的时候，特别是初次面试，最好只带上证件的复印件，若招聘企业要求带原件，给招聘单位展示之后，求职者一定要拿回来。不管以什么样的理由，证件原件都不要给任何企业保管。证件只作为招聘企业核实求职者身份和成绩的标准，正规企业是不会要求保留求职者原件的。

九、骗取免费劳动力

现在有一些企业利用实习和试用名目骗取免费劳动力，在实习试用期间不仅不支付任何薪资，甚至要求交培训费。

温馨提示：按照规定，任何单位和企业的实习试用员工，公司都应对其支付薪资，劳动者在试用期的工资不得低于本单位同岗位最低档工资或者劳动合同约定工资的百分之八十。

十、高薪诱骗陷阱

现在很多骗子把违法犯罪活动包装成“高薪”工作，求职者被成功引诱后，可能会被卖到境外从事电信诈骗。

温馨提示：看到这种“高薪”工作招聘，一定要查一下这个行业的平均薪资水平，如果高出很多就有可能是骗子。

【思考题】

1. 人工智能技术日渐成熟，有哪些就业安全问题会出现？
2. 请想一想有哪些应对就业安全的技巧？

第二节　预防求职诈骗

随着互联网经济的蓬勃发展，营销带货直播视频内容创作如火如荼，高消费主义不断膨胀，一些不法分子开始利用互联网实施犯罪赚“快钱”。其中，帮助信息网络犯罪活动罪（以下简称“帮信罪”）成为现今高发的刑事犯罪。很多大学生被诱骗成为骗子的帮凶，因此我们要谨防此类事件发生。

一、帮信罪的概念与内涵

根据中国法院网的报道，近年来随着网络技术的快速发展，帮信罪活动日益增多，如“杀猪盘”等电信诈骗案件。最高人民检察院发布的《关于办理非法利用信息网络、帮助信息网络犯罪活动等刑事案件适用法律若干问题的解释》明确了帮助信息网络犯罪活动罪的定罪量刑标准和法律适用问题，强调了“明知”的认定问题，以及在特殊情况下，即使被帮助对象未构成犯罪，帮助行为本身具有严重社会危害性时，也可以追究刑事责任。

【案例 9-2】

银行卡赚取佣金——“帮信”获罪

王某是一名在校大学生，在校期间认识了张某，张某经常邀约王某出玩，一次张某向王某介绍可以用银行卡赚取佣金，于是王某就把自己的银行卡租借给了张某，王某交代，她出借自己的银行卡为别人中转资金，每转 20 万元可以获取 50 元佣金。在 1 个多小时的时间里，王某的银行卡收到了 8 万元左右的转账资金，但刚转出了 6 万多元就被冻结了账户。王某因涉嫌帮助信息网络犯罪活动罪被甘肃警方网上追逃。

案例分析：张某利用大学生想轻松赚取佣金，而王某不熟悉相关法律，认为就是用银行卡转账，不涉及伤害他人，却不知已涉嫌“帮信”获罪。

（一）帮信罪的定义

“帮信罪”全称帮助信息网络犯罪活动罪，是指明知他人利用信息网络实施犯罪，为其犯罪提供互联网接入、服务器托管、网络存储、通讯传输等技术支持，或者提供广告推广、支付结算等帮助的犯罪行为。

（二）帮信罪的法律条文依据

《中华人民共和国刑法》的相关规定如下：

（1）第二百八十七条之一规定，非法利用信息网络罪是指利用信息网络实施下列行为之一，情节严重的，处三年以下有期徒刑或者拘役，并处或者单处罚金：

设立用于实施诈骗、传授犯罪方法、制作或者销售违禁物品、管制物品等违法犯罪活动的网站、通讯群组的。

发布有关制作或者销售毒品、枪支、淫秽物品等违禁物品、管制物品或者其他违法犯罪信息的。

为实施诈骗等违法犯罪活动发布信息的。

单位犯前款罪的，对单位判处罚金，并对其直接负责的主管人员和其他直接责任人员，依照第一款的规定处罚。

有前两款行为，同时构成其他犯罪的，依照处罚较重的规定定罪处罚。

（2）第二百八十七条之二规定，帮助信息网络犯罪活动罪是指，明知他人利用信息网络实施犯罪，为其犯罪提供互联网接入、服务器托管、网络存储、通讯传输等技术支持，或者提供广告推广、支付结算等帮助，情节严重的，处三年以下有期徒刑或者拘役，并处或者单处罚金。

单位犯前款罪的，对单位判处罚金，并对其直接负责的主管人员和其他直接责任人员，依照第一款的规定处罚。

有前两款行为，同时构成其他犯罪的，依照处罚较重的规定定罪处罚。

（三）哪些情形涉嫌构成帮信罪

明知他人利用信息网络实施犯罪，为其犯罪提供帮助，具有下列情形之一的，应当认定为刑法第二百八十七条之二第一款规定的“情节严重”：

（1）为三个以上对象提供帮助的。

（2）支付结算金额二十万元以上的。

（3）以投放广告等方式提供资金五万元以上的。

（4）违法所得一万元以上的。

（5）二年内曾因非法利用信息网络、帮助信息网络犯罪活动、危害计算机信息系统安全受过行政处罚，又帮助信息网络犯罪活动等。

（6）被帮助对象实施的犯罪造成严重后果的。

（7）其他情节严重的情形。

目前最常见的情形是出租、出售银行卡、电话卡，以及帮助电信诈骗分子拨打诈骗电话的行为。

（四）帮信罪如何量刑

《中华人民共和国刑法》第二百八十七条之二规定帮助信息网络犯罪活动罪，处三年以下有期徒刑或者拘役，并处或者单处罚金。

单位犯帮信罪的，对单位判处罚金，并对其直接负责的主管人员和其他直接责任人员，处三年以下有期徒刑或者拘役，并处或者单处罚金。

（五）帮信罪恶果

（1）信用惩戒。因从事电信网络诈骗活动或者关联犯罪受过刑事处罚的人员，可以按照国家有关规定记入信用记录，采取限制其有关卡、账户、账号等功能和停止非柜面业务、暂停新业务、限制入网等措施。

（2）限制业务。五年内暂停其银行账户非柜面业务，以及支付账户所有业务，并不得为其新开立账户。

（3）严管账户。惩戒期满后，受惩戒的单位和个人办理新开立账户业务的，银行和支付机构将加大审核力度。人民银行将上述单位和个人信息移送金融信息基础数据库并向社会公布。

（4）法律严惩。如触犯《中华人民共和国刑法》规定的帮助信息网络犯罪活动罪等，将面临有期徒刑或者拘役。

（5）延伸成本：

①学习方面：影响学籍。

②工作方面：公务员将开除公职，若为公司职员，用人单位有权解除劳动合同。

③政治方面：党纪政务处分。

④其他方面：未来入党、参军、出国、留学受限，且犯罪记录伴随终生。

二、一般诈骗形式分类

（一）与人身、财产安全相关的骗局

1. 异地求职

一些企业以在外地为由，要求应聘者前往企业所在地进行面试，待求职者到达，便用各种借口诱骗求职者并将其带入非法组织，限制大学生的人身自由。主要体现为一些非法组织会通过网络招聘的形式，诱骗大学生踏入传销组织。例如，有大学生从网上找工作身陷传销；有大学生应聘当演员，被骗入传销魔窟等。

2. 传统营销

组织者发展人员，通过要求被发展人员以交纳一定费用为条件取得加入资格等方式获得财富。例如，某高校大四男生山西求职落入传销陷阱；开封取缔一传销窝点，11 名传销人员均为网上找工作被骗的大学生。

3. 新型传销

不限制人身自由，不集体上大课，而是利用网络发展会员、缴纳会费的方式发展下线，最后让求职者达到血本无归的地步。

4. 培训费用

招聘公司巧立名目，打着各种招聘名号，以培训结束保证工作的承诺“忽悠”学生加入贷款培训（公司一般以应聘者能力不达标为理由，要求应聘者进行岗前培训，产生上万元的培训费）。

5. 克扣薪酬

用人单位业务特别繁忙时，大量招聘低成本的应届大学毕业生，并且恶意克扣“薪酬”，试用期一过便找各种理由解雇求职者。

（二）与合同协议相关的骗局

1. 单务合同

单务合同是指一方当事人只享有权利而不履行义务，另一方当事人仅履行义务而不享受权利。这种合同表面上看起来非常正规，而实际上却绵里藏针。

2. 口头合同

口头合同是指双方当事人以口头形式对合同内容达成一致的协议，无有形载体。但口头承诺一般不在法律保护范围内，因此要及时地把双方应该履行的职责与义务详细地列入合同，白纸黑字是任何人都无法抵赖的事实。

3. 阴阳合同

许多不正规的公司与劳动者签订合同时，都准备两份合同。对外的一份中规中矩，以逃避国家税收为目的；对内的一份则是双方真实意思的表达。“阴阳合同”在给当事人带来“利益”的同时，也预示着风险。

（三）与信息安全相关的骗局

企业以招聘名义收集求职者个人信息，要求应聘者提供手机号码、家庭住址及证件号码，从而对求职者的个人信息实施窃取，用于诈骗、洗钱等违法活动，给求职者带来法律风险。

（四）知识产权盗取骗局

有些公司打着招聘的幌子，想尽办法骗取求职者的智力成果。很常见的一种是以考试为名，无偿占有求职者的智力成果，如广告设计方案、程序设计等。

【知识拓展】

相关法律条文的司法解释

《最高人民法院、最高人民检察院关于办理非法利用信息网络、帮助信息网络犯罪活动等刑事案件适用法律若干问题的解释》规定如下：

第十一条　为他人实施犯罪提供技术支持或者帮助，具有下列情形之一的，可以认定行为人明知他人利用信息网络实施犯罪，但是有相反证据的除外：

（一）经监管部门告知后仍然实施有关行为的；

（二）接到举报后不履行法定管理职责的；

（三）交易价格或者方式明显异常的；

（四）提供专门用于违法犯罪的程序、工具或者其他技术支持、帮助的；

（五）频繁采用隐蔽上网、加密通信、销毁数据等措施或者使用虚假身份，逃避监管或者规避调查的；

（六）为他人逃避监管或者规避调查提供技术支持、帮助的；

（七）其他足以认定行为人明知的情形。

第十二条　明知他人利用信息网络实施犯罪，为其犯罪提供帮助，具有下列情形之一的，应当认定为刑法第二百八十七条之二第一款规定的“情节严重”：

（一）为三个以上对象提供帮助的；

（二）支付结算金额二十万元以上的；

（三）以投放广告等方式提供资金五万元以上的；

（四）违法所得一万元以上的；

（五）二年内曾因非法利用信息网络、帮助信息网络犯罪活动、危害计算机信息系统安全受过行政处罚，又帮助信息网络犯罪活动的；

（六）被帮助对象实施的犯罪造成严重后果的；

（七）其他情节严重的情形。

实施前款规定的行为，确因客观条件限制无法查证被帮助对象是否达到犯罪的程度，但相关数额总计达到前款第二项至第四项规定标准五倍以上，或者造成特别严重后果的，应当以帮助信息网络犯罪活动罪追究行为人的刑事责任。

第十三条　被帮助对象实施的犯罪行为可以确认，但尚未到案、尚未依法裁判或者因未达到刑事责任年龄等原因依法未予追究刑事责任的，不影响帮助信息网络犯罪活动罪的认定。

第十四条　单位实施本解释规定的犯罪的，依照本解释规定的相应自然人犯罪的定罪量刑标准，对直接负责的主管人员和其他直接责任人员定罪处罚，并对单位判处罚金。

【学思融合】

法官提醒

首先，要妥善保管自己的银行卡、电话卡、支付账户。注意保护个人信息安全，银行卡只限发卡银行批准的持有人本人使用，绝不出租、出借、出售自己的身份证、银行卡、电话卡及对公账户等，出租、出借、出售上述信息等，均有可能为他人实施信息网络犯罪提供便利，成为犯罪帮凶，涉嫌违法犯罪。

其次，切莫贪图小利，不轻信低付出高回报。时刻保持警惕，严防招聘陷阱，注意辨别用工单位资质，不参与帮助他人联系办卡、登记他人办卡，不进行高额度转账提现、刷单等资金结算兼职，不被蝇头小利诱惑。天下没有免费的午餐，要拒绝做配合犯罪“工具人”。

最后，提高防范意识，主动分辨法律风险。关注司法机关、银行及电信运营商等官方发布的宣教活动及安全提示信息，了解不法分子作案手法，提醒家人朋友提高警惕。明确自身作为网络用户、国家公民等不同社会角色享有的权利与应当履行的义务，不踩法律红线。

【思考题】

1. 案例分析：大学生小段于2021年年底，明知他人可能利用银行卡实施信息网络犯罪活动的情况下，仍将用其身份证办理的四张银行卡出售给他人，非法获利4 030元。请说一说小段的行为构成什么犯罪，怎么量刑？

2. 请想一想以下行为涉嫌帮信罪吗？

（1）2021 年 12 月期间，被告人小徐将自己名下的中国邮政储蓄银行卡、手机、支付宝密码等交给高某进行跑分。

（2）大学生小佳拥有一个百万粉丝的抖音账号，她把这个账号给他人使用，用来打广告。

第三节　大学生就业权益

我国就业相关的法律法规主要包括《中华人民共和国劳动法》《中华人民共和国劳动合同法》《中华人民共和国社会保险法》《中华人民共和国就业促进法》等。这些法律法规在保护劳动者权益、规范劳动关系以及促进就业等方面发挥了重要作用。

【案例 9-3】

签订劳动合同须知

毕业生小萍在与一家公司签订为期三年的劳动合同时，公司提出，因对小萍的实际工作能力一无所知，因此合同约定，试用期定为一年，试用期内工资减半计算，且一旦被证明不符合录用条件，公司随时有权解除劳动合同。虽然小萍觉得试用期太长，但因觉得找工作不容易，只好签了合同，答应了公司的条件。

案例分析：《中华人民共和国劳动合同法》第十九条规定："劳动合同期限三个月以上不满一年的，试用期不得超过一个月；劳动合同期限一年以上不满三年的，试用期不得超过二个月；三年以上固定期限和无固定期限的劳动合同，试用期不得超过六个月。"本案中公司利用了毕业生就业心切这一点，通过自定超长试用期，将用工风险转移给小萍，并企图据此降低用工成本，明显与法相违。

一、就业相关法律文件

（一）相关法律

《中华人民共和国劳动法》是为了保护劳动者的合法权益，调整劳动关系，建立和维护适应社会主义市场经济的劳动制度，促进经济发展和社会进步，根据宪法而制定的。主要内容涵盖工作时间、工资、安全卫生、培训、社保等。

《中华人民共和国劳动合同法》是为了完善劳动合同制度，明确劳动合同双方当事人的权利和义务，保护劳动者的合法权益，构建和发展和谐稳定的劳动关系而制定的。主要涉及劳动合同订立、履行、变更、解除或终止等。

《中华人民共和国劳动争议调解仲裁法》是为了公正及时解决劳动争议，保护当事人合法权益，促进劳动关系和谐稳定而制定的，是遇到劳动争议时申请仲裁的常用法案。

《中华人民共和国社会保险法》是规范社会保险关系的法律。它规定了社会保险的种类、覆盖范围、缴费标准、待遇享受等具体内容，为劳动者在年老、疾病、工伤、失业、生育等情况下依法从国家和社会获得物质帮助提供了法律保障。

《中华人民共和国就业促进法》是促进就业的法律。它规定了政府、用人单位、劳动者和社会各方面在促进就业中的责任和义务，旨在通过促进经济发展、调整产业结构、优化就业环境等措施，推动实现更加充分和更高质量的就业。

（二）就业关键词的司法解读

1. 试用期

试用期是用人单位和劳动者建立劳动关系后，为相互了解、选择而约定的不超过六个月的考察期。试用期是劳动合同期限当中具有一定特殊性的一段期限，但其本质仍属于劳动合同期限。劳动合同期限内，无论是劳动者还是用人单位都应当诚信守法，如劳动者应当遵守用人单位的各项规章制度、勤勉履职，而用人单位则应当及时足额支付劳动报酬、给予劳动者相应的福利待遇，包括缴纳社保等。

根据劳动合同期限的长短，试用期细化规定如下：

劳动合同期限在三个月以上的，可以约定试用期。也就是说，固定期限劳动合同能够约定试用期的最低起点为三个月。

劳动合同期限三个月以上不满一年的，试用期不得超过一个月；劳动合同期限一年以上不满三年的，试用期不得超过二个月；三年以上固定期限和无固定期限的劳动合同，试用期不得超过六个月。

注意事项：

（1）同一用人单位与同一劳动者只能约定一次试用期。试用期包含在劳动合同期限内。

（2）以完成一定工作任务为期限的劳动合同或者劳动合同期限不满三个月的，不得约定试用期。

（3）劳动合同仅约定试用期的，试用期不成立，该期限为劳动合同期限。

2. 劳动合同

劳动合同，是指劳动者与用人单位之间确立劳动关系、明确双方权利和义务的协议。就业协议和劳动合同两者紧密相连，分别签订于毕业生就业过程的不同阶段。就业协议书与劳动合同都是用人单位录用毕业生时所订立的书面协议。就业协议是日后与用人单位签订劳动合同的依据，毕业生报到后用人单位应该与毕业生签订劳动合同。

3. 五险一金

五险一金是指五种保险以及公积金。“五险”包括养老保险、医疗保险、失业保险、工伤保险和生育保险；“一金”指的是住房公积金。其中养老保险、医疗保险和失业保险是由企业和个人共同缴纳的保费；工伤保险和生育保险完全是由企业承担的，个人不需要缴纳。

4. 普通高等院校毕业生就业协议书

就业协议书是明确毕业生、用人单位、学校三方在毕业生就业工作中的权利和义务的书面表现形式，以便于解决应届毕业生户籍、档案、保险、公积金等一系列相关问题，在毕业生到单位报到、用人单位正式接收后自行终止。

就业协议书只是毕业生、用人单位、学校三方之间签订的就业意向，不是有关劳动关系的法律文件，所以对劳动关系没有约束力，只有毕业生到用人单位报到并与之签订劳动合同或形成事实劳动关系，使意向变为现实之后，毕业生才能和用人单位形成正式的劳动关系。

在就业协议涉及的三方中，真正履行权利和义务的是用人单位和毕业生，学校只是一个见证单位，不承担任何责任。

5. 实习合同

实习合同的本质是平等主体之间的民事合同关系，属于民法和经济法调整的范畴，不受《中华人民共和国劳动法》的特别保护。在实习期间学生并不能享受到工资、最低工资、工伤、社会保险等劳动法法定的保障，双方权利义务基本靠实习协议来自行约定，受教育法规及民事法规的保护。

此外，还有《中华人民共和国职业病防治法》《中华人民共和国残疾人保障法》等法律法规也与就业密切相关，它们在保护劳动者健康、保障残疾人就业等方面发挥了重要作用。

二、大学生就业的基本权益

（1）就业信息知情权。及时全面获取应该公开的就业信息。

（2）接受就业指导权。接受来自国家、社会和学校的及时、有效的就业指导与服务。

（3）被推荐权。享有被学校及时、公正、如实推荐到用人单位的权利。

（4）平等就业权。平等地接受学校推荐，平等地参与招聘，录用毕业生时公平、公正及一视同仁。

（5）就业选择自主权。双向选择，自主择业。

（6）择业知情权。有权了解用人单位的主体资格、劳动岗位、劳动条件、劳动报酬以及规章制度等情况。

（7）违约求偿权。用人单位、毕业生、学校的三方协议一经签订后任何一方不得擅自毁约和违约。

三、掌握求职秘籍

（1）使用正规求职渠道——通过国家大学生就业服务平台、国聘平台、高校就业网站等官方网站，或通过参加学校组织的各类招聘活动获取求职信息。

（2）及时核查招聘信息——通过查询用人单位的工商信息来确认是否合法注册。通过用人单位官方网站或拨打官方电话核实招聘信息，多种途径了解用人单位背景。

（3）时刻保护个人信息——任何单位和个人都没有权利扣留他人证件原件。在求职过程中，不轻易将个人证件原件交付他人或泄露银行卡、网银密码，确需提供证件复印件或影印件时，要在合适位置注明具体用途。

（4）坚持运用法律武器——如遇合法权益受到侵害，第一时间保留证据，请立即拨打电话 12333 或前往人社部门投诉举报。如遇人身安全受到威胁或伤害，请立即拨打电话 110 向公安部门报警。

【知识拓展】

三部门发布求职招聘典型陷阱防范提示

人力资源和社会保障部、中央网信办、公安部梳理汇总了求职招聘服务领域四类典型陷阱，分析了其主要特征及作案手法，并提供了典型案例和防范提示，为高校毕业生等求职者安全高效找到理想工作提个醒、帮把手。

第一类：非法职业中介陷阱。

一些没有相关资质、未取得人力资源服务许可或者冒用、伪造相关资质的“黑中介”，非法从事职业介绍、工作招聘等中介服务活动，甚至有的公司本身就属子虚乌有。这些“黑中介”大多无法提供真实、合法的“靠谱”工作机会，常打着介绍工作的幌子通过发布虚假招聘信息，以“轻松拿高薪”“升职加薪快”等为诱饵，使用各种手段骗取求职者钱财。

案例：求职者小周大学毕业后想找一份满意的工作。经人介绍，他在网上与 A 中介机构建立了联系。A 机构称缴纳 65 000 元中介费便可安排小周去 B 集团做销售，月薪为 20 000 元，提成另算。小周在 A 机构的网页上没有看到其人力资源服务许可证及相关信息，当他询问情况时 A 机构搪塞说许可证正在办理中，肯定都是没问题的。碍于朋友情面，小周便没有再深究，很快与 A 机构签署了服务协议并支付了中介费。随后，A 机构告知小周，B 集团因故不招人了，安排小周去另一家 C 公司工作。小周入职 C 公司后，发现工资仅有 4 000 元，日常工作压力非常大，还不给自己缴纳社保，与当初介绍的情况完全不一样。当小周想请 A 机构再介绍一份工作或退还中介费时，却发现已经联系不上该机构了。

防范提示：按照《中华人民共和国就业促进法》《人力资源市场暂行条例》

《网络招聘服务管理规定》等法律法规规定，相关机构从事职业中介活动、网络招聘服务的，应当依法向人力资源社会保障行政部门申请行政许可，取得人力资源服务许可证；从事网络招聘服务的机构，应在其网站、移动互联网应用程序等首页显著位置，持续公示营业执照、人力资源服务许可证等信息或者相关信息的链接标识。违反有关规定的，人力资源社会保障行政部门将予以相应处罚；构成违反治安管理行为的，公安部门将依法给予治安管理处罚，对构成犯罪的，将依法追究刑事责任。

未经许可擅自从事职业中介活动的“黑中介”，属于典型的违法行为。求职者通过互联网或线下中介服务机构求职，应选择具有正规资质的合法人力资源服务机构，一定要查看其是否取得人力资源服务许可证，最好选择诚信度高、经营规范的服务机构。不要轻信中介机构的口头承诺，一定要在确认相关内容的基础上签订正式服务协议。一旦遇到“黑中介”，请及时向人力资源社会保障部门投诉举报，若个人财物、人身安全等合法权益遭受侵害，请保留好相关证据并立即报警。

第二类：招聘收费陷阱。

（1）入职前先交钱。中介机构还未介绍到工作就以各种名目向求职者收取费用，是最为典型的求职招聘陷阱。不法分子的常用手段是以押金、保证金、办证费、服装费、资料费等名目收费，之后再以各种苛刻的要求迫使求职者自动放弃求职或离岗，已交纳的费用借故不退还给求职者。这类骗局往往有几个特点：对职位许以高薪并承诺工作轻松；对学历、工作经验要求很低；面试过程简单，轻易即可通过；收费要得急且看似各有名目，实际并不合理合法。

案例：求职者小李在某招聘平台看到A公司的招聘信息，并根据该信息提供的联系方式加入了用于应聘的QQ群。群主声称A公司的招聘工作由B中介机构承办，抱着对客户负责的态度，B机构要对所有参与应聘的人员收取一定数额的保证金。小李到网上核查A公司资质，发现是比较正规的公司，也就未再核实B机构及相关人员的资质信息，缴纳了保证金、工号费、马甲费、培训费、任务押金，共2 000余元。可小李一交完钱后就被QQ群主拉黑了。

（2）求职“内推”。个别中介机构或个人宣称与世界五百强、大型国有企业等知名公司合作，具有内部推荐权，求职者只要交纳一定费用，就可以通过其提供的专业辅导或特定途径，顺利获得金融、互联网等热门行业公司的优质Offer。但这些能“内推”“保Offer”的承诺往往难以兑现。有的求职者因本身符合相关岗位要求而被录用，这类机构就归功于己；如果求职者没被录用，这类机构就会以种种理由搪塞，拒绝退还求职者相关费用。

案例：求职者小刘拥有国外高校硕士学历，回国后由于对国内求职情况不太了解，于是在网上找到一家职介机构。该机构表示“有资源”，能确保他拿到一线互联网公司的Offer。为此，小刘支付了16 999元服务费，但该机构仅为他提供了

2 次修改简历的一般课程，对他尽快入职的要求进行各种敷衍，后期干脆“失联”，承诺的 Offer 更是不见踪影。

（3）招聘“套路贷”。不法分子与不良网贷平台勾结，“挖出”购车贷、美容贷等新型招聘陷阱，主要蒙骗毕业不久、初入职场、找工作心切的求职者。

案例：求职者小王在某招聘平台看到招募货车司机的信息“开货车拉货、C1 驾照即可、每月保底收入 28 000 元”。面试时公司承诺收入能保底，但前提条件是必须在该平台购买车厢长度 4.2 米的货车，只要买了车就可以和他们合作的物流公司签订合同。但在缴纳 40 000 元的首付款、办理 36 个月的按揭贷款（共 120 000 元）购买了一辆轻型卡车后，小王发现既无货拉，又无活干，最后不仅没挣到钱，还背上了巨额贷款。

（4）入职捆绑付费培训。一些培训机构或中介公司以招聘为名变相招生，以高薪、名企工作岗位为诱饵吸引求职者，面试时则向求职者提出“工作能力不足”“岗位有从业资格限制”等理由，要求进行入职培训或考证培训，并承诺完成培训后即可上岗。当求职者交付培训费用后，此类培训机构却不提供承诺的相应工作，或者以不能满足岗位需求等理由，在求职者刚一上岗就予以解雇。更有的企业，一旦收取求职者的培训费后就会即刻“人间蒸发”。

案例：A 公司在某招聘平台上以“高薪+零招聘条件”招聘程序员，小高被此高薪条件吸引投递简历并参加了面试。面试之后，A 公司以所学专业不对口为由，要求小高参加公司组织的自费培训，之后方可正式录用。小高没有多想就在入职前的“实习期”签署了“协议”，培训费高达数万元。后来小高逐渐发现，企业提供的培训都是线上视频网站的网课，长时间未安排实质工作，最后以种种理由使自己无法通过实习期。这时，小高才意识到，工作没找到反而花了一笔“培训”的冤枉钱。

防范提示：《中华人民共和国劳动合同法》第九条明确规定，用人单位招用劳动者，不得要求劳动者提供担保或者以其他名义向劳动者收取财物。《人力资源市场暂行条例》第二十七条规定，人力资源服务机构接受用人单位委托招聘人员或者开展其他人力资源服务，不得采取欺诈、暴力、胁迫或者其他不正当手段，不得以招聘为名牟取不正当利益。违反有关规定的，人力资源社会保障行政部门将予以责令改正、没收违法所得、罚款、吊销人力资源服务许可证等处罚；给个人造成损害的，依法承担民事责任或由有关主管部门依法给予处罚。

此类在招聘过程中花样繁多的收费行为，多涉及虚假招聘和骗取财物。用人单位、人力资源服务机构应严格遵守有关法律法规，合法、诚信经营，不得开展和参与虚假招聘等违法违规活动。收费“内推”、保 Offer 等多属虚假宣传，涉嫌违法违规，求职者千万不可抱着“走捷径”“靠关系”等心态轻信骗子的话术，应通过正规网络招聘服务平台等人力资源服务机构或用人企业官网求职。求职者对有应聘意向的企业，最好事先通过第三方平台等渠道核查其相关资质，若企业在求职过程中以各种理由要求租用、购买各类工作设备或交钱、贷款才能够安排岗位的，应果断拒绝，以免上当受骗。员工培训成本一般应由用人单位承担，对经付费培训可录用、包就业等要求，求职者一定要警惕“挂羊头卖狗肉”的陷阱，以免既被坑骗一笔培训费，又浪费时间精力，最后学不到什么本领，更得不到理想的工作。求职者如果落入骗局，请切记保留好相关证据，及时报警并向人力资源社会保障部门投诉举报。

第三类：以招聘为名诱骗从事违法活动陷阱。

（1）兼职“刷单”。不法分子通常会在一些知名网站、论坛、各类网络服务平台上发布事先编造好的招工信息，以“高薪急聘”“学历不限”等字眼博取关注。求职者一旦点击进入链接后，便会被要求通过加QQ、微信等方式进一步“单聊”或“详谈”，逐步暴露更多个人信息并被诱导下载刷单App。求职者一旦落入陷阱，最初几次刷单会轻松赚得几百元，随后为获得更高比例佣金而垫付更多金额，直到自己相当数额的资金转入了不法分子指定账户，就会被对方迅速拉黑。

案例：伪装成正规企业的A公司在招聘平台发布“文员”职位招聘信息，声称“可在家办公，日结高薪，月入过万，工作轻松自由”。求职者小赵在网上向A公司投递简历后，很快就被告知可以进入工作试用期了，并被要求下载一款App从事“刷单”工作。这项工作需要小赵在各大电商平台购买指定商品，商品大多为充值卡、网络服务等虚拟产品。小赵在购买商品后，需要通过付款截图和订单号联系公司获得收益。起初，小赵还会得到小额收益，但当加大刷单商品价值时则被企业告知，由于系统或银行问题暂时无法返款，需要再多刷几笔订单才可集中返还收益。小赵因为想要拿回支付商品的本金并获得收益而被套取了更多钱款，最终损失达数万元。

（2）传销“拉新”。传销组织具有收取入门费、拉人头、金字塔结构的盈利模式等典型特征。近年来，在有关部门的严厉打击下，一些传销组织转为通过布设网上招聘陷阱拉新人、发展下线。这类传销组织在招聘平台发布招聘信息，以“勤工俭学”“招聘兼职”“高额回报”等为诱饵，吸引求职者应聘。一旦求职者落入圈套，传销组织便会要求缴纳一定费用或购买某种产品，并指派各种“推销任务”。这类传销活动本身就具有一定迷惑性，又往往通过网络招聘等手段实施，更增加了其隐蔽性。

案例：一家自称某电信服务代理商的公司，在网络招聘平台广泛发布招聘信息。该公司对所有应聘者一概录用，并要求应聘者入职时办理每月159元、押金1 440元、合约期为24个月的5G通信套餐员工卡，应聘者唯一的工作就是每月招聘不少于10名新人，以此不断发展下线。此案造成很多人员被骗，有的受害者甚至深陷其中，在该公司被打击处理后依然不认为自己已落入骗局并从事了违法活动。对此，有关部门向受害者讲解国家禁止及打击传销活动的法律规定，剖析传销陷阱及其严重危害，让受害者认识到传销活动无论包装成什么样子、变换什么形式，都改变不了其违法犯罪的实质。

（3）盗用个人信息。一些不法分子以招聘的名义，打着“高薪兼职”“点击返现”等幌子进行电信网络诈骗，诱导应聘者办理银行卡、手机卡或注册 App 账户。这些银行卡、手机卡或支付账户会被不法分子用于诈骗、洗钱等违法活动，一旦相关信息涉案会直接牵连到持有人，带来个人征信受损或须承担相应法律责任等风险。

案例：A 公司在招聘平台发布“轻松兼职，只需身份证，十分钟搞定，工资优厚”等信息。小何抱着试试看的心理，添加 QQ 号码前去应聘。对方告诉他，入职后工资会通过公司内部平台打入其工资卡，但在面试前要先下载某款 App 并绑定银行卡。小何照办了，但没想到面试迟迟没等来，却接到了公安部门的电话，告知其名下银行卡涉嫌洗钱等犯罪活动，要求其配合调查。这时，小何才恍然大悟，自己的个人信息被不法分子窃取和利用了。

防范提示：通过网络、新媒体等信息技术手段，以招聘为名诱骗求职者从事各类违法违规活动，是近年来较为常见的诈骗手法。对此，求职者要树立正确的择业观念，擦亮识别骗局的“慧眼”，掌握防范陷阱的“招数”，遇到“活少钱多”“轻松钱来”“躺平赚钱”等招聘信息，一定要提高警惕，多查多问多防备，谨防“踩雷”“掉坑”。求职者一旦被骗、遭受侵害，请立即报警求助，并可及时向人力资源社会保障部门投诉举报相关中介机构。

各类人力资源服务机构，要严格落实《人力资源市场暂行条例》《网络招聘服务管理规定》有关规定，接受用人单位委托招聘人员，应要求用人单位提供相关材料，并对材料的真实性、合法性进行审查，不得以招聘为名牟取不正当利益，不得介绍单位或者个人从事违法活动；从事网络招聘服务时收集、使用其用户个人信息，应当遵守法律、行政法规有关个人信息保护的规定。违反有关规定的，有关部门将依法给予相应处罚。

第四类：合同陷阱。

求职者找工作时，还要防范遭遇劳动合同陷阱。有的用人单位以种种借口拒绝与劳动者签订书面劳动合同，有的签订合同后没有给劳动者一份合同文本留存，有的签订合同中缺少工作岗位、劳动报酬、劳动条件等具体信息。劳动者到岗工作后，特别当出现一些争议时，就可能被用人单位以没有书面劳动合同或者违反合同相关条款为由，拖欠或拒发薪酬。

案例：求职者小吴在某招聘平台看到 A 企业发布的普工职位招聘信息。他来到企业应聘后，有关管理人员明确表示“月薪为 20 000 元”。在小吴入职签订劳动合同时，公司却以少缴个税为由，要求在合同中写明月薪为 8 000 元，并口头承诺会将其余款项以报销住宿费、加油费等方式补齐。小吴因入职心切，签订了劳动合同。在工作了一段时间后，公司认为小吴不能完全胜任岗位，要求他尽快离职。小吴要求公司按照最初明确的 20 000 元月薪支付自己一个月工资作为代通知金并另外支付一个月工资作为经济补偿金，但公司却主张以书面合同为依据，按照 8 000 元的月薪标准进行相应补偿。

防范提示：《中华人民共和国劳动合同法》第十条明确规定，建立劳动关系，应当订立书面劳动合同。已建立劳动关系，未同时订立劳动合同的，应当自用工之日起一个月内订立书面劳动合同。第十六条规定，劳动合同由用人单位与劳动者协商一致，并经用人单位与劳动者在劳动合同文本上签字或者盖章生效。劳动合同文本由用人单位和劳动者各执一份。劳动者在入职前一定要仔细阅读并认真签订劳动合同，尤其要核实清楚涉及个人权益的重点条款，这是对自己合法权益的有效保护。对于非全日制工作，《中华人民共和国劳动合同法》规定可以订立口头协议，但应注意留存当初做出约定时的有关资料。若因故未能签订合同、订立协议，一旦遇到纠纷应及时寻求人力资源社会保障等有关部门帮助，通过正规渠道予以妥善解决。

【思考题】

请想一想以下行为侵犯了哪些就业权益？

1. 小王与某公司签订了劳动合同，后发现公司规定三年内不准结婚。
2. 小佳在上班期间受了工伤，需要请病假 2 周，公司不批，然后将她开除。

第十章　求职就业准备

学习要点

1. 掌握求职信、求职简历的写作要点
2. 了解招聘信息的收集、整理方法
3. 理解求职就业资料准备的重要性

毕业生在求职择业时，应当进行一些必要的准备，包括招聘信息的收集、整理、分析，求职信、个人简历、各类证书等求职资料的准备以及求职技巧的掌握等。

第一节　招聘信息整理

招聘信息是指用人单位为实现或完成某个目标或任务，利用各种传播工具发布的有关用人信息，如用人单位特色、专业要求、行业现状及发展前景、岗位描述、用人单位提供的条件等。招聘信息是大学生职业选择的基础，是大学生选择职业的重要依据，是通往用人单位的桥梁。可以说，谁优先获得有效信息，谁就获得主动权；谁失去信息，就失去求职应聘的主动权。

【案例 10-1】

成功的面试准备

小颜是某高职院校计算机专业的毕业生，在求职过程中，她非常重视就业信息的收集和整理，因此受益匪浅。

在大一、大二期间，她就很留意学校就业指导中心发布的各种信息，包括通过校园新闻网、学校信息栏、校方微信公众号等发布的信息，她认为与师兄师姐面对面交流的亲身经历与体验也可以获得宝贵的信息。大三时的就业指导课上，她会把如何有效利用就业信息等笔记仔细整理。在校园招聘会上，她也会去认真收集每一次面试的具体信息。在大三找工作的过程中，她收集的信息囊括各招聘公司的历史、经营状况、招聘计划、选择的标准等。在她看来，每时每刻都可以收集信息。

有一次，她坐在面试官面前，主动问道："您能否告诉我一些关于贵公司对于新员培训计划方面的信息？我在选择公司的时候，会比较注重公司对员工完善的培养计划，相比于薪资，我更关注未来的发展。”谈到她自己的感受，小颜觉得即使自己坐在面试官前，每一次交谈也都是相互了解的宝贵机会。后来，小颜如愿签约了一家她心仪的公司。

案例分析：在小颜的身上，我们可以发现她非常好学，具有能运用多种手段来收集就业信息的主动学习能力。上课内容、学校网页、就业讲座、社会活动、暑期实践、毕业实习、职业生活谈、校园招聘会，甚至面试的每一个步骤，这些都属于信息收集的一部分。收集信息的目的是分析利用信息，小颜有自己的主见和观点，在选择企业的时候并不随波逐流，而是理性判断，多方衡量，以便所选企业能够适应自己未来发展的需要。

一、招聘信息搜集

（一）收集的主要内容

1. 相关政策法规

就业政策是根据国民经济发展战略和人才培养、使用目的的客观要求而提出的，是根据各个不同时期的政治、经济任务而制定的。大学毕业生只能在国家就业方针、原则和政策所规定的范围内，根据个人的情况选择职业。同时，还必须清楚地了解就业法规、法令，学会用法律来保护自己，如目前已出台和施行的《中华人民共和国劳动法》《中华人民共和国反不正当竞争法》《中华人民共和国劳动合同法》等。

2. 就业方法

毕业生应该清楚毕业生的就业是由地方、学校哪个部门或哪个机构来负责管理指导的，这样，当毕业生在求职过程中遇到了困难和问题时，就可以随时向有关的机构咨询。例如，什么时间开始和终止联系单位；签订就业协议必须履行哪些手续；在学校规定的时间内没有同用人单位签订就业协议，户口和档案将转到何处；调整改派的程序和手续；等等。

3. 供求信息

首先，毕业生要了解国家政治经济建设方针、任务和发展战略，产业的分类与结构，以及随社会发展，产业结构的调整和变化趋势；了解职业的分类与结构，以及该职业发展的趋势，更好地把握自己，在国家建设的大背景下找到自己的正确位置。其次，学校历年就业状况对于即将走出校门的应届毕业生而言，是一个非常有用的求职信息宝库，毕业生可以从中了解到自身所学专业历年就业的方向、就业地区及主要从事的工作。信息收集更深入的话还能查询到历年毕业生常去的用人单位和用人单位性质等重要信息。这些信息对毕业生在求职过程中能够起到方向性的指导作用。

（二）收集招聘信息的原则

1. 全面性

毕业生可以通过查阅招聘网站、报纸、杂志、社交媒体以及实地走访企业等渠道，以获取更多的就业信息。保证收集到尽可能多的信息，有助于求职者更好地了解市场发展趋势，精准地定位自己的发展方向。

2. 计划性

首先，必须制订信息搜集计划，明确信息搜集的目的，只有明确了目的，就业信息搜集才有方向，才能发挥信息搜集的主动性；其次，所需就业信息的内容是有关就业政策的、动向的还是有关用人单位需求信息的，要做到有的放矢；最后，要明确选择信息搜集的方法和渠道。

3. 真实性

保证招聘信息的真实性是收集成功的关键，因为市场信息来源繁多，不可避免地会出现一些虚假招聘信息。因此，求职者在收集相关信息时，必须注意信息的来源，合理甄别和筛选信息，不要轻信虚假信息，以免造成时间和精力的极大浪费。

4. 针对性

不同求职者需要采取不同的信息收集路径和渠道，以获取符合自身背景和需求的就业信息。例如，对于某些特定行业，社交媒体的信息渠道通常会更为丰富，而想找基层工作相对来说则需要更多关注当地的媒体及人力资源机构等。

5. 时效性

时效性是信息本身的重要特性之一，只有在规定时间内有效。而就业信息的时效性则更强，即在就业信息发布的有效期限内，如果招聘单位完成了招聘，已经与应聘者达成协议，那么就业信息自然就失效了。因此，在就业形势十分严峻的情况下，要随时注意所汇集的就业信息是否过期，信息是否已被他用。要尽可能在第一时间获得信息。

（三）招聘信息收集方法

1. 全方位搜集法

全方位搜集法是指把与你的专业有关联的就业信息统统搜集起来，再按一定的标准进行整理和筛选，以备使用。这种方法获取的信息较广泛，可供选择的量较大，但较浪费时间和精力。

2. 定向搜集法

定向搜集法是指根据自己选定的职业方向和求职的行业范围来搜集相关的信息。这种方法以个人的专业方向、能力倾向和兴趣特长为依据，便于找到更适合自己特点、更能发挥能力的职业和单位。需要注意的是，当你选定的职业方向和求职范围过于狭窄时，你的选择范围有可能缩小，特别当你所选定的职业范围是竞争激烈的“热门”时，你很可能要面临二次、三次甚至更多次的择业。

3. 定区域搜集法

定区域搜集法是指根据个人对某个或某几个地区的偏好来搜集信息，而对职业方向和行业范围较少关注和选择，这是一种重地区、轻专业方向的信息搜集法。按这种方法搜集信息和选择职业，面向地区的狭小和“地区过热”（即有较多择业者涌向该地区）可能造成择业困难，如近几年北上广等一线城市出现求职者“扎堆”现象。

(四) 招聘信息收集途径

招聘信息收集是找工作的重要一步，它能够为求职者提供更多的机会和提高求职成功率。

1. 学校就业主管部门

学校毕业生就业办公室或毕业生就业指导中心是获取用人单位信息的主渠道，它们提供的信息无论是数量还是质量，都有明显的优势。通过学校毕业生就业办公室或毕业生就业指导中心获得的信息有针对性强、可靠性高、成功率大等特点。

2. 毕业生供需见面会和人才招聘会

供需见面会有多种形式。例如，学校举办的供需见面会，由学校就业指导中心出面组织、有针对性地邀请一些用人单位参加，规模适中，效率较高；各地有关主管部门每年也要组织几次大型供需见面会，有的还分季节、分专场等，这些供需见面会组织正规，规模大，参加的用人单位多，信息量丰富，但参加的毕业生也多，针对性相对较差。

3. 人才交流中心和人力资源公司

各级各类人才交流中心和人力资源公司是大学毕业生搜集求职信息的一个十分重要的途径。具体来讲，各级各类人才中介机构包括各级人才交流中心、人才服务中心、各级职业介绍所、各类劳务市场等。

4. 主流媒体

每年大学生毕业需要就业之际，正规报刊杂志上一般会刊登一些关于大学生就业的指导信息，信息从不同方面和角度反映了当年大学生就业的需求情况。这种渠道的最大特点是受众面宽、传播速度快、形式活泼多样和信息传递量大。但有时候这种方法比较盲目，成功率较低。

5. 网络平台

搜集招聘信息的网络平台一般有以下几类：

（1）专业求职网站。这类网站以专业的人才服务为背景，求职者可以在线填写简历，而所写的简历将被存入网站的数据库里。

（2）用人单位网站。许多用人单位尤其是企业越来越重视建设自己的主页，大多数公司除了介绍企业文化与产品之外，还随时提供公司的招聘信息。

（3）门户网站的求职频道。例如，招聘网、中华英才网、无忧工作网等，而且还可以在这里获得有关的人才政策、就业方面的新闻，以及一些就业技巧，得到就业辅导。

6. 社会实践与教学实习

学校的社会实践和教学实习等活动，与学校所学专业知识紧密联系，有利于学生开阔视野，更有利于学生接触社会，体验职业，使他们真正了解各种单位的情况、对人才的需求状况和具体的要求，而且信息准确可靠，是学生自我开发职业信息、推荐自我的一个好场所。特别是学生在实习中与这些单位已有先期的沟通和交往，如果能够把握住实习这一难得的机会，通过自己的努力赢得用人单位的好感和信任，就可以取得就业信息甚至直接谋得职业。

7. 各种社会关系

在求职中，如果你想让用人单位更多地注意你，就必须想些切实可行的办法。所以，在关键时候找个“关系”帮你推荐一下，也许是最为有效的。当然，关系要靠自己去发掘，途径也应该正当。一般可以为你提供信息的主要有以下几类人：

（1）家长亲友。提供的职业信息主要来源于其个人的社会关系，相对固定，也有相当大的局限性。同时，毕业生由家长亲友提供的职业信息的数量和“质量”有很大的个人差异。

（2）学校的教师或导师。本专业的教师比一般人更了解本专业毕业生适合就业的方向和范围，在与校外的研究所、企业、公司合作开发科研项目和教学活动中，对一些对口单位的人才需求信息了解得比较详细。

（3）校友和学长学姐。校友提供的职业信息的最大特点是比较接近本校尤其是本专业的毕业生在人才市场上的供求状况及其在具体行业中的实际工作、发展状况，近几年毕业的校友更有着对职业信息的获取、比较、选择、处理的经验和竞争择业的亲身体会，这比一般纯粹的职业信息更有参考、利用价值。

8. 自主创业

有些学生可能希望创业并开展自己的事业。在创业方面，学生可以参加创业培训项目、寻找导师和投资者的支持，并与相关行业的专业人士建立联系。此外，利用创新创业竞赛和活动来展示自己的创意和实施能力。

二、招聘信息分析

（一）招聘信息筛选原则

随着社会的进步和经济的发展，在互联网技术的支持下，求职市场日益繁荣。大量的招聘信息源源不断地涌现，给求职者带来了前所未有的选择机会，但同时也面临着信息过载的困扰。因此，为了准确、高效地获取相关招聘信息，需要遵循一定的信息筛选原则。

1. 合适性原则

招聘信息的筛选首先需要考虑的是信息的合适性。求职者需要根据自身的专业背景、技能水平等匹配程度来筛选合适的招聘信息。以下是几个判断信息合适性的要点：

（1）职位要求。与自身专业背景、技能要求相契合的职位信息更加适合。

（2）薪资待遇。根据个人期望和市场价值，筛选出符合期望薪资水平的职位。

（3）公司规模和背景。考虑自身对公司规模、行业背景的适应能力，筛选出合适的企业。

（4）地理位置。根据自身情况考虑工作地点是否与自己的期望相符，是否会给生活带来过大的不便。

2. 可靠性原则

可靠性是指所筛选的就业信息的真实性和可信度。求职者不仅要关注职位的描述和要求，还要通过其他途径核实信息的可靠性。以下是几个判断信息可靠性的要点：

（1）公司官网。通过公司的官方网站了解公司的背景、规模和业务范围，判断信息的真实性。

（2）媒体报道。搜索相关媒体报道，查看公司的口碑和声誉，判断公司的可信度。

（3）雇主评价网站。在各类雇主评价网站上寻找关于该公司的评价和意见，了解公司内部情况和员工对该公司的评价。

3. 透明度原则

透明度是指就业信息公开程度和清晰度。求职者需要选择那些提供详细而清晰的就业信息的渠道。以下是几个判断信息透明度的要点：

（1）职位描述。详细的职位描述可以让求职者对岗位要求和职责了解得更清晰。

（2）联系方式。提供明确可靠的联系方式，方便求职者与企业进行沟通。

（3）公司介绍。提供公司的简介、发展历程等信息，让求职者了解公司的情况。

4. 及时更新原则

就业信息的筛选还需要考虑信息的更新速度。求职市场的变化很快，及时获取最新的就业信息对求职者至关重要。以下是几个判断信息更新速度的要点：

（1）发布时间。关注信息的发布时间，选择最新发布的信息。

（2）更新频率。观察某个信息渠道的更新频率，选择更新频率较高的渠道。

（3）求职网站排名。选择排名比较靠前的求职网站，通常这些网站的信息更新较为及时。

（二）招聘信息筛选

毕业生对于收集到的需求信息，应结合自己的实际情况，加以筛选处理，去粗取精，去伪存真，有目的、有针对性地进行排列、整理和分析。筛选需求信息应注意以下几点。

1. 善于对比，分清主次

通过多种途径获得的需求信息可能会显得杂乱无序，这就需要进行科学排序。在这里首先需要注意的是识辨真伪，剔除过时的、虚假的信息；其次是将与自己的专业及兴趣有关的信息提取出来。将与自己有关的信息按重要程度排序，标明并注意留存，一般的信息则仅供参考。信息具有明显的时效性，谁赢得时间，谁就可能抢占先机。

2. 深度挖掘，深入了解

当前就业信息铺天盖地，需求岗位也是五花八门的，所以毕业生在分析招聘信息的时候首先要观察企业的成长性，分析这是一个朝阳产业，还是一个夕阳产业。俗话说："隔行如隔山"，避免由于入错行业而导致的职业道路混淆不清、左右徘徊；其次，对于重要信息，毕业生要注意寻根究底，争取对该单位和职位有一个较为深入的认识。一方面要核实用人单位的性质、隶属关系、工作条件、发展前景、管理状况、地理环境等基本情况及有无进人权、主管部门的进人规定、户口要求等；另一方面要查实用人单位对求职者的要求。详细掌握这些材料，就能在随后进行的面试中处于主动地位，这点对求职很重要。

3. 合理配对，人职匹配

在信息选择中，要把握"适合自己的就是最好的"原则，这一点应是筛选信息的核心。要做好就业信息与个人的匹配性测试，把握需求岗位对毕业生工作能力的要求，即工作环境所要求的技能与专业、性格、个人兴趣之间进行配对。譬如，营销类和财会类岗位的需求对求职者的性格具有明显的差异性，只有扬长避短，才能左右逢源。要结合自己的兴趣、爱好、能力等条件，决定自己能够适应和胜任的职业，不要好高骛远、人云亦云、迷失自我。

薪酬、城市、福利、发展前景等都是影响毕业生选择的关键因素，因而建议毕业生要从整体上把握这些影响因素，建立合理的评价机制，结合个人的实际状况对影响因素进行排序，做出选择。不顾自己的专长，以待遇、地点作为首选原则的毕业生，即使侥幸在求职中取得"成功"，但在未来的发展中也会逐渐暴露出自己的弱势，发展后劲也不足。

三、招聘信息的利用

（一）及时运用有价值的信息去选择适合自己的工作

每个人都要善于应用信息，根据职业的要求与自己具备的条件，两相对照以后，选择适合你的最佳岗位。这是你收集和筛选信息的最终目的。

（二）根据职业信息的要求及时调节自己的知识、技能结构

毕业生要提高自己的工作能力，弥补原来的不足。如发现自己哪方面的课程、知识不足，应马上主动去学习；或发现自己哪方面的技能欠缺，就赶快参加必要的训练，主动学习和掌握相应的技能。

（三）互通有无及时输出对他人有用的信息

有些信息对自己不一定有用，可是对他人也许非常有用，遇到这种情况，千万不要抓住这些信息不放手，不愿对他人提供有效的信息，这既是一种极大的浪费，也是一种不良心理的表现。其实，你能主动输出对他人有用的信息，不仅是对他人的帮助，同时还增加了与他人交流信息、增进友谊的机会，也可能会从别人手中获取十分有益的信息。

第二节　求职资料准备

通过搜集招聘信息并对其进行整理和分析，求职者可能已经明确了自己心仪的工作单位。接下来，就要与用人单位进行联系和接触，递交一份个人求职材料，谋求面试的机会。

【案例 10-2】

两手空空的小刘

小刘是一名高职院校大三的学生，专业是机电一体化。对于自己的专业水平，他可谓信心满满。临近毕业，有一家用人单位来学校进行招聘，小刘对该单位非常感兴趣。但是，该用人位要求他提供完整简历，这难住了他。他平时对就业问题不太重视，一时间不知怎样制作一份完整、专业的简历。用人单位还希望他提供一些演出的视频资料，这也令小刘感到非常为难，因为他平时并不注意这些资料的收集和保存。

案例分析：用人单位正是从求职者的个人材料中了解其身份、能力、综合素质等基本情况，以判断和评价毕业生的学习成绩、工作潜力，从而确定是否给予其面试机会。所以，毕业生准备一份具有说服力和吸引力的求职材料是成功择业的第一步。

一、求职资料——通往就业之路的“敲门砖”

求职材料非常重要，它是毕业生与用人单位之间交流信息的载体。对毕业生来说，可以通过求职材料向用人单位介绍自己的情况和就业意向，表达对用人单

位所提供的职位感兴趣和努力工作的决心。这是争取就业机会的重要步骤，是通往就业之路的“敲门砖”。

对于用人单位来讲，由于求职材料是求职者本人对大学生活的一个全面总结和评价，能够反映求职者个人的总体情况和综合素质，所以求职材料是用人单位了解毕业生的基本途径，是用人单位了解学生的窗口和做出决策的重要依据。

一份完整的求职资料，一般包含求职信、个人简历、各类证书（即佐证材料）、在校成绩单等。

二、求职信——吸引招聘者眼球的法宝

求职信（自荐信）是毕业生向用人单位自我推荐的书面材料，是求职材料中的支柱性文件。求职信能否吸引招聘者的眼球，直接关系到毕业生是否能获得面试的机会，写好求职信是敲开职业大门的重要步骤。

（一）什么是求职信

求职信，又称自荐信，是求职者针对特定的用人单位，表达自己希望得到该单位某项工作而写的特殊信件，具有介绍性和自我推荐性，通过表达求职意向并概述自身能力引起对方的重视和兴趣，达到求职到位的目的。

撰写求职信必须明确三个要点。一是对象，求职信是求职者针对特定的用人单位写的。二是目的，写求职信的目的是求职。求职信是求职者表达自己希望得到该单位的某项工作而写的特殊信件。三是内容，求职信通过表达求职意向和愿望（请求性），介绍自己的基本情况和条件（介绍性），并概述自身能力引起对方的重视和兴趣（自我推荐性），达到求职到位的目的。

写好求职信是打开职业大门的重要步骤。求职信的作用主要体现在两个方面。从内容上讲，求职信概括了求职者的全面情况，求职者借求职信表达自己的求职意向，用人单位通过求职信了解求职者的有关情况，求职信成为求职者与用人单位信息交流和沟通的一个载体和途径。从形式上来看，求职信在一定程度上直接表现了求职者的个人素质，如文字表达能力、写作水平等，用人单位可借此对求职者的有关情况作直接的和直观的了解。所以，自荐信在求职就业中发挥着重要的作用。

（二）求职信的撰写

求职信的基本格式要符合书信的一般要求——称呼、正文、署名与日期，必要时加上附件目录。

1. 称呼（称谓）

求职信的称呼比日常书信所用称呼要正规。通常，写给国家机关、事业单位时可以用“尊敬的××处长（科长）”称呼；写给三资企业，可以用“尊敬的××董事长（总经理）先生”相称；如果写给一般性企业，可称为“尊敬的××厂长（或

经理）”；而写给学校，则以“尊敬的××教授（或校长、老师）”称呼。当然，有的求职信，也可以直接称为“尊敬的领导”等。称呼要尽可能准确到位，以免引起对方反感而影响应有的效果。招聘负责人的职位和姓名可从各种职业信息中获得。

2. 正文

正文是求职信的主要部分，包括三个方面的内容。一是求职意向，即求职的职位或大致范围；二是自我介绍，即自己所具有的用人单位需要的基本条件和才能；三是工作态度，表达如果自己被录用后将以怎样的态度和决心对待工作。从形式上看，正文包括以下三个部分：

（1）开头。开头部分一般可说明三点：一是信息的来源或获得信息的渠道，二是求职意向，三是对用人单位及申请职位的认识。

首先，阐明信息的来源或获得信息的渠道。应该说明你是如何得知该职位的招聘信息的。这样可以避免对方觉得莫名其妙或者觉得求职者在漫无目的地“大撒网”，没有诚意，同时也使单位的人事经理更好地了解各种招聘途径的效果，从而会让招聘公司立即对你产生好感。例如，我从《××××职位快讯》上看到贵公司正在招聘×××职位，我寄上简历敬请斟酌。

其次，表达求职意向。要明确求职的职位或大致范围。注意一定要开门见山地写明你对公司有兴趣并想担任他们空缺的职位，这样会使你的求职信显得有针对性和条理性。

最后，写对用人单位及申请职位的认识（从单位和职位的角度来讲）。一是说明单位的一些优势或发展前景，说明职位的意义或重要性，体现你对单位和职位的认同和兴趣；二是说明单位所属的产业或行业性质以及所求职位对工作人员在专业知识、综合能力等方面的要求，从而顺利转入下文，介绍自己的基本条件并展示自己符合职位要求的个人才能和经验。

（2）主体。此部分是求职信的主体部分和重点，主要包括自我基本情况介绍和对自己符合职位要求的个人才能、经验以及有关兴趣特长的展示。

首先，简单地介绍自我——介绍自己所具有的用人单位需要的基本条件，包括姓名、性别、出生年月、政治面貌、学历、毕业院校、所学专业、特长爱好、主要优缺点等。

其次，展示自己符合职位要求的个人才能和经验等，重点是与所求职位有关的学历和经历。其中工作经历或者可以称为实践经历——如勤工助学、课外活动、义务工作、参加的团体组织、实习经历等，这部分应该写得详细一些，用人单位常常通过这些内容考查求职者的团队精神、组织协调能力等。

最后，是个人兴趣爱好，最好列上两三项，要与职位有关系。

（3）结尾。

首先，简述自己对该单位感兴趣的原因（从自己的角度来讲），说明自己期望在该单位供职的愿望。同时，表达如果自己被录用后，将以怎样的态度和决心对待工作。

其次，感谢他们阅读并考虑你的应聘，表达希望参加面试并表明你希望尽快得到回音，希望对方给予答复的愿望。对方如果通知你面试需要与你联系，就要给出与你联系的最佳方式。这里注意：联系方式一定要写清楚。

最后，加以简短的表示敬意、祝愿之类的祝词。例如，“祝公司兴旺发达”“深表谢意”等。

3. 署名与日期

可在署名前写“学生××”，还可以直接签上自己的姓名。

日期写在署名右下方。

4. 附件目录

一般寄出求职信的同时会寄出简历和一些有效证件复印件，如外语等级证书复印件、计算机等级证书复印件、获奖证书复印件等。这就需要附件目录，既方便招聘单位审核，也给对方留下周密、细致、有条理的好印象。

（三）撰写求职信注意事项

与求职材料中“专业化”的简历和“职业化”的各种证书相比，求职信是比较“人性化”的资料，就好像推销员进门跟人打招呼，说明来意。因此，撰写求职信时要注意：

首先，态度一定要诚恳礼貌，尊重自己、尊重别人。

其次，要重点突出，简单明了，不占用对方过多的时间，求职信中的有些叙述要简短，没有必要具体陈述，因为履历表将包含这些。

最后，要引起对方的兴趣，让对方有兴趣继续看后面的简历和证书等材料。

三、个人简历

个人简历是大学生求职的重要工具。一份好的简历能创造面试的机会，增加被录用的概率。简历的优劣直接影响到大学毕业生的求职与择业能否成功。

（一）简历的含义与作用

个人简历也叫履历表，主要说明自己过去的经历，是自己学习、工作、生活经历的简要记述。简历的作用主要体现在以下三个方面：

（1）对自荐信中的个人经历进一步说明和补充。简历与自荐信不同，简历叙述求职者的客观情况，而自荐信则主要反映求职者的主观情况和求职意向。

（2）详细介绍自己，让用人单位全面了解自己。简历的目的是支持求职信，让用人单位全面了解自己，用以证明自己能适合担当所求职位的工作。

（3）全面展示自己的能力和素质，给用人单位留下良好印象。求职简历不同于一般的工作简历。一般的工作简历只是个人的一份历史记录，仅反映自己曾经做过什么。而求职简历不仅要反映自己能做什么、做过什么，还要反映做得怎样，具备哪些能力和素质。

(二) 好简历的三个标志

一份好简历的标志是能够达到“信”“达”“雅”的要求。“信”就是简历中的内容要真实、可信，不能夸大其词或弄虚作假；“达”就是信息内容要客观、全面，充分展示自己的能力和才华，使对方详细了解自己，最终接受自己；“雅”就在形式上要整齐、美观、素雅，并突出专业化的特点，而不是杂乱无章或过分华丽的。

(三) 编写简历的基本原则

简历编写是一门艺术，没有固定的格式，但有一些内在的基本特点。

1. 简洁性原则

简历不应太长，简历越长，被认真阅读的可能性越小。所以，通常简历的篇幅为一页 A4 纸，只有某些高级专门人才在特殊情况下可以准备两页以上的简历，即使如此，也需在简历的开头部分作简洁清楚的资历概述，以方便招聘者在较短时间内了解基本情况。可以在简历页面上端写一段总结性语言，陈述你在事业上最大的优势，然后在工作介绍中将这些优势以工作经历和业绩的形式加以叙述。

研究表明，一般人平均每次集中注意力的时间不超过 15 分钟，而招聘者认真阅读一份文面不错、没有明显错误的简历，平均时间也仅为两分钟。超过这个时间，他就不耐烦了。通常情况下，人事主管不会去逐一仔细阅读求职者的简历，而是用一种“扫描”的方式浏览，每一份简历所花费的时间一般都不超过两分钟。所以，简历的编写要简洁清晰，便于阅读，同时要“突出个性、与众不同”，避免在“扫描”时不能吸引眼球而被淘汰。有些人将简历的这一特点概括为“十秒钟原则”。

2. 针对性原则

简历应该具有明确的针对性。

简历要有针对性的求职目标。一份简历要围绕一个求职目标。如果你有多个目标，最好写上多份不同的简历，在每一份上突出重点。换句话说，求职于不同的行业、不同的公司和不同的职位，提交的简历应该是不同的。这将使你的简历更有机会脱颖而出。

简历的内容要针对用人单位和职位的需求，展示自己的长处和优势。很多求职者对投简历的对象缺乏必要的认识和了解，根本不知道对方到底需要什么样的人，所以也就不能有针对性地分析自己的长处，简历投递时也只能乱投一气了。所以，对招聘单位的基本情况和招聘要求一定要清楚，要根据不同职位的要求在简历中突出自己与之相应的能力与经历。比如，一个公司需要求职者具备良好的英语口语能力，简历中应突出描述自己做过业余涉外翻译的经历；反之，一个公司需要求职者具备良好的销售业绩，简历中再大肆描述自己做过业余涉外翻译的经历则显然是不明智的。

简历忌含糊、笼统和没有重点。招聘方寻找的是适合某一特定职位的人，这个人将是数百名应聘者中最合适的一个，因此都想明确地知道你可以为他们做些什么。含糊、笼统的并毫无针对性的简历会使你失去很多机会。比如："我想在一个不断发展的单位里得到一个高收入的职位。"同样，如果简历的陈述没有职位和工作重点，或把你描写成一个适合于所有职位的求职者，比如说"我干什么都行"，你很可能将无法在任何求职竞争中胜出。所以，你要为你的简历定位，围绕一个求职目标来写。

3. 客观性原则

简历主要叙述求职者的客观情况，尽量避免主观性评价，采用客观性描述为宜。比如："我工作严谨且认真负责，在过去的工作中我有着出色的表现。"这样的说法是苍白无力的，难以令招聘者信服。不如直接提供客观的可以证明或者佐证求职者资历、能力的事实和数据。比如："2023 年在总公司中销售业绩排名第一。"为了客观，简历中要力求避免使用"我如何如何"的语句。

（四）简历的基本内容

简历包含求职者和应聘职位的相关信息，因个人情况不同，其内容有所差异，但是一般应包括以下方面的内容：

（1）标题。常用"简历""个人简历""求职简历"为标题。

（2）个人基本情况。也称为"抬头"或"个人名录"，包括姓名、年龄（出生年月）、性别、籍贯、民族、学历、政治面貌、学校、专业、毕业时间等。但个人基本情况的介绍并非越详细越好，对于有的项目，若用人单位没有特别要求可以省略。

（3）联系方式。一定要清楚地表明怎样才能找到你，写清楚区号、电话号码、E-mail 地址。有毕业生喜欢频繁地变换手机号码、E-mail，当用人单位需要和他取得联系的最关键时候，往往无法迅速找到他。在用人单位感到遗憾的同时，恐怕最遗憾的应该是毕业生本人。

（4）求职意向。简短清晰地表明本人对什么岗位、行业感兴趣。这部分内容必须回答"你想做什么？"或者"你能给公司提供什么价值？"等问题。最直接的方式就是写出职务名称。

（5）学习经历。主要是个人从高中阶段至就业前所获得最高学历阶段之间的经历，前后年月应该相接。

（6）学习背景。主要列出大学阶段的主修、辅修与选修课科目及成绩，尤其要体现与个人所谋求的职位有关的教育科目、专业知识。不必面面俱到（如果用人单位对个人在学校的学习成绩感兴趣，可以提供给他全面的成绩单，而用不着在求职简历中过多描述这些东西），但要突出重点，有针对性，使个人的学历、知识结构让用人单位感到与其招聘条件相吻合。

(7) 实习实训经历及所获得的技能。这是简历的核心部分，是反映高职学生生产实践能力和岗位适应能力的。因此，在简历中要把实习实训的项目名称、时间、地点及收获等简要写出来，把在企业顶岗实习经历、实习单位的评价等写出来，也要把课余时间参加的技能培训项目、时间、地点及所获取的技能等级等注明。用人单位从这些经历中可以全面了解求职者的实践技能和工作能力。

(8) 实践活动和社会工作经历。这也是简历的重要组成部分，可以与上面的内容合并在一起写。许多用人单位特别是大型企业，对毕业生综合素质的要求不断提高，虽然知道大部分毕业生都没有多少工作经验，但非常看重在校期间担任的社会工作、职务、组织（参加）活动的情况。勤工助学、课外活动、义务工作、参加各种各样的团体组织等经历都足以让用人单位从中发现求职者的志向、爱好、组织能力、领导能力、团队协作精神和吃苦耐劳精神等。

(9) 外语、计算机和其他水平。外语作为一种工具，计算机水平作为一种技能，越来越被用人单位重视。因此，毕业生除了在简历中写明已达到学校相关的教学要求外，也别忘了对取得的资格等级证书或在某方面的过人之处进行自我评价。如果已取得驾驶证，也可注明。

(10) 在校期间所获奖励。具体包括获奖学金、三好学生、优秀学生干部、优秀团员、社会实践优秀个人、优秀社团负责人等获得的时间、地点、级别。

(11) 附件。附件主要包括各种技能等级证书、荣誉证书及发表的论文等复印件。有的单位要求有加盖学校确认章的成绩单。

(五) 简历的主要格式

按外表形式来分，简历的格式可分为两类：表格式和半文章式。

1. 表格式

表格式简历就是用表格的形式列出自己的基本情况和学习、工作的经历等。这种简历完全以表格的形式出现，综述许多种资料，层次分明，使人一目了然，易于阅读。这一格式通常适用于年轻的大学生、缺乏工作经历但具有各种诸如所学课程、课外活动、业余爱好和临时工作等资格的求职应征者。表格式简历包括姓名、地址、联系方式、主要/技能/成就/经验、经历、受教育程度、个人资料、兴趣/爱好/特长、日期等栏目。

2. 半文章式

半文章式指的是表格和文章综合使用的一种格式。这种格式使用较少的资料表格设计，而使用几项长资料的记载，一般适用于资历丰富的求职者。

这种格式的简历，一般按照年月顺序，根据需要有选择地列出自己的学习、工作经历，做到条理清楚，充分表现自己的技能、品德。

除以上两种主要的常用格式之外，还有小册子式简历、时序式简历和职务式简历。

（六）编写简历需要注意的事项

（1）突出个性，独具特色。突出自己的特点，着力渲染与众不同的地方，把属于自己的地方说透。

（2）瞄准目标，有的放矢。应针对对方的要求，以简洁、明确的文字表述出对方希望了解的内容。

（3）精心策划，重点放前。先填外语、计算机水平等专业方面的特长；再写善于组织活动、搞宣传，长于书法、绘画等一般特长。

（4）主题突出，文字简洁。毕业生没有工作经验，重点可放在学业成绩、参与过的课外活动、实践、实习经历和各种资格证书上。

（5）根据情况，粘贴照片。照片在发式、穿着、打扮上要视工作性质而定，如谋求艺术、公关、外贸等工作，就要讲究一些；如果向学校、科研院所、政府机关、企事业单位求职，照片就要显得庄重、典雅、朴实一些。

（七）简历的使用

个人简历表一般可以在下列情况派上用场：

（1）在媒体上看到招聘广告时，可以寄出去。

（2）参加招聘或访问招聘人员的公司时，可以带几份去。

（3）拜托朋友帮忙寻找工作时，可以交给他们几份。

（4）面试时，简历表可以作为介绍自己的基本参考资料。

（5）面试后，可留几份供用人单位存档，或给有关人员传阅用。

（6）毕业后，可留给自己的学友、学弟作为参考资料。

四、其他证明材料

求职材料中还包括一些能够提供证明之类的材料，具体如下：

（1）毕业证书、学位证书、学历证书和结业证书。

（2）“优秀学生干部”“优秀团员”“优秀毕业生”“优秀志愿者”等荣誉称号。

（3）各类奖学金等级证书；英语四、六级证书、计算机等级证书；专业技能资格证书。

（4）社会实践、征文比赛、文艺演出、体育运动会、社团活动等获奖证书。

（5）在正式出版物上发表过的文学作品、科研论文、美术设计作品、音像制品、摄影作品及各类小制作、小发明、小创作的图像资料。

凡能反映自己各方面能力的材料应尽量齐全，让用人单位过目时最好有原件。

投递材料，则应选择具有代表性的证件复印件。

以上几种自荐材料各有侧重点：自荐信属概述性资料，主要表达个体的求职意向和工作态度；学校推荐意见属于评价性资料，能增加求职材料的可信度；个人简历属于确证性资料，主要说明自己过去的经历；证明材料属于成就性资料，强调个体具备的技能和取得的成绩。这几种材料组合在一起，要形成一份有个性特色、结构合理、质量较高的自荐材料。

大学生在制作自荐材料时要切记两点：一是内容要客观真实、全面准确。毕业生向用人单位推荐自己，要靠平时的努力，靠实事求是取胜，不能采取造假、夸大等手段蒙骗用人单位。现在用人单位招聘大学生，一般都很慎重，不但要看个人综合材料，还要面试和笔试，甚至要你动手操作。同时，还要校方考证。一旦发现有诈，将给你造成严重后果。二是推荐材料的形式要美观大方、干净整齐、层次分明。自荐材料只是自我推荐的一种手段和形式，要做到形式和内容的和谐统一。因此，自荐材料篇幅不宜过长；字迹应工整，如果字体一般，则用计算机打印为好；表面干净整洁，每页规格大小应基本一致；封面应写明材料名称、目录、求职人姓名、毕业院校及专业、学位和时间；内容排列次序和目录应保持一致，不缺页，无颠倒，给人一种办事认真、求职慎重的感觉。切记不可出现错字、别字。

第三节　求职技巧掌握

求职技巧是指一种让求职者更容易通过招聘面试的信息梳理、话术、衣着、行为技巧。如何顺利地通过面试，是大学毕业生在求职择业过程中非常关心的问题，也是大学生能否成功就业的重要环节。

【案例 10-3】

有什么样的思想准备就有什么样的结局

在一次面试中，招聘者先后问两位求职者同样的问题：“我们单位是集团公司，下面有很多子公司，凡被录用的人员都要到基层去锻炼，基层条件比较艰苦，请问你们是否有思想准备?”毕业生小乔说：“吃苦对我来说不成问题，因为我从小在农村长大，我很乐意到基层去，只有在基层摸爬滚打，才能积累丰富的工作经验，才能为今后的发展打下基础。”毕业生小孟则回答：“如果要到基层去锻炼，我会尽一切努力克服困难，好好工作，但作为年轻人，总希望有更好的发展机会，不知贵公司安排我们下去的时间多长？还有可能上来吗?”结果前一个学生被录用。

案例分析：招聘者通过考查求职者对问题的回答，进而了解求职者对工作的态度。毕业生小乔对下基层态度端正、诚恳，令主考官欣赏；而毕业生小孟在思想上明显有顾虑，尽管是人之常情，但他的回答却不合时宜。显然，毕业生小乔对应聘技巧的掌握要好于毕业生小孟。

一、面试的种类

（一）程序结构式

由主试者根据事先准备好的询问题目和有关细节，逐一发问。目的是获得有关应试者的全面、真实的材料，观察应试者的仪表、谈吐和行为。

（二）自由交谈式

主试者海阔天空地与应试者交谈，让应试者自由地发表议论，主试者原则上不进行中途干扰，在闲聊中观察应试者的能力、知识、谈吐和风度。

（三）综合式

这是招聘单位常用的一种面试方式，即事先定题与自由谈相互交融的方式。例如，在面试中，主试者用外语同应试者会话，以考查外语水平；让应试者写文字以考查书法和文笔；请应试者讲故事，以考查演讲能力。也许会要求应试者现场表演节目或操作计算机、打字机等，考查应试者的特长和实践能力。根据用人单位的要求，在面试的同时会采用笔试或动手能力测试，以达到了解应试者的理论知识和思维、反应，以及动作的协调、灵活程度。在实际面试过程中，主试者可能采取一种面试方式，也可能同时采用几种面试方式，从而达到全面考查的目的。

二、面试的内容

面试中，招聘者一般通过观察、提问、交谈、测试来了解、判断求职者的文明修养、形象、气质、知识水平、表达能力、应变能力、心理素质、敬业精神等。面试的目的是加深对你的考查，看你是否适合他们的需要。常见的面试内容包括以下几个方面。

（一）背景

主要考查毕业生的个人情况，如民族、性别、身高、视力等自然状况；家庭主要成员及社会关系；文化程度、毕业学校、所学专业、接受过哪些培训、从事过哪些工作、参过哪些社会活动；等等。

（二）智商

主要考查毕业生的知识层次，所学专业课程、学习成绩、外语和计算机水平等；业务能力，毕业论文、毕业设计以及实践能力、操作能力、组织领导能力、口才、文笔等。

（三）情商

考查毕业生的人生观、价值观、敬业精神、人际关系、适应能力、处理压力的能力和自我激励能力等。

（四）形象

考查毕业生的相貌、言谈、和仪表等。

三、面试前的准备

“机遇只垂青于有准备的人。”作为一名大学毕业生，求职面试时究竟该准备些什么？

（一）求职资料准备

毕业生在面试时大多与用人单位是初次接触，彼此了解少，况且在求职前尚未拿到毕业证书，这就需要毕业生通过具体的材料推荐自己，并向用人单位展示自己在校内外学习阶段的情况及其他情况。因此，在面试前要做好求职自荐材料的准备工作。

在做好自荐材料之后，必须将个人的有关情况，如个人简历、性格、能力、爱好、特长等反复阅读，使之烂熟于心，以使自己在面对主试者时胸有成竹，信心十足。

在准备好个人资料的同时，掌握用人单位的有关资料，如单位性质、主要职能、人员结构、知识层次、规模和效益；用人单位对应聘人员的专业、能力、个性等专门要求。如能了解到主试者的姓名、身份，以及他的性格、特长、爱好、面试时间和地点就更好。根据掌握的这些资料，结合自身的条件，有的放矢地采取策略，做好准备，面试的成功率就会很高。

（二）对可能谈论问题的准备

面试问题的准备，主要是对面试中可能提出的问题如何回答进行准备。不少大学生在面试前怯场、紧张，主要原因就是不知道面试中会提什么问题，怎样回答，心中无数，难免恐惧。因此，要能在面试中轻松回答，就必须在面试前做适当的准备。

尽管不同的用人单位和主试者所提的问题不同，但是大体是有一定规律可循的。具体问题如下：

（1）教育培训类的问题。例如，你从哪所学校毕业；什么系科；简单介绍一下你的专业；你最喜欢的功课是什么，为什么；简要谈一下你的毕业论文或毕业设计；你的学习成绩怎样，在班上第几名；等等。

（2）求职动机类问题。例如，为什么来本单位应聘；你对应聘职位有哪些期望；你在工作中追求什么；等等。

（3）相关经历类问题。例如，你参加过哪些社会活动；你在哪个单位实习，时间多长，承担什么工作；你在工作中曾经遇到过什么困难；等等。

（4）计划和目标类问题。例如，如果你被录用，你准备怎样开展工作；有什么想法；如果有其他的工作机会，你怎样看待；你打算沿着这条职业道路走下去吗；进入我们单位你准备工作几年；你是否确定在我们单位的奋斗目标；等等。

在面试中提出问题时一定要注意：一是把问题限制在询问应聘单位职位的范围内。对于在招聘告示、单位介绍中有的内容，主试者已经介绍过的内容，不要提问。二是回避敏感性的问题，如工资、福利等个人要求。三是不要问简单或复杂的问题。因为简单的问题会显得你无知，复杂的提问又有故意为难主试者之嫌。

对这些可能提及的问题要先进行认真思考，考虑怎样回答和什么时机提出，然后将其要点写下来，反复说几遍，并模拟正式面试的情景，自问自答进行演练。为了了解回答的效果，纠正失误，甚至可与同学、朋友、家庭成员试谈一下。经过如此认真的准备之后，就能胸有成竹地去参加面试，一定会取得好的效果。

（三）形象准备

第一印象的好坏往往会影响你面试的效果，不好的第一印象甚至会使你失去一次理想的就业机会。因此，在准备面谈时，必须事先花一些时间去思考如何包装自己，努力从穿着打扮和精神面貌两方面入手，在面谈中给对方留下良好的第一印象。大学毕业生千万不可在面试时大大咧咧、疏于准备、自以为是、不修边幅。文雅、得体的行为和谈吐，会给人们留下良好的第一印象。人的一举一动无不显露出他的知识修养、个性特点等。面试中个人的举手投足、一颦一笑，都传递着特定的含义，直接影响面试的结果。

四、面试的技巧

（一）倾听的技巧

倾听是一种重要的交流信息的技巧。面试的实质就是主试者与应试者进行信息交流从而获得全面评价的过程，形式上充分体现在“说”和“听”上。应试者注意听，不仅显示对主试者的尊重，而且你要回答主试者的问题就必须注意听，只有通过专心致志地听，才能抓住问题的实质，否则，就可能不得要领，答非所问。

因此，在面试中应注意以下几点：一是目光要专注，要有礼貌地注视主试者，并且要不时地与主试者进行眼神交流，视线范围大致在鼻以下、胸口以上，千万不要东张西望；二是尽量微笑，适时爽朗的笑声可令气氛活跃，但绝不可开怀大笑；三是用点头对主试者的谈话做出反应，并适时说些简短而肯定对方的话语，如对、可以、是的、不错等；四是身体要稍稍向前倾斜，手脚不要有太多的动作，如果漫不经心、表情木然，则必然伤害主试者的自尊心。

(二) 语言表达技巧

准确、灵活、恰当的口语表达是面试的关键环节。语言表达技巧有两个方面的要求，一是要做到表达清楚准确，通俗易懂；二是要做到动听，富有美感和吸引力。应试者在谈话中应着重掌握以下几种语言表达技巧。

1. 简明扼要

面试中的交谈受时间和内容的限制，不同于平时闲聊，绝不可漫无边际地“侃”。说话简明扼要，不完全是一个话语量多少的问题，即不能用说话的时间长短来判断。它包含数量和质量的关系，就是用最少量的话语传递尽可能多的信息。通常要注意三个问题：一要紧扣提问回答；二要克服啰嗦重复的语病；三要戒掉口头禅。

2. 通俗朴实

通俗朴实是对应试者语言风格的要求，即指应试者的语言要通俗易懂，朴实无华。在语言表达时，多用通俗词语，避免使用一些文绉绉、酸溜溜或过于书面化的语言，既不亲切，又很难懂，往往事与愿违。

3. 善于运用形象和幽默风趣的语言

用形象和幽默风趣的语言有助于增强语言的吸引力，融洽和活跃谈话气氛。在面试交谈中，应试者要注意避免使用枯燥、干瘪呆板的语言，尽量使自己的语言生动、形象、富有情趣，给主试者以感染力，增强对你的好感和信任。

4. 注意谈话的语速

面试时谈话的节奏快慢会影响语言表达的质量和效果，这就是应试者不可忽视的语速问题。面试中，语速最好不快不慢。一般来说，面试中的问答是平铺直叙的，如介绍自己的一些基本情况、谈谈对公司前景的看法等，按照你平时回答教师提问时的语速说话即可。口齿要清楚，注意句与句之间的间隔，使人感到思路清晰，沉着冷静。两人面谈且距离较近时声音不宜过大，集体面试而且场地开阔时声音不宜过小，以每个招聘者都能听清你的讲话为原则。

(三) 问答技巧

问答技巧包括应答技巧和提问技巧两个方面。面试中应试者主要是以回答主试者的提问来接受测评的，同时也应主动提出一些问题，来显示应试者的整体素质。

1. 应答技巧

(1) 先说论点后说论据。应试者在回答问题时，要考虑自己所说内容的结构，用尽可能短的时间组织好所说内容的顺序。一般来说，回答一个问题，应首先提出你对问题的基本观点，然后逐一用资料等论证、解释。这样做既有利于应试者自己组织材料，又可以给主试者一个思路清晰的好印象。

(2) 扬长避短，显示潜力。每个人都有自己的优势与不足，扬长避短不是弄虚作假，而是一种灵活性与掩饰性技巧的体现。如性格内向的人就容易给人留下深沉有余、积极开放不足的印象，因而面试时衣着宜穿得明快些，发言时主动、大胆、热情，可以弥补自己性格的不足。

2. 摆脱困境的技巧

应试者在面试时，往往由于过度的紧张、长时间的沉默或一时讲错话使自己陷入困境。遇到这种情况，若不能镇静应付，会影响自己整个面试的表现，因此面试时应掌握以下几方面技巧：

（1）克服紧张的技巧。一是以平静的心态参加面试，否则压力越大越紧张；二是面试前进行充分准备，不把一次面试的得失看得过重；三是深呼吸；四是不要急于回答提问者的问题，且回答问题时注意讲话的速度；五是如果的确非常紧张，最好的办法是坦白告诉主试者，“对不起，刚才有点紧张，让我冷静一下，再回答您的问题。”通常主试者会同情你，而你也因为讲了出来，觉得舒服多了，紧张程度也大为减轻。

（2）打破沉默的技巧。有时主试者长时间保持沉默，故意来考验应聘者的反应。遇到这种情况，许多应聘者因没有思想准备，会不知所措，陷入困境。应付这种局面最好的办法是预先准备一些合适的话题或问题，乘机提出来；或顺着先前谈话的内容继续谈下去，来打破僵局，走出困境。

（3）讲错话的应对技巧。通常主试者不会因为求职者一次小的失误而放过合适的人才。若说错的话比较严重，为防止误会，应在合适的时间更正道歉。例如：“对不起，刚才我紧张了点，好像讲错了，我的意思是……请原谅。”出错之后坦诚地纠正自己的错误，说不定会因此博得主试者的好感，还有希望录取。

（4）遇到不会回答问题时的应对技巧。在面试中，往往会出现紧张或预料不到的情况，如有些问题不会回答等，这时请不要掩盖，应当坦诚地说：“这个问题我不会回答。”千万不要支支吾吾，不懂装懂。坦然回答，反能给人留下诚实、坦率的好印象，进而反败为胜。当遇到一时不易回答的问题，可设法延缓时间，边想边回答，或者直截了当地提出“我想想，再回答您”。然后，在几分钟内很快地考虑怎么说、说什么，说不定会获得构思敏捷、思路清晰、能抓住要害的好评。

（5）做好碰壁的心理准备。对于涉世之初的大学毕业生来说，在面试时出现这样那样的失误是不足为奇的，关键是处于尴尬境地时如何摆脱。最好的办法是不要把它放在心上，集中精力回答好后面的问题。当主试者的提问触及你的弱点时，不要因此影响应试情绪，只要你保持良好的心态，树立坚定的信心，就能顺利通过面试。

五、面试后的追踪

（一）总结经验，以利“再战”

面试结束，应试者不能认为万事大吉。应试者要积极采取行动，设法让用人单位记住你，抓住时机，趁热打铁，真正把握成功的机会。面试结束后，应总结面试表现，或向同去的同学询问，或向有经验的师长求教：你在面试中给对方留下的印象如何，回答提问时存在什么问题，有些重要的情况是否遗漏了或未说清楚，等等。回忆一下有哪些失误，找出弥补的办法，尽快争取主动。

（二）保持联系，建立感情

面试结束后，求职者一定要积极主动地与用人单位保持联系，建立感情。即使这次不录取，下次也可以给你机会。联系的方法很多，可通过写信、打电话或登门表示感谢，询问情况，加深印象。礼多人不怪，在用人单位难以取舍之际，这些工作是有作用的。要尽量同面试人员、人事部主管等关键人物建立个人感情，询问、请教、闲谈，表明自己对企业所具有的价值和对工作的企盼和敬业精神。用开朗、热情来打动面试人员，不管对方态度积极还是冷淡，不到最后绝不放弃。

（三）加深印象，强化优势

设法让自己“引人注目”，让对方在难以取舍时能关注你、重视你、记住你，把面试时准备到的信息、资料、个人情况加以补充说明。向对方反复强调你的敬业精神和你对单位所具有价值的认识，要明确向对方表示，若你得到这份工作，会怎样加倍珍惜，努力做好工作。

（四）实地考察，争取试用

要利用多种渠道，想办法参观现场，调查研究，参加岗位实习。在实习中展示自我，不仅是了解用人单位、熟悉工作岗位的有利机会，而且有利于用人单位进一步了解你。因此，你要尽量表现好，要尊重领导、师傅、同事，为人真诚、礼貌、虚心请教；要遵守单位的各项制度，工作上要踏踏实实、任劳任怨、联系实际、学以致用，充分显示自己的专业能力。以此获得对方人员信任，争取试用以至录用。

总之，在你参加完第一次面试后，不管成败，都可能有第二次面试的机会，一试定乾坤的用人单位很少。请记住：你这次求职面试失败，证明下次有更好的职位面试在等你。经过自我评估并不断改进，下次面试你一定会胸有成竹，令人刮目相看。

【知识拓展】

职业信息筛选决定了就业质量

1. 职业信息的广度、效度和信度

广度是指职业信息渠道的多少，能否多方面、多角度收集信息，增加信息量；效度是指信息的各种要素是否齐备，尤其是时间上的要求及与切身利益相关的要素是否清晰；信度是指信息的可靠性。一般来说，学校、二级学院就业指导部门提供的信息信度较高，家长和亲友提供的信息效度较高，而同学之间就业信息的交流则扩大了信息的广度。

2. 要做到果断、灵活

由于确定决策与实施决策的时间差，客观形势可能发生了变化，甚至变化很大，这就需要大学生果断、灵活的决断。在这个阶段，学校老师和同学的帮助作用突出出来，而家长往往鞭长莫及。例如，在一次高校毕业生供需见面会上，由于用人单位的需求变化，学生需要当场决断，及时签订协议书。很多同学在老师的指导帮助下，果断决策，愉快地与用人单位签订了协议。也有不少同学犹豫不决，企盼征求远在他乡父母的意见，结果失去了择业的良机。

【学思融合】

作家柳青曾经说过："人生道路虽然漫长，但紧要处常常只有几步，特别是当人年轻的时候。"可以说，选择职业就是人生的紧要处之一，应当由同学们自己决断。大学毕业生的自我评价、自我分析、自我判断的能力已基本形成，完全可以自主择业。所谓外因，这里是指学校、家长、同学的帮助和影响。在分析信息、拟定和选择职业目标时，多听取亲友、老师、同学的意见，可以使决策更加趋于正确和可行。在处理二者关系上，大学毕业生既要防止固执己见、盲目择业的倾向，也要克服人云亦云、依赖他人、缺乏主见的倾向，力求在广泛征求意见的基础上，自主确定择业目标。

第十一章　职业礼仪与面试

学习要点

1. 掌握礼仪、职业礼仪和网络职业礼仪的概念与作用
2. 了解职业礼仪的基本内容
3. 理解职业礼仪在面试和职场中的重要性

中国素有“礼仪之邦”的美称，五千年悠久历史孕育了中华民族的礼仪文化。随着时代的变迁，人们汲取传统文化礼仪中的精华，同时还吸纳接收了部分西方礼仪文明，通过有机融合，逐渐完善和发展，职业礼仪已经成为人们步入现代文明社会的通行证。

第一节　职业礼仪概述

一、礼仪的概念与特征

（一）礼仪的概念

礼仪是人们在社会交往中受历史传统、风俗习惯、宗教信仰、时代潮流等因素影响而形成的，为人们所认同并遵守，以建立和谐关系为目的，在社会的各种具体交往中为表示互相尊重，在仪表、仪容、仪态、仪式、言谈举止等方面约定俗成的、共同认可的行为规范或准则的总和。

由于礼仪是人们在社会道德、习俗、宗教等方面的行为规范，所以它是人们文明程度和道德修养的一种外在的表现形式。礼仪也是人类文明的结晶，是现代文明的重要组成部分。它体现的是尊重，既是对人的尊重也是对己的尊重，这种尊重是同人们的生活方式有机、自然、和谐融合在一起的，成为人们日常生活和工作、社交中的行为规范。这种行为规范包含着个人的文明素养，也体现出人们的品行修养。对个人而言，礼仪是一个人思想水平、文化修养、交际能力的外在表现。

（二）礼仪的特征

1. 普遍认同性

所谓认同性，是指礼仪是全社会约定俗成的，是全社会共同认可、普遍遵守

的准则。一般来说，礼仪代表一个国家、一个民族、一个地区的文化习俗特征。但是，也有不少礼仪随着交流的日益频繁成为全世界通用的，具有全人类的共同性。比如，打招呼、问候、礼貌用语等大多是全世界通用的，只不过具体形式可能略有区别罢了。

2. 传承性

所谓传承性，是指礼仪形成的本身是一个动态的过程，是在风俗和传统的变化中形成的行为规范。在这种发展变化中，礼仪表现出继承和发展。离开了对本国、本民族既往礼仪成果的传承和扬弃，就不可能形成当代礼仪，这就是礼仪传承性的特定含义。礼仪作为一种人类文明的积累，将人们在交际应酬中的习惯做法固定下来，流传下去，并逐渐形成自己的特色，这不是一种短暂的社会现象，不会因为社会制度的变更而轻易消失。对于既往的礼仪遗产，正确的态度不应当是食古不化、全盘沿用，而应当在扬弃中继承和发展。因为，社会的发展和历史的进步使得众多的社交活动出现新特点、新问题，进而要求礼仪要有所变化，要与时俱进，不断推陈出新，以适应新形势下的新要求。

3. 规范性

所谓规范性，主要是指礼仪对具体的交际行为具有规范性和制约性。这种规范性本身所反映的实质是一种被广泛认同的社会价值取向和对他人的态度，它不仅约束着人们在一切交际场合的言谈话语、行为举止，使之合乎礼仪，也是人们在一切交际场合必须采用的一种通用语言，是衡量他人、判断自己是否自律、敬人的惯用形式。任何人在交际场合要表现得合乎礼仪，彬彬有礼，都应该无条件遵守礼仪。

4. 广泛性

所谓广泛性，是指礼仪在整个人类发展过程中普遍存在，并被人们广泛认同。可以说，礼仪无处不在，礼仪无时不在。

5. 特定性

所谓特定性，一方面是指礼仪形成的历史背景具有特定性。礼仪是在人类长期的交际活动实践中形成、发展、完善起来的，不可能完全脱离特定的历史背景臆造。另一方面，是指礼仪应用场合的特定性。礼仪，顾名思义，主要适用于交际场合，适用于普通情况下的人际交往与应酬。离开了这个特定的范围，礼仪未必适用。当所处的场合不同、身份不同时，所要应用的礼仪往往也是各有不同的，有时甚至差异还很大，这一点是不容忽视的。一般而言，适合应用礼仪的主要是初次交往、因公交往、对外交往等三种交际场合。

二、职业礼仪的概念与作用

（一）职业礼仪的概念

职业礼仪是指人们在职业场所中应当遵循的一系列礼仪规范。职业礼仪是在人际交往中，以一定的、约定俗成的程序、方式来表现的律己、敬人的过程，涉及穿着、交往、沟通、情商等内容。

从个人修养的角度来看，礼仪可以说是一个人内在修养和素质的外在表现。从交际的角度来看，礼仪可以说是人际交往中适用的一种艺术，一种交际方式或交际方法，是人际交往中约定俗成的示人以尊重、友好的习惯做法。从传播的角度来看，礼仪可以说是在人际交往中进行相互沟通的技巧。

（二）职业礼仪的作用

职业礼仪是个体形象的外在表现形式之一，职业礼仪的高低往往反映出一个人教养、素质的高低。学会这些礼仪规范，将使一个人的职业形象大为提升。

1. 引人注意

整齐统一的着装，挺拔饱满的精神形象，在职业往来中可以引起他人注意，为职业交往打下基础。

2. 让人喜悦

美好的仪态，真诚的微笑，在职业往来中可以让他人产生好感、喜悦，使其产生进一步与我们交往合作的愿望。

3. 使人接受

周到的礼节，得体的语言，在职业往来中可以让他人更乐意接受我们的想法和请求，从而促使职业活动顺利进行。

了解、掌握并恰当地应用职场礼仪有助于完善和维护职场人的职业形象，会使你在工作中得心应手，使你的事业蒸蒸日上，做一个成功的职业人。

【案例 11-1】

李小倩面试失利的原因是什么？

休息室里坐满了等候面试的人，有的人充满自信，志在必得；有的人紧张异常，一遍遍地背着自我介绍。李小倩穿着迷你裙，上身穿着露脐装，涂着鲜红的唇膏。面对众多的求职竞争者，李小倩不以为然地笑笑，从包里拿出化妆盒补妆，又用手拢拢头发，心想："我高挑的个子，白皙的皮肤，还有这身够靓的打扮，舍我其谁？"

主考官叫到李小倩的名字，李小倩轻盈地走进考场。按主考官的要求，李小倩开始做自我介绍：各位好！我是××学校××专业毕业的学生李小倩。在校期间，我的学习成绩优良，曾担任学生会文艺部部长。我还有很多业余爱好，如演讲、跳舞，我还拿过奖呢！对于我的公关才能和社交手腕是充满自信的。

一边说着，李小倩一边从包里拿出交谊舞大赛和校演讲比赛的获奖证书，化妆盒不小心跟着掉了出来，各式的化妆用品散落一地。她乱了手脚，慌忙捡东西，抬头对着考官说："不好意思！"

考官们不满地摇头。考官甲说：“小姐，麻烦你出去看一下我们的招聘条件，我们这里是研究所，你还是另谋高就吧。”

案例分析：李小倩面试失利，有以下几方面原因：一是穿着打扮方面不得体，她去应聘的单位是研究所，却穿着迷你裙、露脐装，涂着鲜红的唇膏，这适合出现在娱乐场所而不适合职场女性，尤其不合适需要严谨、干练形象的研究所；二是准备的求职资料不是符合应聘单位职业需要的特长；三是举止言行缺乏必要的职业礼仪，显得与应聘单位的职业特色格格不入。因此，面试失利是在情理之中。

三、职业礼仪的基本内容

（一）着装礼仪

着装礼仪是指人们在社交场合、商务场合以及各种场合所应该穿着的服装打扮等。每一位员工的形象均代表其所在单位的形象及企业的规范化程度，也反映了个人的修养和见识，因此职场人的着装必须与其所在单位形象、所从事的具体工作相称，做到男女有别、职级有别、身份有别、职业有别、岗位有别。

1. 职业女士的着装仪表

职业女士的着装仪表必须符合本人的个性、体态特征、职位、企业文化、办公环境、志趣等。

女士的穿着打扮应该灵活有弹性，要学会搭配衣服、鞋子、发型、首饰、化妆，使之完美和谐。应选择一些质地好的套装，以套装为底色来选择衬衣、毛线衫、鞋子、袜子、围巾、腰带和首饰。

衣服要讲究做工和面料，最好采用一些天然面料，如棉、丝、羊毛等。每个人的肤色、发色、格调不同，适合的颜色也不同，要选择一些合适自己颜色的套装。稳重的颜色包括海军蓝、灰色、炭黑、淡蓝、黑色、栗色、锈色、棕色、驼色；要避免浅黄、粉红、浅格绿或橘红色。

衬衣：浅色衬衣较为稳重；脖子长的女士不适合穿 V 型衫；买一两件戴花边的衬衣；体型较丰满的女士最好穿一身颜色一样的衣服。

发型和指甲：随着妇女年龄的增长，头发也应该相应剪短一些，一般来说妇女到了 30~35 岁这个年龄，最多把头发留到肩部。指甲油的颜色不应该选得太亮丽，这样会使别人的注意力只集中在你的指甲上。应选一些和你口红相配的颜色。有些人喜欢透明色指甲油，它是大众都能接受的颜色。

鞋子：不要把旅游鞋穿进办公室；以中跟或低跟皮鞋为佳；保养好你的鞋，把它擦得锃亮。鞋的颜色必须和服装的颜色相配，一般鞋子的颜色应当深于衣服颜色，如果比服装颜色浅，那么必须和其他装饰品颜色相配。

首饰和装饰品：职业女士希望表现的是她们的聪明才智、能力和经验等，所以首饰必须是款式简单的，不要带摇摆晃动的耳环或一走路就会发出声响的项链，这样非常影响专业形象。耳环是很重要的首饰，但不宜太长太大；虽然眼镜让人感觉文气，但它抹杀了女性特有的亲和力，比较古板刻薄，尽量戴隐形眼镜；手提包要精小细致，不要塞得满满的；皮包、围巾颜色要跳一些。

化妆：化妆可以让女性更具魅力，但不宜浓妆艳抹。过度打扮会让人感到做作，过于简单会让人感到随便。总之有一个原则：每天的打扮必须考虑当天要会见的人，要符合他们的身份和审美。

2. 职业男士的着装仪表

西服套装是男士正式场合的必备服装。在穿西装时，要把握以下着装要领和礼仪规范：

（1）正装西服，首选深蓝色系或深灰色系、无明显花纹图案、单色、单排扣西服套装。

（2）西装的衣领不要过高，袖子不要过长，手臂自然下垂时，袖长应盖住腕骨，但不要长于虎口。

（3）搭配西装的衬衫，以白色无任何图案者最为正式，其次为浅蓝色等庄重素雅的色彩。

（4）穿西装之前，要把上衣左袖口的商标拆掉。

（5）西装纽扣系法要得当。穿双排扣西装时，所有纽扣都要扣好；穿单排扣西装时，最下面的纽扣通常不扣。

（6）领带系好后，站直时领带尖应正好落在腰带扣范围内，扣上西服上衣扣子之后，领带夹不能外露。

（7）西裤的裤线要笔直、自然地垂到鞋面正中，裤脚前面盖住鞋面中央，后至鞋跟中央。系好皮带后，皮带扣与西裤门襟拉链在一条纵向直线上。

（8）在正式场合，不可当众随便脱下西装上衣，也不可把衣袖挽上去，更不可卷起裤筒。

（9）穿西服套装时必须穿皮鞋，没有任何图案和装饰的黑色系带皮鞋最为正式；搭配的袜子应当与西裤颜色基本一致，切忌黑皮鞋配白袜子。

（二）会面礼仪

介绍和被介绍是社交中常见而重要的一环。介绍的规格虽不必严格遵守，但了解这些礼节就等于掌握了一把通往社交之门的钥匙，对职场新人无疑更是入门指南。

1. 正式介绍

在较为正式、庄重的场合，有两条通行的介绍规则：一是将年轻的人介绍给年长的人；二是将男性介绍给女性。在介绍过程中，先提某人的名字是对此人的一种敬意。假若女方是你的妻子，那你就先介绍对方，后介绍自己的妻子，这样才能不失礼节。再如，将一位年纪较轻的女同志介绍给一位德高望重的长辈，则不论性别，均应先提这位长辈，可以这样说：“王老师，我很荣幸能介绍王琳来见您。”

在介绍时，最好姓名并提，还可附加简短的说明，如职称、职务、学位、爱好和特长等。这种介绍方式等于给双方提示了开始交谈的话题。如果介绍人能找出被介绍双方的某些共同点就再好不过了。如甲和乙的弟弟是同学，甲和乙是相距多少届的校友等，这样无疑会使初识的交谈更加顺利。

2. 非正式介绍

如果在一般的、非正式的场合，则不必过于拘泥礼节，假若大家又都是年轻人，就更应以自然、轻松、愉快为宗旨。介绍人说一句“我来介绍一下”，然后即作简单的介绍，也不必过于讲究先介绍谁、后介绍谁的规则。最简单的方式恐怕莫过于直接报出被介绍者各自的姓名。也不妨加上“这位是”“这就是”之类的话以加强语气，使被介绍人感到亲切和自然。在将一个朋友向众人作介绍时，说句“诸位，这位是李琳”也就可以了。

在非正式的聚会上，你可采取一种“随机”的方式为朋友作介绍：“李琳，你认识王洋吗？”然后将李琳引见给王洋。即便李琳是你的好友，也不应在作介绍时过于随便，比如“李琳，过来见见王洋”。这种介绍让人听起来觉得缺乏友善和礼貌。在聚会中，友好、愉快的气氛比什么都重要。作介绍时，一般不要称其中某人为“我的朋友”，因为这似乎暗示另外一个人不是你的朋友，显得不友善，也不礼貌。除非特殊情况，人们一般不习惯毛遂自荐，主动地自报姓名。如果你想知道某人的名字，最好先找第三人问一问：“那位穿西装的是谁？”其后在你和这位穿西装的李琳见面时就可以说：“你好，李琳。”无论如何不要莽撞地问人家：“你叫什么名字？”这显得唐突。如果万不得已也应说得婉转一点：“对不起，不知该怎么称呼您？”

3. 自我介绍

有时企业家为了某事需要结识某人，在没有人介绍的情况下可以直截了当地自我介绍：“我叫李琳，我们曾在广州见过一面。”或者：“你是王洋吧，我是李琳，你弟弟的朋友。”如果能找出你和对方的某种联系作为介绍时的简注，这固然再好不过了，但即使是素昧平生也没什么关系，只要你能彬彬有礼，对方自然也会以礼相待。

4. 问候寒暄

当介绍人作了介绍以后，被介绍的双方就应互相问候：“你好！”如果在“你好”之后再重复一遍对方的姓名或称谓，则更不失为一种亲切而礼貌的反应。对于长者或有名望的人，重复对其带有敬意的称谓无疑会使对方感到愉快。如果由你负责出面组织一个聚会，届时你就应站在门口欢迎来客。如果是正式一点的私人聚会，女主人则应站在门口，男主人站在她旁边，两人均须与每一位来客握手问候。按现代西方礼节，当一位妇女走进房内，在座的男子应起立为礼。但若在座之中也有妇女的话，则此礼可免，这时只需男女主人和其家人起身迎客就行了。一般来讲，男子应等女子入座后自己再就座。如果有位女子走过来和某男子交谈，他就应站起来说话。但如果在某种公共场所，如剧院、餐馆等，也不必过于讲究这种礼节，以免影响别人。

（三）握手礼仪

握手是人与人的身体接触，能够给人留下深刻的印象。当与某人握手感觉不舒服时，我们常常会联想到那个人消极的性格特征。强有力的握手、眼睛直视对方将会搭起积极交流的舞台。女士们请注意：为了避免在介绍时发生误会，在与人打招呼时最好先伸出手。记住，在工作场所男女是平等的。

（四）电梯礼仪

电梯虽然很小，但是在里面的学问不浅，充满着职业人的礼仪，能看出人的道德与教养。

伴随客人或长辈来到电梯厅门前时，先按电梯按钮；电梯到达门打开时，可先行进入电梯，一手按住开门按钮，另一手按住电梯侧门，请客人们先进；进入电梯后，按下客人要去的楼层按钮；行进中有其他人员进入，可主动询问要去几楼，帮忙按下。电梯内尽可能侧身面对客人，不用寒暄；到达目的楼层，一手按住开门按钮，另一手做出请出的动作，可说："到了，您先请！"客人走出电梯后，自己立刻走出电梯，并热诚地引导行进的方向。

上下班时，电梯里面人非常多，先上来的人要主动往里走，为后面上来的人腾出地方，后上的人要视电梯内人的多少而行，当超载铃声响起，最后上来的人主动下来等下一趟。如果最后的人比较年长，年轻人们要主动要求自己下电梯。

（五）餐饮礼仪

身为白领阶层，一些商务性的工作餐是避免不了的。然而，怎样以正确的礼仪吃顿工作餐，却并不为很多人所知晓。一些大公司、大客户，甚至通过工作餐，很容易地对某人的教育程度和社会地位迅速作出判断。而且在某些餐厅必须遵守一些最严格的规定，因此在这方面应该具备一些简单的知识，有正确的举止和饮食方式，以免出丑或使客人尴尬。

1. 衣着

晚餐可以是商务性质的也可以是社交性质的，不管是哪一种，都有正式、非正式之分。如果你应邀参加晚餐，但不知道是不是正式的，你应当直接问清楚。如果最后仍无法得知，那你就要以参加正式宴会的形式来着装，以免引起任何不愉快和惊讶的意外。

2. 邀请和受邀

邀请异性就餐，最好是午餐而不是晚餐。如果口头邀请你，你应给予口头答复。如果正式向你发出请帖，你应书面答复。谢绝商务性的邀请，应以业务的理由予以婉拒（如工作太忙、有另一个工作餐等）。不要以私人事务为由予以谢绝，因为这样会使人认为你的活动受私生活的约束而无法将时间倾注于工作上。

3. 餐馆的选择

要避免选择有约会性质的餐馆，最好在适宜商务会谈的餐馆进行。

除了重要的菜系餐馆（如粤菜、沪菜或西菜）外，你还应预先选定两到三家你特别喜爱的餐馆，这样领班很快就会了解你的习惯，为你预留最好的席位，即使在你没空预定时也会为你找到一张桌子。你的客人会因为领班对你的服务而留下深刻印象。

4. 座位

根据礼仪，最舒服的位子总是留给最重要的人。如果桌子位于角落里，你的客人的座位应当背墙，以便他能看到整个大厅或者看到最好的景色。

5. 饮酒

如果在你的餐巾前有四个杯子，你应按十分明确的规矩用大杯盛水，用中杯盛红葡萄酒，用小杯盛白葡萄酒，而用高脚杯盛香槟酒。如果你做东或者由你斟酒，那你应先斟自己的酒杯（仅倒满杯底）尝一尝。如果你认为酒味的确不佳（有瓶塞味或明显的醋味），那你应该要求换一瓶同一产地的酒（常常很难做到）。如果酒好，那你就按地位重要的顺序为你的客人斟酒。喝了酒后要用餐巾抹一下嘴唇。

6. 吃饭

如果吃西餐，餐桌上摆有好几副用于吃鱼的、吃肉的、吃色拉的和吃甜食的餐具。如果你不知道要选用哪种，那么你只要记住：先要用靠最外边的餐具（吃色拉），然后用最近的（吃甜食）；左手拿叉，右手拿刀，食指稍微按在刀背上。不要用刀切面包而要用手掰面包，不要用刀而要用叉来切色拉。

如果吃中餐，特别要注意筷子的用法。中国人使用筷子用餐是从远古流传下来的，古时又称其为“箸”，日常生活当中对筷子的运用是非常有讲究的，甚至形成了筷子文化。一般我们在使用筷子时，正确的使用方法是用右手执筷，大拇指和食指捏住筷子的上端，另外三个手指自然弯曲扶住筷子，并且筷子的两端一定要对齐。在使用过程当中，用餐前筷子一定要整齐码放在饭碗的右侧，用餐后则一定要整齐地竖向码放在饭碗的正中。

（六）道歉礼仪

即使你在社交礼仪上做得完美无缺，你也可能会在职场中冒犯别人。如果发生这样的事情，真诚地道歉就可以了，不必太动感情。表达出你想表达的歉意，然后继续进行工作。将你所犯的错误当成件大事只会扩大它的破坏作用，使得接受道歉的人更加不舒服。

第二节　网络职业礼仪

网络礼仪是互联网使用者在网上对其他人应有的礼仪，真实世界中，人与人之间的社交活动有不少约定促成的礼仪，在互联网虚拟世界中，也同样有一套不成文的规定及礼仪，即网络礼仪，供互联网使用者遵守。忽视网络礼仪的后果是可能会对他人造成骚扰，甚至引发网上骂战或抵制等事件，虽然不会像真实世界动武般造成身体损伤，但对当事人也不会是一种愉快的体验。

一、网络基本礼节介绍

（一）记住别人的存在

互联网给予来自五湖四海的人们一个共同的地方聚集，这是高科技的优点，但往往也使得我们面对着电脑屏幕忘了我们是在跟其他人打交道，我们的行为也因此容易变得更粗劣和无礼。你当着他人的面不会说的话，在网上也不要说。

（二）网上网下行为一致

在现实生活中大多数人都是遵纪守法的，在网上也同样如此。网络不是法外之地，网上的道德和法律与现实生活是相同的，不要以为在网络是法外之地。

（三）尊重别人的时间和带宽

在提问题以前，先自己花些时间去搜索和研究。很有可能同样的问题以前已经被问过多次，现成的答案随手可及。不要以自我为中心，别人为你寻找答案需要消耗时间和资源。

（四）分享你的知识

当你提了一个有意思的问题而得到很多回答后，特别是通过电子邮件得到回答以后，你应该写份总结与大家分享。

（五）平心静气地争论

争论是正常的现象。要以理服人，不要人身攻击。

（六）尊重他人的隐私

别人与你用电子邮件交流或私聊的记录应该是隐私的一部分。如果你认识的某个人用笔名上网，在论坛未经同意将他的真名公开也不是一个好的行为。如果不小心看到别人打开电脑上的电子邮件或秘密，你不应该到处传播。

（七）宽容对待小错

当看到别人写错字、用错词、问一个低级问题或者写篇没必要的长篇大论时，你不要在意。如果你真的想给他建议，最好发私信。

二、网络职业礼仪

在网上聊天、制作个人主页、网上购物、电子公告板、网络游戏等时都要注意，在网上和人聊天时，进入聊天室应先打招呼；不必使用真名，可用表现自身特点的别名，但一旦确定，不宜频频更换，以便交流；交谈时用到英文时不可全部用大写英文字母等。此外，人们在社交场合交谈的一般规则都适用于网上聊天。

（一）撰写和发送邮件

为节约办公费用，在撰写电子邮件时，尤其是撰写多个邮件或邮件内容较多时，应在脱机状态下撰写，并将其保存于发件箱中。然后在准备发送时再连结网络，一次性发送。在写有关英文电子邮件时，不要清一色采用大写字母，否则有情绪过激之嫌。

在电子邮件的“主题”或“标题”一栏，一定要写清楚信件的主题或标题，多几个字没关系，如果什么都没写，对方可能会认为是恶意邮件在没被打开之前就删除了。

在撰写内容时，应遵照普通信件或公文所用的格式和规则。邮件正文要简洁，不可长篇大论，以便收件人阅读。用语要礼貌，以示对收件人的尊重。

一定要注意不要在无意间泄露了商业机密、国家机密，而造成无可挽回的损失。

如果你在发信时还另外加了“附件”，一定要在信件内容里加以说明，以免对方不注意时没看到。

（二）接收和回复电子邮件注意事项

1. 定期打开收件箱查看邮件

一般应在收到邮件后的当天予以回复，以免遗漏或耽误重要邮件的阅读和回复。如果涉及较难处理的问题，要先告诉对方你已收到邮件，来信处理后会及时给以正式回复。

2. 谨慎打开陌生邮件

对于那些标题稀奇古怪或者干脆没有标题、发信人的邮件，不要出于好奇而随便打开。在各种病毒肆虐的今天，“中毒”的概率实在太高了。

3. 注意保存和删除电子邮件

因为信箱空间总有限，而且现在有些网站还对邮件进行了自动删除管理，所以定期整理收件箱、对不同邮件分别予以保存和删除非常重要。

对于有价值的邮件，必须保存，或者在复制后进行专门保留。

对于和公务无关的垃圾邮件或者已无实际价值的公务邮件，要及时删除。

（三）信息的查阅

在查阅信息的时候应当遵守以下规则。

1. 目标明确

对于所需查找的内容和相关网址，应提前做好准备，有明确的目标，以便上网后直奔“主题”。

2. 用语规范

在网上与人交流时，应当用语文明规范，不得以为别人看不到你而随便使用攻击性、侮辱性的话。

3. 自我保护

为维护自身形象、单位形象，不要以单位或部门名义在网上任意发表个人对时事的见解，尤其不能泄露商业机密、国家机密。不要随便在网上留下单位电话、个人联系方式、个人消息，以免被骚扰。

三、注意保密和“防黑”

除了收发电子邮件和查阅资料外，互联网络还能向人们提供其他各种服务，如网上聊天、制作个人主页、网上购物、电子公告板（BBS）以及火热的网络游戏等。运用互联网进行工作时，要做到注意和防范。

（一）注意保守秘密

在使用网络时不能泄露机密。尽量避免谈及和自己知道的和机密相关的话题，无论是国家机密还是商业机密；更不能故意泄密。

（二）防范“黑客”攻击

“黑客”往往凭借其高超的计算机知识和网络操作技能，进入重要一些单位的服务器，或擅改程序，偷窥机密，造成网络混乱，并从中谋利。我们必须正确使用网络技术，既不能充当“黑客”，同时又必须防范“黑客”。对于利用网络进行犯罪的事实，我们知道后应该及时向公安机关举报。

第三节　求职面试礼仪

一、求职礼仪的概念与作用

（一）求职礼仪的概念

求职礼仪是公共礼仪的一种，它是求职者在求职过程中与招聘单位接待者接触时应具有的礼貌行为和仪表形态规范，它通过求职者的应聘资料、语言、仪态举止、仪表、着装打扮等方面体现其内在素质。

（二）求职礼仪的作用

面对当前人才流动越来越频繁、求职竞争越来越激烈的现实，怎样找到一份称心如意的工作，成为困扰求职者的问题。所以，每位求职者都必须重视自己、把握自己，并结合个人的实际条件去择业。求职者除了要具备良好的专业素养外，掌握一些礼仪惯例和技巧是非常必要的，有时这些礼仪形式甚至会起到举足轻重的作用。

1. 促进求职的顺利进行

多年来，许多用人单位在招聘新员工时一般会比较看重应聘者的学历、文凭、工作经历与经验等背景优势。随着社会的进步与发展，已有越来越多的单位开始对求职者的现实表现及个性特质与礼仪素养等个人综合素质给予更多的关注。在同等背景条件下，为人谦和、礼数周到者往往更容易得到用人单位的肯定，促进求职的顺利进行。

2. 展现良好的个人素质

在求职的过程中，正确运用礼仪，不仅可以使人在求职中充满自信、胸有成竹、处变不惊，而且可以在细节中充分展示求职人员的良好教养与优雅的风度。除了良好的谈吐举止外，令人舒服和喜爱的外表也是极为重要的。清爽润泽的妆面不仅让人觉得朝气蓬勃，更能在无言中显示出良好的个人修养和富于个性的审美情趣。如果妆面能够与投报单位的职业特征巧妙结合，则更能表现出你的机智与灵活。

3. 帮助赢得更好的机会

面对竞争越来越激烈的就业市场，求职择业的成败和礼仪有着密不可分的关系。选择职业、应聘求职，要想力挫群雄，赢得更好的机会，除了要具有良好的专业素养外，掌握必要的求职礼仪及其技巧是成功的必备条件。在特定的情形下，后者甚至起着关键的作用

【案例 11-2】

总经理为什么录用了小孙?

某大公司招聘总经理助理，由总经理亲自面试。应聘者小钱来到总经理办公室。总经理一见到小钱就说："咱们好像在一次研讨会上见过，我还读过你发表的文章，很赞赏你所提出的关于拓展市场的观点。"小钱一愣，知道总经理认错人了。但转念一想，既然总经理对那人那么有好感，不如将错就错，对我肯定有好处。于是就接着总经理的话说："对。我对那次研讨会也记忆犹新，我提出的观点能对贵公司有帮助，我感到很高兴。"

第二个来应聘的是小高，总经理对他说了同样的话。小高想：真是天助我也，他认错人了。于是说："我对您也非常敬佩，您在那次研讨会上是最受关注的对象。"

第三个来应聘的是小孙。总经理再次说了同样的话。但小孙一听就站起来说：

“总经理先生，对不起，您认错人了。我从来没有参加过那样的研讨会，也没有提出过拓展市场的观点。”总经理一听就笑了，说：“小伙子，请坐下。我要招聘的就是你这样的人，你被录用了。”

案例分析：同样的问题，不同的回答，这个问题可以说是总经理下的一个套，其他人为了达到应聘成功的目的，明知总经理可能认错人了，却想就此套上近乎，只有小孙选择实事求是地回答。求职者在求职中要遵循实事求是的原则，面试时，回答主考官提出的问题时要根据自己的情况谨慎作答，既要自信，又要坦诚、简洁并合情合理。

二、求职礼仪的原则

无论在求职前、求职中还是求职结束后，求职者都应适当运用求职礼仪，提升自身形象，达到求职成功的目的。求职礼仪的使用也应遵循一定的原则。

（一）诚信原则

求职者在求职中要遵循实事求是的原则，对提供的求职材料内容要真实，突出自己的优点、优势时不可浮夸，任何弄虚作假和自吹自擂，从长远看对本人都将产生不利的影响。面试时，回答主考官提出的问题时要根据自己的情况谨慎作答，既要自信，又要坦诚、简洁并合情合理。

（二）规范原则

求职是一件较正式的社会活动。在求职过程中的求职材料要求完整、简洁，通篇不得出现文字或语法错误及其他涂改擦痕；求职用语要求措辞准确、礼貌谦和；求职服饰要求与职业角色相吻合，力求做到端庄、规范、整洁且便于行动等。求职礼仪的规范性是求职成功的基本保证。

（三）灵活原则

由于求职单位不同，求职者在准备求职内容及面试方法都会存在一定的差异性。例如，小王到某广告公司应聘，在应聘前做好了充分的准备，面试当天还特意选了职业套裙，可是求职却以失败告终。人事经理这样形容：我们要招聘一个具有时尚气息、具有青春活力的设计师，而不是老成的办公室文员。由此，我们可以看出，求职应该具有针对性，需要根据不同的环境要求做适当的调整。

作为一个求职者，就求职的阶段来说，良好的修养并不仅仅靠面试时的印象表现出来，还应包括其他方面，如求职信和简历、心理准备及面试后续礼仪等。在求职过程中，注意自己的行为举止，表现出自己良好的专业知识和修养，才能获得求职的成功，拥有一份称心如意的工作。

三、面试的基本礼仪

【案例 11-3】

小吴在应聘中出了什么问题？

小吴好不容易才通过了用人单位的招聘程序，几道关下来，还算比较顺利，最后一关是与用人单位领导面谈。面谈中，尽管领导曾当场提示他："不要着急，放松些。"但他急于求成，竟没有注意，常常领导的话还没有说完，就急于抢着说出领导要表达的意思，并按照自己的理解做了回答。谈话很快结束了，小吴回到学校等这个单位的消息。可是，过了预定的日期，他没有收到任何消息。

案例分析：所谓欲速则不达，无论是因为紧张还是其他原因，小吴并没有完全弄懂用人单位领导的意思，就急于抢话表达自己理解的行为，这是很不礼貌的，也触犯了面试时的交谈礼仪禁忌。

（一）面试时的时间礼仪

面试时一定不能迟到，由于交通状况无法掌握，最好提早出门，比原定时间提前 5~10 分钟到达面试地点，如迟到，通常有 70%的概率不利于获得工作，有 50%的概率失去工作。

例如，有一位小姐到一家电器公司应聘文秘一职，公司通知她上午 9 点进行面试，可是那天她出门前打扮得太久，耽误了时间，加上路上堵车，结果整整迟到了 40 分钟，她到达后，工作人员扬起手上一堆报名表对她说："小姐，你不适合做文秘，只适合做老总。"

如果早到可先熟悉应聘单位附近的环境并整理仪容，但如果早到 10 分钟以上，千万别在接待区走来走去，可在僻静处静候。

（二）面试时的仪态礼仪

在面试中，面试者应该特别注意自己的走姿、入座、站姿、坐姿、表情和手势等。

1. 面试时的走姿

面试时重要的是自信。这种自信可以通过你的走姿表现出来。现在，越来越多的公司强烈地意识到走姿的重要性。自信地走姿应该是：身体重心稍微前倾，挺胸收腹，上身保持正直，双手自然前后摆动，脚步要轻而稳，两眼平视前方。步伐要稳健，步履自然，有节奏感。需要注意的是，如果同行的有公司的职员或接待小姐，你不要走在他们前面，应该走在他们的斜后方，距离 1 米左右。

2. 面试时的入座

进入室内前应先敲两下门，等对方答应"请进"时方可进入，然后向对方行点头礼或鞠躬礼后，再关上门。进门后，可以在考官请你入座时入座，注意要坐在指定的位置上，不要大大咧咧随便拉过椅子就坐下，这样会令考官觉得你很粗鲁。如果主考官要求你坐在他的对面，不要正对着他，可以稍靠侧一点。走到椅子旁边时，应恭敬地自我介绍“我是某某”，当对方请你坐下时，说声“谢谢”再坐下。如果对方未请你坐下，应礼貌地询问“我可以坐下吗?”，然后等待主考官示意后才可就座。

3. 面试时的站姿

站姿给人的印象非常重要。人们往往认为其简单而忽略它的重要性。站立应当身体挺直、舒展、收腹，眼睛平视前方，手臂自然下垂。这样的站姿给人一种端正、庄重、稳定、朝气蓬勃的感觉。如果站立时歪头、扭腰、斜伸着腿，会给人留下轻浮、没有教养的印象。

4. 面试时的坐姿

面试时的坐姿要端正大方，不能驼背，更不能靠在椅背上贪图舒服。许多人养成了瘫坐的习惯，在面试时一下子就表现出来了。正确的坐姿从入座开始，入座的动作要轻而缓，不要随意拖拉椅子，身体不要前后左右晃动，背部要与椅背平行，沉着、安静地坐下。落座后，上身要保持直立状态，既不前倾，也不后仰。双手自然下垂，肩部放松，五指并拢。男女的坐姿还有一定的区别：男士可以微分双脚，这样给人以自信、豁达的感觉，双手可以随意放置；女士一般要并拢双膝，或者小腿交叉端坐，这样给人端庄、矜持的感觉，双手一般要放在膝盖上，表现出你良好的精神状态。

5. 面试时的表情

在面试中，应注意保持自信的微笑，不要紧张。应试者应当与主考官保持目光接触，以表示对主考官的尊重。目光接触的技巧是：盯住主考官的鼻梁处，每次 15 秒左右，然后自然地转向其他地方，例如望向主考官的手、办公桌等其他地方，然后隔 30 秒左右，再次望向主考官的鼻梁处。切忌目光犹疑，躲避闪烁，这是缺乏自信的表现。

6. 面试时的手势

在面试中，还可以通过一些肢体语言如点头或手势来适当表示你的看法和个性，但不要表现得太过夸张。当自信由内而外散发出来时，考官也一定会被你的自信所感染从而更加乐意聘用你。同时，要杜绝习惯性的小动作，如抓耳挠腮、随手玩弄小物件、不停揉搓手指、伸舌头、频繁地耸肩、手舞足蹈或左顾右盼等，这样会显得你不够庄重，并且经验丰富的考官也可以从你的小动作中看出你的自信心不足、不成熟。

7. 面试结束

在一般面试者看来，主考官向你表示面谈结束，求职面试的全过程就结束了。

其实不然，这只是面谈的结束，求职还没有结束。此时此刻，作为求职者的你万万不可大意，认为大功告成或没有希望了。面谈结束后的礼仪同样对你很重要，也许可以扭转你的不利局面，在困境中重新获得生机。面试结束后，行礼、握手后再离开，离开时要先采用“后退步”的走法，然后离开。注意，直到离开公司所有人的视野后，你的面试才结束。

（三）面试时的交谈礼仪

交谈是求职面试的核心。面试是与面试官交谈和回答问题的过程，在这个过程中要根据自我介绍和交谈内容控制音量的大小、语速的快慢、语调的委婉或坚定、声音的和缓或急促，在抑扬顿挫之中表现出你的坚定和自信。如果装腔作势，会给人一种华而不实、矫揉造作的感觉。

1. 交谈中的嗓音

从嗓音可以看出一个人是否紧张、是否自信等，平时应多练习演讲、交谈的艺术，控制说话的语速，不要尖声尖气或声细无力，应保持音调平静，音量适中，回答简练，不带“嗯”“这个”等无关紧要的习惯语，这些都显示出在自我表达方面不专业。

2. 交谈中的口齿发音

讲话要言简意赅，通俗易懂。不可用考官听不懂的方言或行话，不要为了显示自己而只顾使用华丽、奇特的辞藻，这样会很难顾及语言的逻辑性和通顺性，反而使人感到你用词不当、逻辑思维能力差。此外，急于显示自己的妙语惊人，往往会忽略自己的语言过于锋利、锋芒太露而显得有些猖狂。

3. 交谈中要掌握和控制语速、语调

一般情况下，语速掌握在每分钟 120 个字左右为宜，要注意语句间的停顿，不要滔滔不绝而让人应接不暇。语调是表达人的真情实感的重要元素，要通过语调表现出你的坚定、自信和放松。

4. 交谈中的谈话礼貌

可以通过灵活机敏的语言评断表现自己的机智，但是注意不要抢话、打断对方的话，更不要和对方争辩，虽然这些可以表现你的才能及个性，但是考官很有可能因此认为你过于锋芒毕露不够合群，因而拒绝聘用你。要集中注意力认真“倾听”对方的活，听清和正确理解对方的一字一句，不但要听出其“话中话”，而且要听出其“弦外之音”，这样才能做出敏捷的反应。

5. 回答问题要恰当得体

得体地回答面试官提出的问题是面试取得成功的关键，面试者要对面试官可能提到的问题有充分的准备。回答考官提出的问题时候要谨慎，想好了再说。很多考官都是经验极为丰富的，他们可以通过提出一些有点陷阱性的问题让你回答，来判断你的性格或能力。因此这个时候，一定要思索后再回答，务必使答案可以

表现你的优点；当然也不能思索太长时间，即使有些只是很普通的问题，也要考虑后再回答，不要脱口而出，这样可以表现出你的谨慎细致。

6. 交谈中着力避免的话题

（1）以前工作过的单位的产权性机密资料和商业秘密。谈论这些会让面试考官认为你这个人不值得信任。

（2）内心的性别或种族偏见。职场里不容许性别和种族歧视存在，不要以为面试考官与你志同道合而大放厥词。

（3）政治和宗教话题。在求职面试时是不应涉及这些话题的。

（4）为面试考官取得某物或某种特殊商品的提议。例如，“我能为你买到批发价”或许是事实，或换了个场景会表现出你待人的热忱，可是对于面试则格格不入，而且会显得你贿赂面试考官。

（5）面试中急于套近乎，不顾场合地说“我认识你们单位的某某”“我和某某是同学，关系很不错”等。这种话主考官听了会反感。如果你说的那个人是他的顶头上司，主考官会觉得你在以势压人；如果主考官与你所说的那个人关系不怎么好，甚至有矛盾，那么这样很可能影响面试结果。攀龙附凤以自抬身价给他人造成你在吹嘘自己的印象，会适得其反。

（6）将面试考官赞美得天花乱坠。即使你诚心佩服他人，在这种情况下，你的赞美也可能遭到误解。当然你可以这样说：“与您面晤是一种愉悦，谢谢您。”

(四) 面试时的谈薪技巧

对应聘者来说，求职不仅仅是为了实现自己的社会价值，实现自己的人生理想，更是为了养家糊口，满足生活的消费需求；而求职者如何谈薪水待遇问题是一门艺术，下面介绍几种常用的技巧。

1. 了解应聘单位的薪酬制度

求职者在应聘之前应事先了解本单位的薪酬制度，在面试的过程中才会说话比较恰当，或决定自己去不去参加面试等。例如，某大学的一位专业成绩非常好的毕业生，接到某公司的面试邀请函时，还是决定谢绝不去，因为对方给的薪水太低了。

2. 选择适当的时机询问

“你们的待遇怎么样？”“你们管吃住吗？电话费、车费报不报销？”，有些应聘者一见面就急着问待遇问题，不但让对方反感，而且会让对方产生“工作还没干就先提条件，何况我还没说要你呢”这样不好的想法。谈论报酬待遇是你的权利，这无可厚非，关键要看准时机。应等到对方有意录用你或问你要求的薪酬是多少时再谈这个问题。

3. 在最后的拍板过程中把握分寸

当应聘单位有意聘用你时要注意把握分寸，为自己和对方都留有余地。不纠缠在某个小数字上，因为许多单位的工资待遇是因人而异的。当你工作表现出色时，对方自然会提高薪酬待遇，不要给对方以威胁，例如“少于多少就不干了”。更不要反问主考官，例如主考官问：“关于工资，你的期望值是多少？”应聘者反问：“你们打算出多少？”这样的反问就很不礼貌，好像在谈判，很容易引起主考官的不快和敌视，从而失去很多好的机会。商谈薪水的原则是坚定而灵活，达到了或接近了期望的目标就可以了。

4. 不要耻于谈薪酬

新踏上社会的大学生往往有一个误区，认为找工作时千万不能和用人单位谈待遇，谈薪酬待遇会给用人单位留下不好的印象。例如，商务英语专业的毕业生小刘学业很好，在校期间参加过多次和专业相关的社会实践活动，与外商谈判、翻译等工作绰绰有余，得心应手。她去某外贸公司应聘，人事经理问：“你了解我们公司吗？”小刘答：“了解。”人事经理又问：“你来我们公司的目的是什么？想要多少报酬？”小刘自以为聪明地回答：“我来应聘贵公司主要是想锻炼自己，施展自己的才华，工资问题并不重要，只要能给个机会就行了。”然而，小刘最终却并没被录用。人事经理的理由是：我们公司不是培养新人的摇篮，每个人都有自己相应的工作，一个连工资都不敢报价的人，一方面说明她的意识落后，另一方面也说明对自己缺乏信心。这个案例让我们汲取教训：在应聘的过程中不要耻于向用人单位谈自己的薪酬待遇。

（五）面试后续礼仪

当面试结束后，如果面谈非常顺利，彼此都感到满意，你一定会非常想知道结果如何，什么时候是询问结果的最佳时机。无论录用与否，善始善终，良好的礼仪修养都会给他人留下深刻的印象。

1. 感谢主考官

感谢主考官的方式有多种，例如打电话或发邮件，不仅体现出你对主考官的尊敬，还可以帮助主考官在决定录用何人时想到你，你的提醒会给对方留下深刻的印象。不要在感谢函中提及能否被录用的问题，因为感谢信的用意是感谢主考官在你的面试上花费了时间，而非增加对方的困扰。

2. 打电话询问

打电话询问时，若得知对方尚未决定，那就说声“对不起，打扰您了”，然后询问一下对方什么时候可以再打电话。如果主考官曾告知有问题可以打电话询问，你就可以打电话询问面试结果，或等到用人单位有回音时问会比较妥当一些。

3. 不要忽视被你拒绝的公司

若你表现出色，被多家用人单位同时录用，并且每家都积极争取你的加入，而此时你已决定接受其中一家用人单位的邀请，必须发出感谢函邮件给被你拒绝的单位。也许有一天你会到那家单位工作，这封感谢函邮件将留给别人良好的印象。

给被你拒绝的单位去感谢函邮件应直接署名给最后决定给你工作的人，信中只需要表达你的谢意，以及说明你已接受其他的工作，但不必解释你接受的工作及理由，也不必提及你将要工作的那家单位的名称。

小结：本章主要介绍了职业礼仪的主要内容和求职礼仪的基本知识，探讨了求职前的准备，论述了求职信、网上求职、电话求职及招聘会等不同求职方式的礼仪要求，对求职面试的方法和面试过程中应注意的礼仪规范进行了较为详细的阐述。

【学思融合】

细小的举止体现良好的教养

某知名企业在招聘时曾经设计过一道看起来不起眼的小题目，使许多自恃有高学历的“才子”“才女”们纷纷落于马下。所有的简历初审合格者，被通知在同一天下午来面试。那天，二十多位求职者坐满了会议室。奇怪的是，这么多人怎么可能一一面试得完呢？这时候，一位捧着很多材料的工作人员，进会议室艰难地拿了其他东西以后，出门的时候一不小心把材料掉到了地上。然后他极不方便地想弯下腰捡地上的东西。在他周围的这些求职者谁也没动，好像没看到一样。这时候，离这位工作人员最远的一位求职者过来帮他捡起了东西并开了门。约半小时后，被通知除了刚才那位帮忙捡拾东西的求职者外，其余人都可以回去了。

【知识拓展】

面试时，千万不要出现不礼貌的行为，因为一些小动作也会被主考官列作评判内容。以下举例说明需注意的小节：

(1) 应聘前不喝酒、不吃辛辣的食物。喝酒会使人的大脑反应迟钝，并且说话时带有酒味，会给考官留下“酒鬼”的印象；吃辛辣的食物会带有很重的口气，如果有口臭，应聘前多喝几杯茶，注意吃好早餐，否则因空腹会产生胃气，妨碍口气清新。清新自然的形象有助于取得应试成功。

(2) 应聘时不要带人陪伴，否则说明你缺乏自信。

(3) 随身除了带公文包或手提包外，不要带其他物品。自己随身带的物品，不可放置于面试考官办公桌上。可将公文包、大型皮包放置于座位下右脚的旁边，小型皮包则放置在椅侧或背后，不可挂在椅背上。

(4) 应聘时不要抽烟，不嚼口香糖，否则与人谈话时会显得不尊重对方。

(5) 不可要求茶点，除非在咳嗽或需要一杯水来镇定自己。

(6) 不要随便乱动办公室的东西。

【思考题】

下列说法是否正确，请分析并说明原因：

（1）应聘时间越早越好。

（2）面试开始时，应试人可以自己找座位坐下，不用等别人让座。

（3）面试后，又想起几个问题，再打电话告诉应聘的主考官。

（4）有几家公司要录用我，所以要给每一家录用我的公司写答谢信。

（5）在应聘时对自己的优点或优势说得越多越好。

（6）当你想离开现在就职的公司时，不要在公司正忙的时候提出辞职。

（7）当你被应聘的公司拒绝后，也应该出于礼貌写一封感谢信。

【技能训练】

实训项目一：面试的答问技巧。

实训情景：假设你是一名毕业生，在参加××公司的面试过程中，面试官问你以下几个问题，你该如何回答？

（1）为什么想到我们公司工作？

（2）如果你获得这个工作机会的话，你可不可以想想五年后的自己，有没有考虑过自己的职业生涯规划？

（3）你觉得你有足够的能力来完成这份工作吗？

实训要求：由教师根据学生专业特点设计应聘单位名称。

实训项目二：应聘礼仪。

实训情景 1：设计面试官和应聘者两个角色，完成进门、坐下、问答、结束离开整个环节。

实训要求：按照正式场景完成，面试官提前设计好问题，考验应聘者临场应变能力。

实训情景 2：某学生毕业后参加一家公司的求职面试，公司告知面试时须上交一份纸质的个人简历。

实训要求：

（1）指定学员根据自身条件，自己策划制作一份求职简历。

（2）模拟面试场景和过程，做出求职场景下恰当的言谈举止。

（3）学员分组讨论求职过程中的礼仪规范要求。

实训项目三：职业礼仪。

实训情景 1：新应聘的职员到某公司上班，公司领导找他谈话。

实训要求：

（1）让学员分别扮演职员、公司领导，学员分组讨论，提出二者的着装设计和改进建议。

（2）让扮演角色的学员模拟谈话场景和过程，做出在此场景下恰当的言谈举止。

（3）主持人归纳总结上述任务中的礼仪规范要点。

（4）主持人点评。

实训情景 2：某公司销售部主管和一名业务员在某饭店餐厅宴请一位客户代表。

实训要求：

（1）让学员分别扮演销售部主管、销售部业务员、客户代表，模拟餐厅场景布置、电话邀请客人、门厅接待过程等。

（2）模拟餐厅就餐过程。

（3）学员分组讨论宴请过程中的礼仪规范要求。

（4）主持人点评。

第十二章　职业文化与职业发展

学习要点

1. 掌握职业文化的概念与特点及构成要素
2. 了解职业文化的形成与发展
3. 理解职业文化与职业环境的关系

第一节　职业文化概述

一、职业文化的概念

职业文化是指在特定职业领域内，由从业人员共同遵守的价值观、行为规范、传统习俗、职业精神等构成的集合体。职业文化是在职业变化和发展中逐渐形成的隐性的精神影响力，它也表现为物质、精神、行为和制度层面的文化，核心在于精神形态。每一个职业的文化内涵延续着某种职业的文化传统。职业文化的根本目的在于职业与人的和谐发展，真正实现职业与职业人的有效融合。

二、职业文化的特点

（一）独特性

每个职业都有其独特的职业文化。职业文化的独特性主要源于不同职业领域之间的差异性。由于不同职业具有不同的工作内容、工作环境和工作要求，因此形成的职业文化也各具特色。这种独特性体现在职业文化的价值观念、行为方式、道德规范等方面，使得不同职业之间的文化现象具有鲜明的区分度。例如，医生职业文化强调医德医风、救死扶伤的精神，而教师职业文化则注重教书育人、为人师表的品质。

（二）传承性

职业文化通过代代相传，保持其稳定性和连续性。职业文化的传承性是指职业文化能够在特定职业领域内代代相传，并在发展中不断变迁和创新。这种传承性主要源于职业文化的稳定性和连续性。在职业文化的形成和发展过程中，一些优秀的传统习俗、价值观念和行为规范会被保留下来，成为职业文化的重要组成部分。这些传统习俗和价值观念不仅代表着职业文化的历史积淀，也为从业人员提供了宝贵的精神财富和行为准则。同时，随着时代的变迁和社会的进步，职业文化也在不断地发展和创新，以适应新的职业需求和社会环境。

（三）创新性

随着社会发展，职业文化不断演变和创新。职业文化的创新性是指职业文化在传承的基础上能够不断地发展和创新。这种创新性主要源于职业文化的开放性和包容性。在职业文化的形成和发展过程中，不同职业领域之间的交流和融合促进了职业文化的创新与发展。同时，从业人员在实践中也会不断地探索和尝试新的工作方法和理念，推动职业文化的创新和进步。这种创新性使得职业文化能够保持活力和竞争力，为职业领域的发展提供源源不断的动力。

（四）规范性

职业文化对从业人员具有一定的规范和约束作用。职业文化的规范性是指职业文化具有一定的行为规范和工作方式，对职业成员的行为具有约束和规范作用。这种规范性主要源于职业文化的价值观念和道德规范。在职业文化的形成和发展过程中，一些重要的价值观念和道德规范会被确立为职业成员的行为准则和评价标准。这些准则和标准不仅指导着职业成员的工作行为，也约束着他们的职业行为，确保职业活动的顺利进行和职业声誉的维护。同时，职业文化的规范性还体现在职业成员之间的监督和评价上，通过相互监督和评价来确保职业文化的规范和有效执行。

三、职业文化的构成要素

（一）职业文化的核心要素——职业价值观

1. 职业价值观的概念

职业价值观包括诚信、责任、敬业等。价值观是职业文化的核心要素之一，它体现了从业人员对于职业的认知和态度。在医疗行业中，医生们普遍遵循着救死扶伤、医者仁心的价值观；在教育行业中，教师们则坚守着传道授业解惑、为人师表的信念。这些职业价值观不仅指引着从业人员的工作方向和行为准则，还激励着他们不断追求卓越、服务社会。

2. 价值观的主要内容

诚信：诚信是职业价值观的核心。它要求从业人员在职业活动中诚实守信、言行一致，不欺骗、不隐瞒、不伪造。诚信是职业活动的基石，也是企业和社会对从业人员的基本要求。

责任：责任是职业价值观的重要组成部分。它要求从业人员对自己的职业行为负责，勇于承担职业责任。这种责任不仅包括对工作的责任，也包括对同事、对企业、对社会的责任。

敬业：敬业是职业价值观的重要体现。它要求从业人员对自己的职业充满热爱和敬畏之心，全身心地投入工作中。敬业的从业人员不仅能够在工作中取得优异的成绩，还能够为企业和社会做出更大的贡献。

进取：进取是职业价值观中的积极因素。它鼓励从业人员不断追求进步和发展，勇于挑战自我和超越自我。进取的从业人员能够不断学习和创新，提高自己的职业能力和素质。

协作：协作是职业价值观中的重要内容。它要求从业人员在工作中相互支持、相互配合、相互信任，形成良好的团队合作氛围。协作的从业人员能够共同完成任务、解决问题，提高整个团队的工作效率和质量。

（二）职业文化表现形式——行为规范

1. 行为规范的概念

行业规范是从业人员在工作中应遵守的行为准则。行为规范是职业文化中另一个重要的构成要素，它规定了从业人员在工作中应该遵守的行为准则。例如，在律师行业中，律师们必须遵守法律和职业道德规范，保持客观公正的态度，为客户提供专业的法律服务；在金融行业中，从业人员则需要遵循相关的法律法规和职业操守，确保金融市场的稳定和公平。这些行为规范不仅保障了从业人员的专业性和公信力，也维护了行业的声誉和形象。

2. 行为规范的主要内容

职业道德规范：职业道德规范是行为规范的核心内容之一。它要求从业人员在职业活动中遵循诚实守信、公正公平、尊重他人、保护知识产权等道德原则。职业道德规范是职业文化中的精神支柱，对于维护职业声誉、促进职业发展具有重要作用。

工作行为规范：工作行为规范是指在工作中从业人员应当遵循的一系列行为准则和规定。这些规范包括遵守工作时间、保持工作环境整洁、认真履行职责、积极沟通协作等。工作行为规范是确保职业活动顺利进行的基础，对于提高工作效率、保障工作质量具有重要作用。

社交行为规范：社交行为规范是指在社交场合中从业人员应当遵循的一系列行为准则和规定。这些规范包括礼貌待人、尊重他人隐私、避免不当言论等。社交行为规范是维护职业形象、促进职业交流的重要基础，对于增强职业竞争力、拓展职业发展空间具有重要意义。

（三）职业文化影响要素——传统习俗

1. 传统习俗的概念

传统习俗是职业中特有的仪式、庆典、习惯等。传统习俗是指在某一职业领域内，经过长期历史积淀形成的、具有普遍性和稳定性的行为规范或仪式。它体现了职业文化的独特性和传承性，是职业文化的重要组成部分。

2. 传统习俗的具体表现

仪式庆典：在许多职业中存在着一些重要的仪式庆典。例如，在医学领域，医生们会在每年的医师节进行庆祝活动，以表彰医生的贡献和成就；在教育领域，学校会举办教师节庆祝活动，以表达对教师的敬意和感激之情。这些仪式庆典不仅增强了从业人员的职业认同感，也促进了职业文化的传承与发展。

师徒制度：师徒制度是中国传统文化中的一种重要形式，也在许多职业中得到了体现。师傅会将自己的经验和技艺传授给徒弟，徒弟则通过跟随师傅学习来掌握职业技能。这种制度不仅有利于职业技能的传承，也加强了师徒之间的情感联系和职业道德的传递。

特定服饰与工具：在某些职业中，从业人员会穿着特定的服饰或使用特定的工具。例如，律师在出庭时会穿着律师袍，以体现其专业性和权威性；厨师在烹饪时会使用各种独特的厨具和调料，以展现其烹饪技艺和菜品特色。这些特定服饰与工具不仅增强了从业人员的职业认同感，也展示了职业文化的独特魅力。

（四）职业文化的精神内核——职业精神

1. 职业精神的概念

职业精神是从业人员对职业的热爱、追求和奉献。职业精神是指从业人员在从事职业活动时所表现出来的意识、态度和素质，它涵盖了职业道德、职业素养、职业责任感等多个方面。职业精神是职业文化的灵魂，是推动职业活动不断进步和发展的重要力量。

2. 职业精神的具体表现

敬业精神：敬业精神是职业精神的核心表现之一。它要求从业人员对自己的职业充满热爱和敬畏之心，全身心地投入工作中。敬业精神的体现包括对工作的高度负责、对技能的精益求精以及对职业的忠诚和坚守。

勤业精神：勤业精神强调的是从业人员在工作中的勤奋和努力。它要求从业人员不仅要具备扎实的专业知识和技能，还要在工作中不断学习和进步，不断提高自己的工作能力和水平。勤业精神的体现包括勤奋工作、刻苦钻研以及勇于创新等。

创业精神：创业精神是职业精神中的新兴元素，它鼓励从业人员在职业活动中敢于冒险、勇于创新。创业精神要求从业人员具备敏锐的市场洞察力、果断的决策能力以及强烈的进取心和竞争意识。在创业精神的指引下，从业人员能够不断开拓新的领域和市场，推动职业活动的不断发展和创新。

立业精神：立业精神强调的是从业人员在职业活动中的独立性和自主性。它要求从业人员在具备一定职业技能和经验的基础上，独立思考、自主决策，并勇于承担职业责任。立业精神的体现包括独立思考、自主创新以及勇于担当等。

四、职业文化的功能与价值

（一）凝聚功能：职业文化能够增强从业人员的归属感和凝聚力

职业文化的凝聚功能是指它能够将职场中的个体紧密地联系在一起，形成强大的集体力量。这种力量源自于职业文化所塑造的共同价值观、信仰和行为规范。当个体对职业文化产生认同感和归属感时，他们就会自觉地遵守这些规范，将个人的发展与组织的发展紧密联系在一起，形成强大的凝聚力和向心力。这种凝聚力有助于增强组织的稳定性和竞争力，使组织在面对外部挑战时能够保持团结和一致。

（二）导向功能：职业文化为从业人员提供明确的方向和目标

职业文化的导向功能是指它能够引导个体和组织的行为方向，确保它们朝着共同的目标和愿景前进。职业文化中的价值观、信仰和行为规范为个体和组织提供了清晰的方向和指引，使它们能够明确自己的使命和责任。在职业文化的导向下，个体和组织能够保持对目标的专注和追求，避免偏离正确的方向。这种导向功能有助于实现组织的长远发展和可持续发展。

（三）激励功能：职业文化能够激发从业人员的积极性和创造力

职业文化的激励功能是指它能够激发个体和组织的积极性和创造力，推动它们不断追求更高的目标和更好的表现。职业文化中的价值观、信仰和行为规范能够激发个体的自豪感和荣誉感，使之对工作充满热情和动力。同时，职业文化还能够为个体提供成长和发展的机会和空间，鼓励他们不断学习和进步。在职业文化的激励下，个体和组织能够保持高昂的斗志和创造力，不断超越自我、追求卓越。

（四）约束功能：职业文化对从业人员的行为具有一定的规范和约束作用

职业文化的约束功能是指它能够对个体和组织的行为进行规范和约束，确保它们符合职业道德和法律法规的要求。职业文化中的价值观、信仰和行为规范为个体和组织设定了行为边界和准则，使之能够明确什么是可以做的、什么是不可以做的。这种约束功能有助于维护组织的正常秩序和稳定发展，避免个体或组织的失范行为而给组织带来损失和负面影响。同时，职业文化的约束功能还能够提高个体和组织的自律性和责任感，使它们自觉地遵守职业道德和法律法规的要求。

第二节　职业文化的形成与发展

一、职业文化的形成原因

（一）社会经济背景的影响

职业文化的形成离不开社会经济背景的影响。随着社会经济的发展和变迁，新的职业领域不断涌现，旧的职业领域也在发生变革。这些变化为职业文化的形成提供了丰富的土壤。同时，社会经济环境的变化也会影响从业者的思想观念、价值观念以及行为方式，从而影响职业文化的形成。

（二）历史传承的产物

历史传承是职业文化形成的重要因素之一。许多职业领域有着悠久的历史和深厚的文化底蕴，这些历史和文化传统为职业文化的形成提供了重要的基础。通过历史传承，一些优秀的职业文化元素得以保留和发扬，成为职业文化的重要组成部分。

（三）职业特性与需求

每一种职业都有其独特的特性和需求，这些特性和需求直接影响了职业文化的形成。例如，医生职业需要高度的责任感、仁心和专业技能，因此医生职业文化强调医德医风、救死扶伤的精神；而教师职业则需要注重知识传授、道德教育和人格塑造，因此教师职业文化强调为人师表、教书育人的品质。

（四）从业者的共同创造与传承

从业者是职业文化的主体和创造者。他们在长期的职业实践中积累了丰富的经验和知识，形成了独特的职业认知和行为方式。这些经验和知识通过从业者的共同创造和传承，逐渐形成了职业文化的核心内容和特点。同时，从业者的行为方式和价值观念也会受到职业文化的影响和塑造。

（五）职业规范与制度的形成

职业规范与制度的形成是职业文化发展的重要标志。随着职业领域的不断发展和完善，一些具有普遍性和规范性的职业规范与制度逐渐形成。这些规范与制度为从业者提供了明确的职业行为准则和评价标准，有助于维护职业秩序和提高职业水平。同时，它们也是职业文化传承和发展的重要保障。

工匠精神的
内涵分析

【案例 12-1】

最具代表性的职业文化传播行业——保险业

保险公司对进入公司的员工会发放员工手册，称其为“职场金律”，目的就在于让公司员工更深地了解该保险公司的企业文化以及秉承的核心价值观。职场金律包括职场伦理和营销礼仪两大部分。

1. 职场伦理

职场伦理根源于中国传统文化和现代西方的商业伦理。该公司的职场伦理在此基础上又有着寿险行业和与公司企业文化相一致的特性。简单说，职场伦理就是以该保险公司基本法为核心指导的血缘命脉，是具有审时度势特性的行为文化。职场伦理主要有以下几种：

（1）感恩文化。感谢父母养育之恩，感谢以往帮过自己的人，感谢打击自己的人，感谢不支持自己的人。更要感谢带自己走进这个行业的人，他就是帮你改变命运的使者。时刻要持有尊重的态度。

（2）遵守规则。寿险行业是人才聚集的高尚行业，职场有一种特殊的文化，要遵从游戏规则，引领你走进行业的人是终身的老师，国有国法，家有家规，同样营销也有基本法必须遵循，业务伙伴要时刻按照基本法的要求做好工作。

（3）自律意识。自律就是要管该管的事情，做该做的事情。凡是与社会利益、企业利益、团队利益、个人利益相一致的事情就要不遗余力地做。比如，带着积极、主动、热情的态度投入早会，完成每日的拜访量。那些不该做的事情不做，比如说消极负面的话影响他人。也就是说，既不要成为别人的“垃圾桶”，也不能到处“倒垃圾”。一个志向高远或者一个有责任感的人，要树立超越平庸、追求卓越的个人愿景。在生活、工作中，真正做到“说第一等话、做第一等事、报第一等识”，成为于社会、于家庭有益的人。

（4）执行能力。要成功首先要有超强的执行能力，而寿险营销有助成功的八字真金是“听话、照做、相信、追随”。

2. 营销礼仪

营销礼仪对公司来说，是为了树立形象；对个人来说，是给客户留下良好印象的开始，想要与客户深入接触，必须用礼仪体现素质。因为人对人的第一印象最难改变，而且第一印象决定于首次相遇后的七秒钟。在该公司的营销礼仪条例之中，列举了详细的基础礼仪和展业礼仪。其中，基础礼仪包括头部、面部、着装、鞋袜等方面的要求。总的来说就是要整洁、干净、端庄、优雅，一眼看去要使其他人感到轻松、愉快。也就是说，职业人士的外在形象体现的是企业的形象和自身的品牌在整体表现上。旁人对你的观感中，7%在于你说话的内容，38%在于你表达的口气、手势等方法，55%在于你的外表。而展业礼仪包括微笑、握手、电话礼仪、敲门礼仪、递接名片、自我介绍、交谈礼仪、道别礼仪等，都有一定的规定和要求。

案例分析：保险业作为金融服务领域的重要组成部分，其职业文化的构建与传播对于塑造企业形象、提升员工职业素养及推动业务发展具有关键作用。本案例通过分析某保险公司“职场金律”的内容，从职业文化的角度深入剖析其在保险公司中的应用与影响。这些包含职场营销伦理和营销礼仪的职业文化，往往是通过晨会传播和学习的，公司员工在掌握之后，通过营销的实践过程向外展示出来。作为相同的职业，不同保险公司甚至整个营销行业所遵从的“职场金律”其实都是大同小异的。

二、职业文化发展的动能

（一）外部环境的变迁

随着社会经济、政治、文化等外部环境的变迁，职业文化也需要不断地适应和调整。例如，随着科技的发展，许多传统职业逐渐被新兴职业所取代，这些新兴职业带来了新的职业文化元素。同时，全球化、信息化等趋势也使得职业文化在国际之间交流和融合。

（二）内部因素的推动

职业文化的发展还受到内部因素的推动。这些内部因素包括从业者素质的提高、职业规范与制度的完善、职业组织的建设等。随着从业者素质的提高和职业规范与制度的完善，职业文化的内容更加丰富和多元。同时，职业组织的建设也为职业文化的传承和发展提供了重要的组织保障。

（三）职业文化的创新与变革

职业文化在发展过程中需要不断地创新和变革。这种创新和变革可能来自新的职业理念、新的技术方法、新的管理模式等方面。通过不断地创新和变革，职业文化能够保持活力和竞争力，更好地适应社会的发展和变化。

三、职业文化的发展过程

（一）初步形成阶段

在职业文化的初步形成阶段，职业领域还处于萌芽和发展阶段。此时的职业文化主要受到社会经济背景和历史传承的影响，从业者的职业认知和行为方式还处于摸索和尝试阶段。然而，正是在这个阶段，职业文化的雏形逐渐形成，为后续的发展奠定了基础。

（二）快速发展阶段

随着职业领域的不断发展和完善，职业文化也进入了快速发展阶段。在这个阶段，从业者的数量不断增加，职业领域内的交流和合作也日益频繁。这些交流和合作促进了职业文化的传播和融合，使得职业文化的内容更加丰富和多元。同时，一些具有创新性和前瞻性的职业文化元素也逐渐形成和发展起来。

（三）成熟稳定阶段

在职业文化的成熟稳定阶段，职业领域已经形成了相对完善的职业规范与制度，从业者的职业认知和行为方式也趋于稳定和成熟。此时的职业文化具有较强的凝聚力和影响力，能够对从业者的行为产生明显的约束和引导作用。同时，职业文化也开始向社会其他领域渗透和扩散，对整个社会的文化生态产生深远影响。

职业文化的形成与发展是一个复杂而动态的过程，它受到多种因素的影响和推动。通过深入研究职业文化的形成与发展过程，我们可以更好地理解职业文化的内涵和特点，为职业领域的发展提供有力的文化支撑。同时，我们也需要不断地推动职业文化的创新和变革，以适应社会的发展和变化。

四、职业文化与企业文化

企业文化与职业文化既具有共性，也具有差异。

（一）企业文化与职业文化的共性

（1）历史性。历史性是一切社会事物的最基本属性之一。企业与职业一样，在一定的时空条件下产生、生存与发展，其本身就是当时社会政治、经济、文化的折射。企业的经营与政治活动、文化现象有着千丝万缕的联系。可以说，企业文化是历史的产物，必定带有历史的烙印，折射出大到一个时代、一个国家的一定时期，小到一个地方区域的经济与文化特征。

（2）动态性。与职业文化相似，一个企业的企业文化一旦形成，在一定时期之内就具有相对的稳定性。随着企业的发展以及企业生存环境的变化，企业文化发生着改变。有一种说法叫作“呈螺旋式上升状”，这其实是一种理想状态下优秀企业文化的发展态势。而僵化、落后的企业文化其实也在运动，只是在企业内部没有经过合理的梳理、整合与提炼的文化因素没有形成良性体系，各种文化因素的冲突正在进行量变的积累。一个优秀的企业文化体系建成之后，就会显示出其对外部因素以及新生文化因子强大的吸收力、包容力与消化力，从而形成动态开放的系统。

（二）企业文化与职业文化的差异

1. 企业文化的特性

（1）人本性——与职业文化重在关注职业使命、职业荣誉感和职业规范不同的是，企业文化关注的中心，在于对企业中人的因素的管理与激发。虽然其终极目标在于企业价值的顺利实现，但这并不妨碍企业以开发人的潜能为切入点的管理模式为企业带来的巨大张力。当衣、食等最基本的生存需求得到满足时，人们就需要满足交流的需要、给予的需要、被尊重的需要、个人价值实现的需要等。一个人一生中最宝贵、最长的时间都是用于职业生涯的，所以企业的成长与发展需求同个人的成长与发展需求在企业文化这个层面达到了完美的契合。企业文化是一种以人为本的文化，着力于以文化因素去挖掘企业的潜力，尊重和重视人的因素在企业发展中的作用。

（2）复杂性——同一职业类别有着相同的职业文化，但是企业文化却不同。每个企业都在特定的环境中生存和发展，所面临的历史阶段、发展程度以及本身固有的文化积淀都不尽相同。如同成功不能复制，企业文化也同样不能拷贝。把别人成功的企业文化照搬照抄教条行事，或者如赵括谈兵一样将优秀的企业文化奉为金科玉律，试图找到放之四海而皆准的真理，最终只会害了企业。

许多年来，很多企业到海尔取经学习，资料拿走了不少，但是中国却没有真正创造出几个“海尔”，原因何在？在于形易似而神难似。海尔总裁杨绵绵曾解释说：人人都说海尔的核心就是创新文化，但关键是如何让创新落地。海尔成功就在于坚持文化，坚持了 20 年。为什么海尔的管理模式搬不走？因为这种管理模式枯燥、辛苦。

（3）有机性——与职业文化的粗线条相比较，企业文化更是一个整体有机系统，企业文化的各个构成要素以一定的结构形式排列，各个要素相对独立，各司其职。同时，企业文化又是一个系统工程，是一个严密有序的有机结合体，由企业内相互联系、相互依赖、相互作用的不同层次、不同部分结合而成。企业文化以企业价值实现为最终目标，涉及企业的战略规划、人力资源开发，以及企业的管理制度。

2. 职业文化的特性

相较于企业文化，职业文化具有更大的覆盖面，更强的历史传承性和社会效应。

首先，职业文化源于职业传承历史。每一种职业都在不断建构着自身特有的职业文化，形成自己特有的职业理念，使从业人员形成共同的使命感和职业习惯，遵从相应的职业行为准则，拥有自己的职业符号象征系统，包括神话、仪式、标记、隐喻、崇拜的偶像、行话等。人人都可以从这些方面来辨别他人的职业身份，使每个人都与自己所从事的职业息息相关，并形成特定的职业精神气质。各种职业在文化上虽有差别，但又不是截然不同的，同一社会的成员又都会拥有大致相同的文化取向。在各种职业中，都需要将科学尺度和人道尺度统一起来，将人为的操作程序与人的价值取向统一起来，建设各具特色的职业文化。现代社会职业文化建设的基本理念是对现代职业的价值取向和目标取向的确认和追求，同时也是对中国传统职业文化中优质因素的传承与发展。

其次，职业文化的社会效应影响深远。在现代社会，职业生活已经成为人们活动的主要领域，职业文化事关社会秩序和人生意义。任何职业都具有服务性质，职业服务的性质和质量不仅取决于它所提供的具体事项，也取决于服务者的内心态度和价值观念。一种职业要得到社会的尊重，就必须提供高质量的服务，要想提供高质量的服务，就必须要有健康的职业文化，职业文化建设必须以诚信为本。一种职业，如果只是为获取经济收益，那就可能无所顾忌，当前在职业文化中存在的严重问题无不是以假、劣当头。

职业声望、职业形象是靠诚实守信的职业活动树立起来的。现在很多职业只重视职业技能，而忽视其职业文化素质的培养。高水平的职业技能只有与高水平的职业道德、职业心理等职业文化素质结合起来，才能得到最佳发挥。同时，社会要尊重各种职业，要从各个方面消除各种职业偏见，逐步形成体现职业平等和职业尊严的社会网络和舆论氛围，加强各种职业之间的社会联系，建立起合理公正的职业秩序和职业流动机制。要在充分重视和肯定人们在各自的职业领域所取得的文化成就和文化品质的基础上，大力加强职业文化建设，确定具体职业文化领域的位置与意义，进而有效地促进职业与职业之间、人与人之间的相互尊重和理解。

【知识拓展】

湖湘文化中的职业元素

“经世致用”是中华文化特别是湖湘文化的精华，它起源于明清著名思想家顾炎武、王夫之等人的学说。“经世”的内涵是“经国济世”，强调志存高远，胸怀天下，有远大理想抱负，侧重的是“形而上”；而“致用”的内涵是“学用结合”，强调理论联系实际，脚踏实地，注重实效，侧重“形而下”。无论是氤氲连绵千年的耻利抑商的湖湘写实，还是历久弥坚百年湖湘情结的崇官尚政，或是与时俱进纵横商场的当代湖湘风流，无不尊崇“经世致用”的哲学思想。在这种思想影响下，湖湘文化中独特的职业元素形成了。

（一）敢为人先的创新精神

从屈原上下求索天地开始，湖湘文化群体总是站在中华文化发展的前沿，以开阔的思路顺应时代的潮流。历经周敦颐重构儒道和王船山“六经责我开生面”，到近代魏源“师夷长技以制夷”，曾国藩、左宗棠致力引进西方技术，宋教仁、黄兴等投身于民主革命推翻帝制，直至毛泽东思想体系的形成等，无不彰显了湖湘文化开拓进取、思变创新、不甘落后的风范。敢为人先是湖湘文化的显著特征，而体现在职业中，就是一种鲜明的职业创新精神。

（二）心忧天下的大局意识

古有范仲淹的“先天下之忧而忧，后天下之乐而乐”；近代从辛亥革命到五四运动，再到新民主主义革命，湖湘爱国之士心系天下，起步湖南，既志存高远又脚踏实地、身体力行。“心忧天下”是湖湘文化的核心内容，体现在现代职业中，就是顾全大局、团结协作的精神。

（三）百折不挠的专业进取精神

在“楚虽三户，亡秦必楚”式的社会责任感驱动下，谭嗣同发出“去留肝胆两昆仑”的心声，左宗棠更有着“抬棺抗沙俄”的壮举。为追求理想而坚忍执着，为战胜困难而义无反顾。在毛泽东思想影响下，红军走过二万五千里长征路，排除千难万险最终取得无产阶级革命的胜利，就充分展示了湖湘文化“筚路蓝缕”、奋发图强的坚毅品质。“百折不挠”这种湖湘文化的高贵品质体现在现代职业中，就是奋发勇为、精益求精的专业进取精神。

（四）兼容并蓄的职业忠诚与友好和谐相融通

湖南古为“四塞之地”，三面环山，北为“八百里”烟波浩渺的洞庭湖。在这块源头活水之地，湖南本土文化充分汲取外来文化的养分丰富发展了自身，从而最终形成了坚毅顽强与飘逸空灵相结合独具魅力的湖湘文化，在外敌入侵、乱世之秋的近代得到了空前的发展。魏源率先睁眼看世界，谭嗣同倡导“天变道亦变”，毛泽东等人更是兼容并蓄探索并成功选择了一条将马克思主义作为拯救中国的革命理论道路。“兼容并蓄”作为湖湘文化的活力源泉，在社会经济快速发展的今天，体现出了利己而不损人的竞争与友好和谐相得益彰的职业气质。

敢为人先、心忧天下、百折不挠、兼容并蓄，这些既是湖湘文化的精髓，也是湖湘文化对于职业文化乃至中华文化发展所作的重要贡献。时至今日，更应该发扬“经世致用”的湖湘文化精神，在借鉴中求创新，在创新中谋发展，不怕输、不服输，负重前行，在中国式现代化建设中，形成良好的职业素质。

第三节　职业文化与职业环境

一、职业环境的定义和特点

（一）职业环境的定义

职业环境是指员工在工作场所和职业生涯中所面临的各种条件和要素的总和，这些条件和要素既包括物理层面的工作环境，也涵盖心理和社会层面的因素，共同构成了影响员工工作效果、职业发展和生活质量的综合环境。职业环境分为宏观职业环境和微观职业环境。

1. 宏观职业环境

宏观职业环境是指影响整个职业领域或行业发展的广泛性因素和条件，它超越了单个组织或个体的范围，对职业选择、职业发展和职业生涯产生间接但深远的影响。宏观职业环境主要包括以下几个方面：

（1）经济环境。经济环境是影响职业选择和职业发展的核心因素之一。经济发展水平、经济周期波动、劳动力市场供求状况以及人们的收入水平等都会直接影响职业机会和职业发展空间。例如，在经济繁荣期，企业扩张迅速，对人力资源的需求增加，职业选择和职业发展的机会相应增多；而在经济衰退期，则可能面临就业压力增大的情况。

（2）政治法律环境。政治法律环境涉及国家的方针、政策、法律法规等，这些因素对职业的发展方向和机会产生重要影响。教育制度、政治体制、经济管理体制、人才流动政策等都会直接或间接地影响职业的选择和发展。此外，政策法规的调整也可能催生新的职业领域或淘汰传统职业。

（3）社会文化环境。社会文化环境包括教育条件和水平、社会文化设施、社会观念和价值观等。在良好的社会文化环境中，个人能受到良好的教育和熏陶，为职业发展打下更好的基础。同时，随着社会观念的变化，一些传统的职业观念可能逐渐被淘汰或改变，需要适时调整职业生涯规划。

（4）技术环境。技术环境是影响职业发展的重要因素之一。随着科技的进步和产业结构的调整，高新技术和管理方法不断涌现，对职业的发展提出了新的挑战和机遇。一方面，自动化和智能化技术的普及可能淘汰一些传统工作岗位；另一方面，新技术也催生了许多新兴职业领域。

（5）人口环境。人口环境包括人口数量、分布、年龄结构、教育结构等因素。这些因素直接关系到人力资源的供给和市场需求，从而影响职业发展的机会和趋势。例如，老龄化社会的到来可能促进老年产业及相关服务人才的发展。

2. 微观职业环境

微观职业环境是指直接影响个体职业发展的各种具体条件和因素，通常与个体所在的组织或工作场所密切相关。微观职业环境主要包括以下几个方面：

（1）组织环境。组织环境是微观职业环境的核心组成部分，包括组织的文化、制度、结构、发展前景等因素。一个适宜个人发展的组织环境能够为员工提供更多的职业机会和发展空间，促进员工的职业成长和成功。

（2）工作环境。工作环境是指员工在日常工作中所面对的物理环境和社会环境。物理环境包括办公室的布局、设备设施、安全卫生条件等；社会环境则包括同事关系、上下级关系、工作氛围等。一个良好的工作环境能够提高员工的工作满意度和效率，促进职业发展。

（3）职业发展通道。职业发展通道是指组织为员工提供的职业发展路径和机会。一个清晰、合理的职业发展通道能够帮助员工明确职业目标和发展方向，激发员工的工作积极性和创造力。

（4）家庭与社会支持。虽然家庭和社会因素不属于组织内部环境，但它们对个体职业发展产生重要影响。家庭的支持和理解能够为员工提供强大的精神动力；社会的认可和支持则能够增强员工的职业认同感和归属感。

（二）职业环境的特点

1. 综合性

职业环境是一个复杂的综合体，它不仅仅局限于办公室的物理布局或设备设施，还涉及员工的心理状态、人际关系、组织文化以及外部的行业趋势、政策法规等多个方面。

2. 动态性

职业环境是不断变化的，随着技术进步、市场需求变化、政策法规调整以及企业内部改革等因素的推动，职业环境会相应发生调整和优化。

3. 差异性

不同的职业、行业甚至同一行业内的不同企业，其职业环境都可能存在显著差异。这种差异性体现在工作环境、工作内容、组织文化、员工关系等多个方面。

4. 影响深远

职业环境对员工的工作效果、职业发展乃至生活质量都有着深远的影响。一个良好的职业环境能够激发员工的积极性和创造力，提高员工的工作满意度和忠诚度，从而促进组织和员工的共同发展。

5. 可塑性

尽管职业环境受到多种因素的制约和影响，但并非完全不可改变。通过有效的管理和策略调整，组织可以对职业环境进行优化和改善，以适应外部环境的变化和满足员工的需求。

二、职业文化与职业环境的关系

（一）职业文化如何塑造职业环境

职业文化，作为组织内部共享的价值观、信仰、行为规范和传统习俗的总和，深刻地塑造着职业环境，影响着员工的工作态度、行为方式以及整个组织的运作效率与氛围。

1. 明确定义价值观与行为准则

职业文化首先通过明确组织的价值观和行为准则来引导员工的行为。这些价值观不仅反映了组织的使命和愿景，还为员工提供了在日常工作中应遵循的道德标准和行为指导。当这些价值观被广泛接受并内化为员工的个人信念时，它们就会成为塑造职业环境的重要力量。

2. 促进沟通与协作

职业文化鼓励或要求开放、透明的沟通方式和团队协作。在这样的环境中，员工更容易建立信任关系，分享信息，共同解决问题。这种沟通模式和协作精神不仅提高了工作效率，还增强了团队的凝聚力和归属感，使职业环境更加和谐与积极。

3. 塑造工作氛围

职业文化直接影响工作氛围的营造。一个鼓励创新、包容失败的文化会激发员工的创造力和探索精神，使工作环境充满活力和激情。相反，一个强调稳定、避免风险的文化则可能抑制员工的创新思维，导致工作氛围沉闷。因此，职业文化在塑造工作氛围方面起着至关重要的作用。

4. 影响员工满意度与忠诚度

职业文化能够满足员工的精神需求，如尊重、认可、成就感等，从而提升员工的满意度和忠诚度。当员工认同并融入组织的文化时，他们会感到自己是组织的一部分，愿意为组织的发展贡献自己的力量。这种归属感和责任感有助于稳定员工队伍，减少人才流失。

5. 推动组织变革与发展

职业文化作为组织的核心竞争力之一，能够引导和支持组织的变革与发展。当组织面临新的挑战和机遇时，职业文化能够激发员工的创新意识和适应能力，推动组织不断前进。同时，职业文化还能够为组织提供持续发展的动力和源泉，确保组织在竞争激烈的市场中保持领先地位。

（二）职业环境对职业文化的反作用

职业文化对职业环境有着深远的影响，同时职业环境对职业文化的反作用也是多方面的、深远的。它不仅塑造着职业价值观、影响着职业行为规范，还促进着职业文化的创新与发展，并反映着整个职业生态的变迁。

1. 塑造职业价值观

职业环境作为职业活动展开的外部条件，直接影响着从业者的职业价值观。例如，在高度竞争和快速变化的市场环境中，企业可能强调创新、效率和结果导向的职业文化，这种环境反过来会促使员工形成更加积极进取、勇于挑战的职业价值观。相反，在稳定且注重团队合作的环境中，职业文化可能更侧重于和谐、共享和长期发展，从而塑造出员工之间相互支持、共同成长的价值观。

2. 影响职业行为规范

职业环境通过其特有的规章制度、工作流程和社交氛围，对从业者的职业行为产生规范和约束作用。这些环境因素不仅直接规定了哪些行为是被鼓励的，哪些是被禁止的，还通过潜移默化的方式影响员工的行为习惯。比如，在注重客户体验的服务行业，职业环境可能强调“以客户为中心”的文化，这种文化反过来会促使员工在日常工作中更加注重细节、提升服务质量，形成一系列以客户满意为导向的职业行为规范。

3. 促进职业认同与归属感

良好的职业环境能够增强从业者的职业认同感和归属感，而这种认同感和归属感是职业文化的重要组成部分。当员工感受到所在环境对自己的尊重、认可和支持时，他们更有可能将个人职业发展与组织目标相结合，形成强烈的职业忠诚度和团队凝聚力。这种正向的情感联结，会进一步丰富和强化职业文化的内涵，使其更加深入人心。

4. 推动职业文化的创新与发展

随着职业环境的不断变化，如技术革新、市场需求变化等，职业文化也需要不断适应和创新。职业环境作为外部驱动力，能够激发从业者对现有职业文化的反思和重新评估，促使他们探索更加符合时代要求、更具竞争力的新文化元素。这种由环境触发的文化创新，不仅能够提升组织的竞争力，还能够为从业者提供更加广阔的发展空间和成长机会。

5. 反映并影响职业生态

职业环境作为整个职业生态系统的一部分，其变化不仅影响着单一职业的文化形态，还通过行业之间的互动和联系，对整个职业生态产生深远的影响。例如，数字化、网络化等新技术的发展，不仅改变了传统行业的职业环境，还催生了大量新兴职业和岗位，这些新兴职业往往带有鲜明的时代特征和文化印记，同时也对原有职业文化产生冲击和融合作用。

三、职业文化与职业环境的适应与发展

（一）个人如何适应不同的职业文化与环境

个人在职业生涯中，面对不同的职业文化与环境，适应能力成为衡量其职业成功与否的重要因素之一。个人适应不同的职业文化与环境可以从以下几个方面来努力。

1. 增强自我认知

首先，个人需要清晰地认识自己的价值观、兴趣、技能以及工作风格。通过自我评估，了解自己的优势和劣势，有助于在面对新的职业文化时更加理性地判断自己与环境的契合度，并调整自己的行为方式以适应环境。

2. 主动学习与研究

在进入新的职业环境之前，应主动了解该环境的特点、规则、价值观以及行业趋势等信息。通过阅读相关书籍、参加培训课程、与行业内人士交流等方式，增强对新环境的认知和理解。这样有助于个人更快地融入新环境，减少文化冲突和适应障碍。

3. 保持开放心态

不同的职业文化往往具有独特的价值观和行为规范。个人需要保持开放的心态，尊重并接纳这些差异。在遇到与自己习惯不符的情况时，不要急于否定或排斥，而应尝试从多个角度去理解和适应。同时，也要勇于表达自己的观点和想法，

促进文化之间的交流与融合。

4. 建立良好的人际关系

人际关系是职业环境中不可或缺的一部分。个人需要主动与同事、上级和下属建立良好的关系，通过积极的沟通和合作，增进彼此之间的了解和信任。良好的人际关系不仅能够为个人提供更多的职业资源和支持，还能够帮助个人更好地理解和适应职业文化。

5. 灵活调整与适应

面对不同的职业环境，个人需要具备灵活调整的能力。当发现自己的行为方式与环境要求存在偏差时，要勇于承认并及时调整。通过反思和总结自己的表现，找出不足之处并努力改进。同时，也要保持对新环境的敏感性和适应性，不断学习和提升自己的能力以应对未来的挑战。

6. 寻求支持与帮助

在适应新环境的过程中，个人可能会遇到各种困难和挑战。此时，不要孤军奋战，而要积极寻求支持和帮助。可以向同事、导师或专业机构寻求指导和建议，共同解决问题并促进个人成长。同时，也要关注自己的心理健康状况，及时缓解压力和焦虑情绪以保持积极向上的心态。

7. 持续学习与成长

职业环境和文化都在不断变化和发展中。个人需要保持持续学习的态度，关注行业动态和新技术的发展趋势。通过不断学习和提升自己的能力水平，使自己始终保持与环境的同步发展并具备更强的竞争力。同时，也要将学习成果转化为实际行动和成果以证明自己的价值和能力。

（二）组织如何通过文化建设优化职业环境

组织通过文化建设来优化职业环境是一个系统工程，涉及多个方面的策略和措施。以下是一些具体的做法和建议。

1. 明确组织价值观与愿景

确立核心价值观：组织应清晰定义其核心价值观，这些价值观应与组织的使命和愿景紧密相连，反映组织的核心理念和追求。

广泛传播：通过内部培训、宣传栏、企业文化手册等多种渠道，确保员工充分了解并认同这些价值观，将其内化于心、外化于行。

2. 制定行为准则与道德规范

建立规范：根据组织的核心价值观，制定明确的行为准则和道德规范，指导员工在日常工作中的言行举止。

强化执行：建立奖惩机制，对遵守规范的行为给予表彰和奖励，对违反规范的行为进行及时纠正和处罚，确保规范的有效执行。

3. 营造积极的工作氛围

加强沟通：建立开放、透明的沟通渠道，鼓励员工表达自己的想法和意见，及时解决员工在工作中遇到的问题和困难。

促进协作：通过团队建设活动、跨部门合作等方式，增强员工之间的协作精神和团队意识，提高整体工作效率。

4. 关注员工需求与发展

职业发展：为员工提供清晰的职业晋升通道和广阔的发展空间，制订个人发展计划，提供必要的培训和学习资源，帮助员工实现个人职业目标。

薪酬福利：制定具有竞争力的薪酬体系，并根据员工的绩效给予适当的奖励和晋升机会，同时提供多样化的福利政策，如健康保险、带薪休假等，以满足员工的基本需求。

5. 强化组织认同感与归属感

组织文化建设活动：通过举办文化讲座、主题分享会、团队建设活动等，增强员工对组织文化的理解和认同，提升员工的凝聚力和归属感。

领导者示范：高层领导应积极践行组织的核心价值观和行为规范，以身作则，树立良好的榜样，带动全体员工共同营造良好的职业环境。

6. 持续创新与改进

鼓励创新：组织应为员工提供发挥自己才能的机会和平台，鼓励员工尝试新的想法和方法，激发员工的创造力和创新精神。

定期评估与调整：定期对组织的文化建设进行评估和反馈，根据外部环境的变化和内部发展的需求，及时调整和优化职业环境建设策略，确保组织的持续发展和竞争力。

（三）促进职业文化与环境正向发展的策略

促进职业文化与环境正向发展的策略是一个综合性的过程，涉及组织文化、员工发展、工作环境优化等多个方面。以下是一些具体的策略建议。

1. 强化核心价值观引领

明确并传播核心价值观：组织应明确其核心价值观，并通过各种渠道和方式向员工传播，确保每位员工都能深刻理解并认同这些价值观。

融入日常工作：将核心价值观融入日常工作中，使其成为员工行为的指南和评判标准，引导员工在工作中践行这些价值观。

2. 营造积极向上的工作氛围

加强沟通与交流：建立开放、透明的沟通机制，鼓励员工之间的交流和分享，及时解决工作中遇到的问题和困难。

倡导团队合作：强化团队合作意识，鼓励员工相互支持、协作共赢，共同为组织的发展贡献力量。

关注员工心理健康：提供心理健康支持服务，关注员工的心理健康状况，帮助员工缓解工作压力和焦虑情绪。

3. 优化工作环境与设施

改善物理环境：提供舒适、安全、整洁的工作环境，确保员工在良好的环境中工作。

完善工作设施：根据工作需要和员工需求，完善工作设施和设备，提高工作效率和舒适度。

营造文化氛围：通过布置文化墙、举办文化活动等方式，营造浓厚的文化氛围，增强员工的归属感和认同感。

4. 注重员工发展与成长

提供培训与发展机会：根据员工的职业发展规划，提供有针对性的培训和发展机会，帮助员工提升专业技能和职业素养。

建立激励机制：建立公平、透明的激励机制，通过薪酬、晋升、奖励等方式激发员工的工作热情和创造力。

鼓励创新与实践：鼓励员工在工作中勇于尝试新的想法和方法，提供创新实践的平台和机会，促进组织的创新与发展。

5. 强化社会责任与公益意识

履行社会责任：组织应积极履行社会责任，关注社会公益事业，通过参与公益活动等方式回馈社会。

推广绿色生产：在生产经营过程中注重环保和可持续发展，推广绿色生产方式和技术，减少对环境的影响。

倡导诚信经营：坚持诚信经营原则，遵守法律法规和商业道德规范，树立良好的企业形象和信誉。

6. 建立持续改进机制

定期评估与反馈：定期对职业文化与环境进行评估和反馈，了解员工对职业文化和环境的满意度和意见建议。

及时调整与优化：根据评估结果和反馈意见，及时调整和优化职业文化与环境建设策略，确保职业文化与环境持续正向发展。

【学思融合】

我国老一代民族企业家卢作孚（民生轮船公司的创始人）提倡“个人为事业服务，事业为社会服务，个人的服务是超报酬的，事业的服务是超经济的”，从而树立起“服务社会，便利人群，开发产业，富强国家”的价值观念，这一为民为国的价值观念促进了民生公司的发展。北京西单商场的价值观念以求实为核心，即“实实在在的商品、实实在在的价格、实实在在的服务”：在经营过程中，严把商品进货关，保证商品质量；控制进货成本，提高商品附加值；提倡“需要理解的总是顾客，需要改进的总是自己”的观念，提高服务档次，促进企业的发展。

而北京蓝岛商业大厦创办于1994年，它以“诚信为本，情义至上”的经营哲学为指导，“以情显义，以义取利，义利结合”，使之在创办三年的时间内营业额就翻了一番，跃居首都商界第4位。在这些企业和公司工作的员工身上感受到企业倡导的价值理念带来的收益，在这样的企业文化氛围下，就会产生归属感从而形成自己的职业规划，并在实现过程中自觉提升职业素养以适应所处的环境。

【知识拓展】

坚守平凡岗位　炼就出彩人生

从一名复转军人到化工厂工人，再到全国五一劳动奖章获得者，每一步都不容易，每一步都是大跨越，但是中国石油天然气股份有限公司吉林石化分公司（以下简称“吉林石化”）炼油厂工人张恒洋做到了。没有人能随随便便成功，张恒洋靠的是十几年坚持不懈的刻苦学习和努力。节能降耗、挖潜增效是石化行业的职业文化，通过对张恒洋职业经历的深入剖析，我们可以从职业精神的角度提炼出多个值得学习的方面。

1. 持续学习与自我提升

张恒洋从复转军人到化工厂工人，再到全国五一劳动奖章获得者，每一步都伴随着不懈的学习与努力。他通过脱产培训、现场实践、夜以继日的学习，不断提升自己的专业技能和理论水平。这种持续学习的精神使他能够在复杂多变的化工行业中立足并脱颖而出。

2. 责任心与敬业精神

张恒洋深知化工行业对安全性的高要求，他精心监盘、精细巡检、精准操作，不放过任何细微变化，确保装置安全平稳运行。在发现原料油泵出口低流量联锁保温箱漏油时，他迅速反应，及时处理，避免了潜在的安全事故。

3. 创新求变与问题解决能力

面对加热炉热效率低、新氢压缩机入口放火炬调节阀反应慢等问题，张恒洋没有选择逃避或等待，而是主动思考，提出并实施了一系列创新性的解决方案。这些措施不仅提高了生产效率，还为企业节约了成本。

4. 团队协作与领导力

张恒洋不仅个人能力强，还非常注重团队建设。他用心用力带好团队，为车间培养了一批专业能力强、综合素质高的优秀操作员。在技术攻关和项目实施过程中，他能够带领团队共同协作，取得显著成效。

5. 厉行节约与降本增效

张恒洋在工作中始终秉持节能降耗、挖潜增效的理念。他通过提出和实施多项合理化建议和技术改造措施，为车间和工厂创造了显著的经济效益。这种厉行节约的精神不仅体现了他的职业素养，也为企业的发展贡献了力量。

总之，张恒洋的成功之路是职业文化环境下体现出来的职业精神的光辉典范。他通过持续学习提升自我，以高度的责任心和敬业精神确保生产安全，勇于创新解决问题，注重团队协作与领导力培养，厉行节约降本增效，展现了卓越的职业精神。这些精神不仅是他个人成功的关键所在，也是所有职场人士应该学习和借鉴的宝贵财富。在未来的职业生涯中，我们应该以张恒洋为榜样，不断锤炼自己的职业精神，为实现个人价值和企业发展贡献自己的力量。

参考文献

［1］苏文平．职业生涯规划与就业创业指导［M］．3 版．北京：中国人民大学出版社，2023.

［2］张季菁，张雪松．大学生职业生涯规划与就业指导［M］．北京：中国经济出版社，2018.

［3］徐蔚．职业生涯规划实践［M］．北京：清华大学出版社，2019.

［4］曲振国．大学生就业指导与职业生涯规划［M］．2 版．北京：清华大学出版社，2020.

［5］王占军．大学生职业生涯规划咨询案例精编［M］．上海：华东师范大学出版社，2018.

［6］钟谷兰，杨开．大学生职业生涯发展与规划［M］．上海：华东师范大学出版社，2019.

［7］钟思嘉，金树人．大学生职业生涯规划：自主与自助手册［M］．北京：高等教育出版社，2017.

［8］王琪．新高考改革背景下的大学生生涯发展指导研究［D］．济南：山东师范大学，2019.

［9］苏文平，丁丁．高校生涯教育课程思政案例：生涯教育课程思政建设十大问题的探索研究［M］．北京：中国人民大学出版社，2022.

［10］易善安，甘迎春．新时代“工匠精神”融入高职大学生职业素质培养的路径研究［J］．山西青年，2020（18）：61-62.

［11］陈浩明，孙晓虹，吕京宝．大学生职业生涯规划［M］．上海：复旦大学出版社，2012.

［12］欧彦麟．职业规划指导［M］．湘潭：湘潭大学出版社，2011.

［13］孙眉，吴玫．大学生涯咨询与辅导［M］．北京：中国人民大学出版社，2021.

［14］苏志东，王波．大学生职业生涯发展与规划［M］．北京：北京理工大学出版社，2021.

［15］王斌，刘梅月．大学生就业与创业指导［M］．济南：山东人民出版社，2019.

［16］冉启兰，陈星，胡雷，等．大学生职业生涯规划与发展［M］．重庆：重庆大学出版社，2019.

［17］杨乐克．大学生生涯规划与自我管理［M］．北京：北京理工大学出版社，2020.

［18］张立新，张宝泉，徐永慧．职业生涯规划［M］．北京：清华大学出版社，2021.

［19］方伟．大学生职业生涯规划咨询案例教程［M］．2 版．北京：北京大学出版社，2015.

［20］吕平．大学生职业生涯规划与就业创业指导［M］．天津：南开大学出版社，2018.

［21］孙逸君．工匠精神：看齐与创新［M］．北京：中华工商联合出版社，2016.

［22］叶永烈．走进钱学森［M］．成都：天地出版社，2019.